JN114889

オーギュスト・クーフェ考

19世紀末フランス書籍労連における改良主義と革命主義

清水 克洋 著

中央大学出版部

序

　本書は，本来，「第1章　オーギュスト・クーフェ考序説」で示すように，フランスの一有力産業別組合であるフランス書籍労働者連盟（以下，書籍労連）の指導者を実に37年にわたって務め，労働総同盟 CGT において，主流派であった革命的労働組合主義に対して，改良主義的潮流の代表として渡り合い，また，労働高等審議会委員，副議長として，フランスにおける体系的労働政策推進に貢献し，フランス初期労働組合運動，労働政策に大きな足跡を残したオーギュスト・クーフェの全体像を描き出すことを課題としていた。我々にとって，それはなお果たされるべき課題であり続けている。しかし，設立初期の書籍労連におけるクーフェの主導権掌握，とりわけジャン・アルマーヌとの対立に焦点を当てるものとして，とりあえず，区切りをつけて本書を世に問うことになったのは密接に関連する以下の2つの理由からである。第1の理由は，資料分析・検討とかかわる。当初から書籍労連機関紙 *La Typographie française* を基本資料として考察する予定であったが，大会決定や，クーフェの重要論説を概括することで主導権掌握の過程が解明できると考えていた。しかし，月2回刊の機関紙の細部に貴重な情報が含まれ，詳細な，網羅的な検討が不可欠であると認識させられた。資料に取り組む姿勢が甘かったと言わざるをえない。さらに，パリ植字工組合において激しく争いあった2つの分派の機関紙，アルマーヌ派の隔週刊 *Le Réveil typographique*，ユニオニストの月刊 *Le Ralliement typographique* もまた，書籍労連機関紙を補足する重要資料であり，これについても網羅的検討を行うことになった。これらによって，予想していたものよりも多くの新しい知見がもたらされた。第2に，これとかかわって，これまでフランスにおいても未解明であった，書籍労連におけるクーフェとアルマーヌとの対抗関係は，クーフェの全体像の構成において決定的意味を持つことが，次第に明らかになった。それはまた，アルマーヌについて明らかにされてこなかった，重大な

事実の発見でもあった。クーフェは後に，CGT において，革命的労働組合主義を代表するグリフュールに対して，改良主義的潮流を代表して争うことになり，クーフェに関する言及の多くはここに集中することになる。しかし，クーフェにとって，J. アルマーヌとの争いに比べると二義的であったというのは言い過ぎであるとしても，すでに，原型ができていた，あるいは，クーフェの人格の要点が，ここに現れていたと言って間違いではないとの確信を持った。

　こうして，本書の構成が定まった。第1章「オーギュスト・クーフェ考序説」は，本書とともに，残された課題，クーフェの全体像への序説である。第2章「オーギュスト・クーフェとプロレタリア・ポジティヴィスム―救世主としてのプロレタリア―」では，クーフェが生涯を通し堅持し，そのサークルから労働政策の母体となった労働局に人材が供給された，労働者版コント主義を考察した。クーフェの改良主義が通常理解されるものとは様相を異にすることが明らかになった。第3，4，6章が直接クーフェの書籍労連における活動を扱った。第5章は，いわば「J. アルマーヌ考序説」であるが，すでに第3，4章においてもアルマーヌとアルマーヌ派についての考察が大きな位置を占めており，本書は全体として，A. クーフェ，J. アルマーヌ考となった。

　本書のような小著も多くの人々の励ましなしには日の目を見なかった。J. C. ドマ，C. オムネス両氏は，求めに応じて，助言，激励を惜しまれなかった。また，先立った同僚，関口定一との出会いがなければ，筆者の研究生活そのものが成り立たなかった。全ての方々のお名前を挙げてお礼を申しあげるべきところではあるが，3人にとどめさせていただく。なお本書の出版にあたっては中央大学学術図書出版助成を受けた。

2022 年 4 月

清水　克洋

オーギュスト・クーフェ考

19世紀末フランス書籍労連における改良主義と革命主義

目　　次

序

第1章　オーギュスト・クーフェ考序説 …………………………………… 1
　はじめに　1
　第1節　フランス初期労働組合運動における改良主義的潮流　3
　第2節　A.クーフェの人物像——後世の評価　10
　第3節　A.クーフェの人物像——同時代の評価　18
　おわりに　29

第2章　オーギュスト・クーフェとプロレタリア・ポジティヴィスム
　　　——救世主としてのプロレタリア—— ………………………………… 31
　はじめに　31
　第1節　プロレタリア・ポジティヴィスト・サークルとその思想　33
　第2節　A.クーフェとプロレタリア・ポジティヴィスム　36
　第3節　救世主としてのプロレタリア——A.クーフェの
　　　　　プロレタリア・ポジティヴィスム　51
　おわりに　62

第3章　設立当初フランス書籍労連とA.クーフェの位置 …………… 63
　はじめに　63
　第1節　初期書籍労連における労使協調路線と労働者生産組合熱　65
　第2節　設立当初書籍労連におけるA.クーフェの位置　77
　おわりに　94

第4章　フランス書籍労連におけるアルマーヌ派, ユニオニストの
　　　　内部対立とA.クーフェ ……………………………………………… 97
　　はじめに　97
　　第1節　マンテル事件とA.クーフェ　99
　　第2節　書籍労連, パリ植字工組合における内部抗争と
　　　　　　植字工の階層構造　108
　　第3節　A.クーフェのアルマーヌ派, ユニオニストに対する位置　126
　　おわりに　135

第5章　革命的社会主義労働者党指導者J.アルマーヌについて …… 137
　　はじめに　137
　　第1節　日本におけるJ.アルマーヌ像　137
　　第2節　J.アルマーヌの人物像　140
　　第3節　アルマーヌの労働者主義, 共和主義と社会主義　145
　　おわりに　159

第6章　フランス書籍労連, パリ植字工組合におけるJ.アルマーヌ
　　　　……………………………………………………………………… 161
　　はじめに　161
　　第1節　アルマーヌとクーフェの協調による
　　　　　　ユニオニストとの闘い　162
　　第2節　書籍労連におけるアルマーヌとクーフェの主導権争い　173
　　第3節　サークル派, Réveil 紙とアルマーヌ　184
　　おわりに　195

結　　　び ……………………………………………………………… 197

参考文献
初出一覧

第1章

オーギュスト・クーフェ考序説

は じ め に

　今日の日本において雇用，労働問題は報道されない日がないほど深刻な様相を呈している。いわく，非正規・不安定雇用の増大，新卒者の就職難，長時間労働・過労死。この雇用，労働条件の劣悪化は，現れ方の違いはあれ，全世界に共通する問題である。世界史を振り返ると，イギリスに始まる産業革命以降，工業化の進展による雇用関係の広がりは，それによって生じた様々な問題を社会が解決すべきであるとの認識を一般化させ，工場法など国家による介入，対応に結果した。また，労働者自身による組織化と労働条件改善の運動が展開され，国家介入を促す重要な契機ともなった。第二次世界大戦後には，労働政策，社会政策が拡充整備され，いわゆる福祉国家が世界的な共通目標となり，労働組合は大きな役割を担うアクターとなった。しかし，世界経済の停滞から過度な国家介入を批判する新自由主義が台頭し，福祉政策の見直しが始まるとともに，労働組合を既得権擁護の集団とみなす論調が強まり，各国で労働組合は組織率を下げ，雇用，労働政策，社会政策への影響力を著しく低下させている。今，あらためて労働組合は何であったのか，将来何でありうるのかが問われていると言ってよい。本章は，この問題に正面から取り組むものではないが，19世紀末から20世紀初頭フランスにおける労働組合運動の中で，注目されることが少なかった改良主義的潮流を検討することで議論の手掛かりを得ようとするものである。

　これまで，我が国において，そしてフランスにおいても，フランス初期労働組合運動への関心は，主にその革命的潮流に向けられてきた。「社会主義」国

家の成立，また，第二次世界大戦後から 1970 年代にかけての社会変革への展望という時代状況からすれば自然なことであり，今日なお参照すべき視角でもある。しかし，ソ連，東欧社会主義の崩壊，先進国における社会主義的社会変革の見通しの消失を考慮すれば，これまで，必ずしも強い関心を向けられてこなかった改良主義的潮流についての再考察が重要性を帯びることになる。この潮流は，フランス初期労働運動において，通常考えられる以上に有力であり，後の時代への影響も大きく，フランスにおいてその見直しが進められている。我々は，その中心となった書籍労連[1]，とくにその書記長[2]オーギュスト・クーフェに焦点を当てて，再検討に加わろうとするものである。本章では，まず，何故，フランスの労働組合運動のいわば生成期に限定し，また，その時期の改良主義的潮流のうちでも，書籍労連の指導者であった A. クーフェを主な対象とするのかについて，フランス初期労働組合運動に関する研究史を総括して，明らかにする。次いで，そこから得られる分析視角に基づき，A. クーフェについてのこれまでの評価を整理して，その全体像再構成の序とする。

---

1)　Fédération française des travailleurs du livre. 我が国においては，出版印刷労連（喜安朗），書籍労連（谷川稔），出版印刷連盟（大森弘喜），出版労働者連盟（高井哲彦）の訳がある。本書では，組合員の構成などを考慮し，直訳に近い書籍労連を採用する。厳密に言えば，設立当初は Fédération des ouvriers typographes français et des industries similaires すなわち植字工と関連産業労働者組合とされていた。1885 年の第 3 回大会での規約改正によって，植字工が中心である名称から，製本にかかわる全ての労働者の組合であることを示す Fédération française des travailleurs du livre に変更された。ただし，機関紙は発足当時から *La Typographie française* であり，ようやく 1920 年に *L'Imprimerie française* に変更された。組合員数等から見て植字工が書籍労連の中心であったことは変わらない。

2)　後に示すように，厳密には当時書籍労連においてただ一人であった有給常任書記ではあるが，実質的には，書記長，あるいは代表と呼ぶべき存在である。以下，文脈で使い分ける。

第1節　フランス初期労働組合運動における改良主義的潮流

　D. アンドルファットと D. ラベは，フランスにおいて革命的労働組合運動の
路線を定めたアミアン憲章 100 年後に出版された『組合の歴史』[3] において，
強い口調でこれまでの研究史を批判的に総括する。すなわち，1914 年以前，
全ての組合活動家は，プロレタリアの解放という組合活動の革命的目的で共通
していたが，その手段において 2 つに分かれていたと。まず，A. クーフェら
を含むグループであり，ロマンティックで流血の力ではなく，労働者間の連帯
の発展，相互扶助や，経営者との日常闘争による準備を通じた革命を追求し，
これに対して，V. グリフュールらの，アルマニストとアナーキストの同盟の
支持者たちは直接的行動，暴力，とりわけゼネストによる革命を目指すとする。
そして，前者は後者を冒険主義，後者は前者を改良主義と非難し合ったと。そ
の上で，E. ドレアン，G. ルフラン，J. ジュイヤール，J. メトロンらの歴史家は，
前者を réformistes，後者を révolutionnaires と呼ぶが，この用語法は，前者が
だまし，嘘をつくのに対して，後者が真面目であったとすることにつながり，
一方の陣営，革命主義的潮流を支持し，他の陣営，「改良主義的」潮流を正し
く評価することを妨げたと結論する [4]。

　J. ジュイヤールはこれに応えるかのように，『19 世紀』誌において，19 世紀
末から 20 世紀前半の改良主義的社会主義についての特集を組み，改良主義
（réformisme）の再評価を行っている。そこでは，「歴史研究において，社会的
生成のロマンティックな革命的ヴィジョンが支配的である限り，改良主義は主
要な対象として現れえなかった」とされ，「20 世紀の革命の悲劇的失敗が改良
主義の観念を今日の社会的，政治的思索の軸とする」と言われる [5]。さらに，

---

3)　Dominique ANDOLFATTO, Dominique LABBÉ, *Histoire des syndicats (1906-2010)*.
　　2011. 初版はアミアン憲章 100 年後の 2006 年。

4)　*Ibid.* pp. 54-56.

5)　J. JULLIARD, Le réformisme radical. Socialistes réformistes en Europe. *Mil neuf*

　同誌上で，C. プロシャソンは，次のように言う。「1960 年代から 1980 年代の
フランス労働運動の歴史における高揚期に改良主義がはっきりとした不評判を
被ったことは疑いない」と[6]。改良主義的潮流の評価が時代に制約されていた
ことが強調されるのである[7]。

　この再評価の動向を確認した上で，これまでの研究における改良主義の取り
扱いを整理しよう。まず，フランスにおける通説的見解として，D. アンドル
ファットと D. ラベに名指しされた，E. ドレアン，G. ルフランを取り上げる。
ドレアンは，『労働運動史　第 2 巻』の第 2 部を「サンディカリスムの英雄時
代」，とくに第 2 章を「ヴィクトール・グリフュールとアミアン憲章」とする。
彼によれば，1904 年ブールジュ大会における，翌々年 5 月 1 日の 8 時間労働
運動へ向けた全国的ストライキの決定は，クーフェら改良主義者に抗して獲得
されたものであり，その後 1906 年アミアン大会においても，組合の自立性に
関しては一致が見られたとしても，社会改良の手段としての組合と，社会変革
の手段としての組合という 2 つの概念がぶつかったとする。両潮流の対立が強
調される。ただし，ドレアンは，1896 年トゥール大会の大会報告において，
CGT の設立は，書籍労連と全国鉄道労組によるものであると認められたことを
紹介している。ここからすると，改良主義的潮流を全面的に無視し，否定して
いたとは言えない。しかし，第一次世界大戦前にあってはそれを傍流とみなし，
主要な流れを革命的潮流に見，積極的に評価していたことは確認されねばなら

---

cent. Revue d'histoire intellectuelle. 30. 2012. p. 3.

6)　C. PROCHASSON, Nouveaux regards sur le réformisme.Introduction. 例外的に，
　　1974 年に，*Mouvement social*, 87, avril-juin において J. ジュイヤール編による，特集
　　Réformisme et réformiste française が組まれたことも指摘される。C. PROCHASSON,
　　ibid. pp. 6, 7.

7)　労働組合運動に関してではないが，M. ペローは，I. レスピネ・モレの著作への序
　　において，これまで，フランス労働局が十分に研究されてこなかったことに関して，
　　「このような回避反応は，長く改良主義者に対してかけられてきた疑いの伝承であ
　　ろうか？」として，同じく改良主義について語ることが避けられてきたことを指摘
　　する。Isabelle LESIPINET-MORET, *L'Office du Travail 1891－1914. La République et
　　la réforme sociale.* 2007. p. 7.

ない[8]。

　G. ルフランは多様な潮流の存在を強調する。CGT設立前年の全国労働組合連盟ナント大会に関して，労働者世界に熱狂的に受け入れられたゼネストの観念は，労働組合を政党の支配に置こうとし，ゼネストを「欺瞞的」としたゲード派に抗したアナーキスト（F. ペルチエら），アルマニスト，ブランキスト（V. グリフュール）およびいくらかの改良主義者さえ含んだところの統一を実現したと言う。その上で，1914年までのフランス労働組合運動においては，アナーキストの影響力が大きかったが圧倒的とは言えず，主な潮流としてゲード派，A. クーフェを代表とする改良主義派，革命的サンディカリストを数える[9]。

　我が国で1970年代に展開された議論は，少しく様相を異にする。その代表例として喜安朗と谷川稔を取り上げよう。喜安は，さきに見たフランスにおける認識を受け継ぎながら，さらに一歩進んだ考察を加える。すなわち，1890年代の創設期におけるCGTにおいて，印刷・出版労連，全国鉄道労組が主導的役割を果たしたことを確認した上で，これらの組織は，イギリス型の職能別連合体の形成・発展によって運動の展開を図ろうとしていたとする。そして，運動のこの方向は，フランスの産業構造に規定された労働組合の構造に適合的ではなく，革命的サンディカリストがCGTの主導権を握ることによって，20世紀初頭のフランス労働組合運動の急展開につながると考えるのである。しかしながら，喜安によると，皮肉なことに，運動の発展は，労働組合の大衆化，大規模化，組織の中央集権化と組合官僚の発生，組合内部での支配的意識の変化と改良主義の進展となるのである[10]。つまり，ドレアンやルフランにあっては，必ずしも鮮明になっていなかった革命的サンディカリズムと改良主義的

---

8)　Cf. Edouard DOLLÉANS, *Histoire du Mouvement Ouvrier* II 1871–1936. 1948. pp. 44–45, 122, 138.

9)　ジョルジュ・ルフラン『フランス労働組合運動史』谷川稔訳　1974年，32ページ参照。

10)　喜安朗『革命的サンディカリズム　パリ・コミューン以後の行動的少数派』1972年，227, 212ページ参照。

潮流の対抗関係が，フランスの産業構造，それに照応する組合運動のあり方と結びつけられ，抜き差しのならない敵対的関係として把握される。革命的サンディカリスムが現実的展望を欠いていたとはいえ，逆に現実に拝跪しようとする改良主義に抗して，「革命のロマン」，ゼネスト願望を通じて労働運動を飛躍的に広げたことへの称賛，さらには，1970年代における社会変革の夢への共感があったことは言うまでもない。

　谷川稔は，フランスに特有な現象としての革命的サンディカリスムに強い共感を持ち，その歴史的意味，起源を探る点で喜安と問題関心を共有する。しかし，谷川は，反ゲーディスム諸潮流のミリタンがゼネストを共通目標として運動を形成した過程と捉える喜安の見解には，思想史的分析が欠如していると批判する。その上で，従来の研究で思想が問題にされる場合 F.ペルチエのゼネスト論に集中され過ぎているとし，それと並んで，それ以上にアルマニストの役割が大きく，その解明が必要であるとする。そのような立場からすれば当然ではあるが，改良主義的潮流への関心は弱い。CGT外の黄色組合を「階級協調と改良主義に徹した集団」とすることからは，CGT内の改良主義に対しても厳しい評価をしていたことがうかがわれる[11],[12],[13]。

---

11)　谷川稔『フランス社会運動史アソシアシオンとサンディカリスム』1983年，175-176，201ページ 参照。

12)　我々は，別な意味でアルマニスト，J.アルマーヌに強い関心を持ち，その点で谷川の研究から大きな示唆を得ている。しかし，J.アルマーヌその人が印刷工組合の創設者であることには言及されても，後に，書籍労連において改良主義の指導者A.クーフェとその主導権を争い，敗れたことには全く関心がはらわれていない。革命的サンディカリスムに主要な関心があり，その思想こそが問題であるとすることからすれば自然な成り行きであるとはいえ，この重要な事実を見ないとすると，議論の足元が危うくなると言わざるをえない。

13)　それ以降，我が国においてフランス労働組合運動への関心は著しく低下した。最近の研究として，以下のものを指摘しておく。大森弘喜「19世紀フランスにおける労使の団体形成と労使関係」『経済系』2006年。基本的には喜安，谷川の見解を継承している。出版印刷労連は，イギリス合同機械工組合にも匹敵する熟練工中心の組合であり，CGT創設期を支えたのではあるが，19世紀末においては例外的存在

　ここで，あらためて冒頭に指摘した，D. アンドルファット，D. ラベとJ. ジュイヤールによる，革命的サンディカリスム，改良主義的潮流についての再評価の詳細を検討しよう。具体的には，アミアン大会をめぐる諸潮流の叙述にそれは示される。D. アンドルファットと D. ラベの議論の特徴は，まず，革命的サンディカリスムを体現する V. グリフュールについての評価にある。グリフュールが，フランスの労働組合運動は，社会民主主義も，トレイド・ユニオン主義も排すべきであり，議会や政府との関係を拒絶し，直接行動を第一義とすべきであるとしたとする点では，通説に従っている。ただし，「グリフュールはしばしば慎重さを示した」として，「1906 年のメーデーの準備の際に，1895 年から設置されていたゼネラル・ストライキ委員会を中断し，また，大会が CGT の崇高な目的としてゼネラル・ストライキの原理を打ち立てたときには，実践的には組織の目標からそれを取り除いた」とすること，さらには，アナーキストの G. イヴトが反軍国主義，反愛国主義を強調したのに対して，公式にはこの言葉を使わず，イヴトとは「反軍国主義，反愛国主義に対する態度が異なった」とすることからは，従来の評価とのニュアンスの違いを見て取ることができる[14]。

　次に注目すべきは，アナーキストに関する叙述である。その代表的人物であり，1902 年からグリフュールらとともに CGT の事務局を構成し，No. 2 となった G. イヴトについて，極めて評判が悪く，彼の派遣をどの組合も喜ばなかったと手厳しく評価する。さらに，「その人格や挑発的行為が総同盟にとって迷惑であったにもかかわらず，いかにして 12 年間も（CGT の）事務局にとどまり続けたのか？　労働取引所を支配することによってであり，各労働取引所が 1 票を持ったが，参加費もなくイヴトに委任したからである」とする。また，1906 年の炭鉱夫大ストライキに介入して，組合を分裂させ少数派の指導者と

_____

　　であり，革命的サンディカリスムの思想とは遠いとする。高井哲彦「フランス労使
　　関係における多元構造の起源—スト破り組合の誕生と衰退，1897-1929 年—」『経
　　済学研究』2003 年。高井は，スト破り組合，フランス黄色連盟の前身に，従業員組
　　合と並んで出版労働者連盟を挙げている。これは，谷川の改良主義についての評価
　　を継承したものと言える。
14)　　Cf. D. ANDOLFATTO, D. LABBÉ, *op. cit.* pp. 23, 30.

なった B. ブルチュウが, 様々な暴力事件, とくにランス市役所襲撃を引き起こし, クレマンソーによる軍隊派遣に口実を与えたと [15]。2人についての評価は, 通説と共通する点もあるが, これらの事実が, 当時の CGT 運営のずさんさの証拠として取り上げられ, 強調される点は見落とせない。

他方, 少数派で改良主義の代表であるクーフェに関しては,「引退する 1920年まで全ての (CGT の) 大会に参加し, その説明の明瞭さ, 論理の厳格さ, 寛容と礼儀正しさで議論を支配した。しかも, 1909 年までグリフュールによる攻撃の的であったことからもこれは称賛に値する」と高い評価を与える。そして, 彼が 35 年間にわたって指導し続けた書籍労連は, 部門の大部分の労働者を組織し, 最低賃金を確立し, 集団契約を結び, 多くの相互扶助サーヴィスを提供して, フランスの労働組合がありえた別の道を象徴しているにもかかわらず, この書籍労連は, 相互扶助主義, 改良主義, 階級協調主義と非難されたと言う [16]。

J. ジュイヤールは, 両潮流の妥協で採択されることになるアミアン憲章が, 直接的要求, 部分的改良を少なくとも公式には拒否しないことを指摘する。さらに,「一般に歴史家は, CGT の歴史において, アミアン大会が提示するプラグマティックな転換を十分には強調しない」とし, グリフュールに,「ゼネラル・ストライキが組合綱領の代わりになっていた無秩序な情熱が支配する前の時代」からの転換を見るのである。ジュイヤールは, アミアン大会における多数派が, 1 組合 1 票制度によって若干作為的なものであったことにも注意を促す [17]。クーフェに関しては,「改良主義の尊敬される老賢者」,「明晰さと知識を持つ」などとし, 対立する陣営の主張についても, 彼の要約が正確であるとして引用する [18]。

---

15) Cf. *ibid*. pp. 27, 28, 29, 31.

16) Cf. *ibid*. pp. 32, 33.

17) Cf. J. JULLIARD, La charte D'Amiens, cent ans après. Texte, contexte, entrepretations. Le syndicalisme révolutionnaire. La Charte d'Amiens a cent ans. *Mil neuf cent*. 24. 2006. pp. 10, 11, 12.

18) Cf. ibid. pp. 10, 12, 13.

　D. アンドルファット，D. ラベと J. ジュイヤールはニュアンスの違いはあれ，ともに，革命的労働組合主義の無条件の賛美に近かったこれまでの議論に対して，アミアン憲章が日常的改良の闘争を肯定する点を強調し，また，グリフュールのゼネラル・ストライキへの慎重な態度を指摘して革命主義的潮流の比重を相対化し，傍流とされてきた改良主義に正当な位置を与えようとする。その際，改良主義の中心となった書籍労連の指導者，A. クーフェに高い評価が与えられる。

　以上の研究史から我々の課題を整理しよう。第 1 に，改良主義とは何か，革命主義との対立点はどこにあり，その対立はどの程度かである。ドレアン，ルフラン，喜安，谷川は社会改良と社会変革を真っ向から対立するものと捉えており，これが通説であるとしてよい。しかし，D. アンドルファット，D. ラベは，革命的目的，プロレタリアートの解放の目標で両者が共通していたとした。これとかかわって，旧世代に属する H. デュビエフの，次の指摘が注目される。すなわち，「クーフェを代表とする当時のポジティヴィストは暴力を否定するので温和派に区分されるが，イデオロギー上では改良主義より革命的サンディカリストに近く，彼らの温和主義は労働者主義と結びついている」[19] と。したがって，フランスにおける労働組合運動生成期における改良主義は，直ちに第一次世界大戦後のそれと結びつけるのではなく，まず，それ自体として，独立させて考察されるべきである。その上で，喜安やジュイヤールが言うように，アミアン大会以降，革命的労働組合主義そのものが現実主義的に改良主義に傾斜してゆくとすると，この改良主義とクーフェのそれは同一視できるのかが問われる。

　第 2 に，この時期の改良主義と言っても，機械工クーパ，鉄道労組ゲラール，さらにはゲード派の炭鉱労組，繊維組合のそれはニュアンスを異にし，それぞれに別個の考察の対象となりうる[20]。とはいえ，書籍労連の中心的役割は否

---

19)　H. デュビエフ『サンディカリスムの思想像』上村祥二他訳　1978 年，38-39 ページ参照。

20)　D. アンドルファットと D. ラベは，いま一人の少数派代表である P. クーパと彼が

定しえず，我々の検討は，そこに焦点を当てる。その場合，狭いサークルにとどまったポジティヴィスムを信奉するクーフェが上に見たような大きな影響力を持ちえた事情の考察抜きに，書籍労連の改良主義について語ることはできない。書籍労連の歴史については，M. レベリューや R. ドンブレ，P. ショベ，R. デダムらの労作があり，これらを踏まえ，クーフェの全体像を解明する[21]。

第2節　A. クーフェの人物像——後世の評価

A. クーフェの活動分野は，これまで見てきた，書籍労連や CGT 以外にも，1891 年設立の労働高等審議会，晩年の，第一次世界大戦に際しての神聖連合など幅広い。国際書籍連盟での役割とともに，当時，アメリカ合衆国労働組合運動の中心であった AFL の設立者で長く議長を務めた S. ゴンパースとの深い交流も見落とせない。これらの活動は全て，彼の改良主義の一部をなしている。フランスにおいてもまとめられてこなかった，これらを総合したクーフェの全体像を明らかにすることが我々の課題である。本節では，その前提として，これまでの A. クーフェ像の代表的なものを取り上げて検討する。

出発点として，後世の定まった評価の代表である，J. メトロン編『フランス労働運動活動家辞典』1975 年をレベリュー，ショベで補いながら考察し，次

指導する機械工労連に関して，次のような興味深い指摘をする。「クーフェが可能な将来を象徴していたのに対して，クーパは，産業の進展に見放されたシステムを体現しており，不熟練工に門戸を閉ざしたメチエの連合である」と。しかし，書籍労連の中核をなす植字工組合は，徒弟にも開かれるとはいえ，資格を持つ労働者＝熟練工の組合である。喜安や大森は熟練工と改良主義の関連を強調する。この点の検討は別の機会に譲りたい。Cf. D. ANDOLFATTO, D. LABBÉ, *op. cit.* p. 35.

21)　Madeleine REBÉRIOUX, *Les ouvriers du livre et leur fédération. Un centenaire 1881-1981*, 1981; Roger DOMBRET, *La Fédération française des travailleurs du livre, 1881-1966. Quatre-vingt-cinq ans de vie et de luttes*, 1966; P. CHAUVET, *Les ouvriers du Livre et du Journal.* 1971; Roger DÉDAME, *Une histoire des syndicats du livre ou les avatars du corporatisme dans la CGT.* 2010.

節において，同時代の友人 V. ブルトンによる人物評（1892年），もっともよく
引用される，革命的労働組合主義の傾向に属するジャーナリスト M. アルメル
による人物評（1910年）を検討する[22]。

　M. レベリューは，「A. クーフェの人物像が書籍労連の中で伝説化している」
と，見落とせない指摘をする[23]。以下で検討しようとする人物評においても，
評者それぞれの立場から生まれるバイアスには十分注意せねばならない。同時
に，生み出された伝説もまたクーフェの人物像再構成には重要な手掛かりとな
る。この点に留意して，J. メトロン編『フランス労働運動活動家辞典』中の
KEUFER Auguste[24] の検討から始めよう。

---

22)　Jean MAITRON, *Dictionnaire biographique du mouvement ouvrier français*, 1975. pp.
143-145; V.BRETON, Les typographes contemporains. Auguste KEUFER Membre du
conseil supérieur du travail. Délégué de la Fédération française des travailleurs du
livre. *Les Archives de l'imprimerie*. pp. 179-180; A. N. Fonds Emile Corra (Société
positiviste internationale) 17as/5 Dossier 4. A. Keufer; Mauris HARMEL, AUGUSTE
KEUFER. *Les Hommes du Jour*. 27 Août 1910. No. 136.　他に，同時代のものとして
J.-F. ブワによる，CGT の２つの傾向の代表としてグリフュールと並べた紹介
Joseph-François BOIS, À la C.G.T. Deux Hommes-Deux Thèses. *Le Correspondant* 25
juillet, 1910. pp. 242-263. クーフェの葬儀に際しての書籍労連後任書記リオションの
挨拶 LIOCHON, La Mort de Keufer. *L'Impremerie française*. No. 91. 16 avril 1924. が重
要であり，適宜参照する。クーフェの書籍労連，労働高等審議会での活動，および
プロレタリア・ポジティヴィスムに関しては，F. ビルク，I. レスピネ・モレの優れ
た研究があるが，それについては，クーフェとプロレタリア・ポジティヴィスムを
検討する次章で参照する。Cf. Françoise BIRCK, *Le Livre Nanceien des origines à
1914*. 1983; Le Positivisme ouvrier et la question du travail. *Histoire de l'Office du
Travail*. dir. J. LUCCIANI. 1992; I. LESIPINET-MORET, *op. cit.*

23)　「オーギュスト・クーフェの人物像が書籍労連の中で伝説化しているとするなら，
それは，彼の生涯の全てが組合活動をめぐって組織されているからである」。M.
REBÉRIOUX, *op. cit.* p. 106.

24)　J. MAITRON, *op. cit.* pp. 143-145. クーフェについての叙述は第13巻1975年，
143ページ右欄から145ページ左欄に及ぶ，ほぼ２ページ分である。ちなみに，J. ア
ルマーヌは第10巻1973年，130ページから134ページにかけて，ほぼ４ページ分，

表 1-1　A. クーフェの生涯

1851 年	オ・ラン県　サント・マリー・オ・ミンヌで誕生
1865 年	サント・マリー・オ・ミンヌの印刷所で徒弟修業
1871 年	アルザスのドイツ併合に際してアルザスを離れる
	ロン・ル・ソルニエで年末まで働き，パリへ
1872 年	母親をパリに呼び寄せる
1872 年	パリ植字工組合加入
1880 年	プロレタリア・ポジティヴィスト・サークル代表
1881 年	フランス書籍労連設立　中央委員
1883 年	ボストン博覧会にパリ植字工代表として参加
1884 年	書籍労連中央委員会常任書記
1891 年	労働高等審議会委員
1895 年	CGT 設立　会計責任者
1900 年	労働高等審議会副議長
1906 年	CGT アミアン大会　V. グリフュールとの協調によるアミアン憲章
1909 年	グリフュール解任　ニエルを CGT 書記に支持
1914 年	第一次世界大戦開戦とともに神聖連合に加入
1920 年	書籍労連常任書記を辞任
1924 年	死去

　最初に，クーフェの生涯を表 1-1 に整理しておこう。

　略歴に次ぐ，冒頭要約は以下のとおりである。「書籍の最も偉大な活動家。
CGT の最重要人物の一人。第三共和政期の労働運動の大物の一人。その点で
反対の傾向の中心人物であるグリフュール，メレムと比肩しうる影響力を持
つ」。メトロンが改良主義的潮流を正しく評価してこなかったとは言えないほ
ど，クーフェは大きく評価されている。以下，書籍労連での活動，CGT での
活動，出自とポジティヴィスムについての叙述の順に考察する。

　書籍労連での活動については以下のとおり。1872 年に植字工組合に加入し，
1878 年ストライキ後に積極的ミリタンとなったクーフェは，1881 年には，書

　V. グリフュールは第 12 巻 1974 年，331 ページから 334 ページにかけてほぼ 3 ペー
ジ分である。したがってクーフェについての叙述の量は少なくはないが，相対的に
は，J. メトロンのクーフェ評価は軽いことになる。なお，この辞典は多くの著者に
よって執筆されており，H. デュビエフ，M. レベリューは編集委員に加わっている。

籍労連設立に参加し，中央委員に選出される。J. アルマーヌに対抗して改良主義を主張し，1884 年から常任書記となるが，革命的なパリの組合とうまくゆかず，1886 年に分裂が起こる。この事実経過は，クーフェが改良主義を主張し，主導権を掌握した過程が，決して自然な，平坦な道ではなかったことを示唆する。谷川は，アルマニストこそが革命的サンディカリスムの思想的中心であったことを強調した。そのことの当否はともかく，J. アルマーヌは，コンミューン戦士であり，書籍労連内外に影響力を誇り，その信奉者たちアルマニストが当時の革命主義的労働組合運動において大きな役割を果たしていたことは否定されえない。また，パリ支部こそは書籍労連の中心であり，そこでも革命的労働組合主義が有力であった。このアルマーヌと，パリ支部の革命主義に抗して改良主義を掲げ，主導権を握ったクーフェの理論家，組織者としての力量が確認されるべきである。

　主導権を掌握した後，「クーフェの組合主義は，暴力と衝動に反対して，イギリスの労働者主義，あるいはドイツの社会主義的組合主義の方向を進む」とされるように，改良主義の路線が定着されてゆく。同時に，「書籍労連の大会は 5 年ごととなり，極めて集権化される」ことが強調される。集権制と改良主義，革命主義との関係は必ずしも自明ではないが，当時にあっては，両潮流の対立点の一つを構成していたのである [25]。

　書籍労連におけるクーフェについての総括的な叙述は次のとおり。すなわち，「書籍労連は，文字どおりクーフェの作品である。彼の敵は，専制的気質，改良主義，退廃と呼ぶ手法を非難するが，人格的まじめさと，並はずれた組織者のセンスを認める」と [26]。ここでも革命主義者からは「専制的気質」が非難されており，専制が対立点であることが示される。他方，敵対者からも組織者として評価されたことには，組織者クーフェ像が鮮やかである。同時に，2 つの潮流の対立が決定的なものではなかったことも示唆される。

---

25)　後のレーニン的革命主義は集権制と結びつき，革命主義の内部で集権制か分権制かが争われることは周知のとおりである。

26)　「初期は，ほとんど一人で *La Typographie française* を編集した」とされる。

表 1-2　CGT におけるクーフェの活動

1895 年　CGT 設立大会	ゲラールらとともに設立者　それ以降，全ての CGT 大会に出席
1904 年　ブールジュ大会	組合員数比例投票権動議提出，否決
	5 月 1 日の示威運動に関して直接行動を非難
	アナーキズム批判　プージェ，ヴィルヴァルと激しい口論
1906 年　アミアン大会	独自の組合独立性動議の提出
	グリフュールの，いわゆるアミアン憲章の動議に合流
	イヴトの反愛国主義批判
1909 年	ニエルを全面的に支持
1914 年	開戦とともに神聖連合に加入　クーフェはそれ以来，CGT の新しい多数派

　CGT にかかわる活動についての叙述を表 1-2 に整理する。ここからは，組合運動に限定されてではあるが政治家クーフェの姿が浮かび上がる。1 組合 1 票制でからくも多数派を形成する革命主義を，組合員数に基づく投票の主張で牽制し続け，一方で，アナーキストを激しく攻撃しながら，他方で，ゲード派を排除するためにはグリフュールを支持して，「アミアン憲章」の採択に大きな貢献をするという，原則は堅持しながらも妥協を辞さない駆け引きが見て取れる [27]。また，1909 年のグリフュール解任に役割を果たしたこと，短期間のニエルを経て書記長となったジュオーにかかわって，「グリフュールには共感しなかったがジュオーとは意見が一致し」，「ジュオーの敵たちからは，クーフェがジュオーのためにペンで奉仕している」と言われたと指摘される。ここにも，組合政治家クーフェの姿が示される。「反愛国主義」を徹底して批判し，第一次世界大戦に際して愛国主義の先頭に立った一貫性も見落とせない [28]。

27）　アナーキズムとゲード主義に厳しく対峙することは，クーフェの改良主義を解明する上で重要な手掛かりである。
28）　クーフェは，彼が敗北主義と非難した人たちからアルザス愛国主義者と扱われた。

　出自とポジティヴィスムに関する記述は以下に要約できる。すなわち，1851年オ・ラン県サント・マリー・オ・ミンヌに生まれ，貧しい少年時代を過ごす。植字工徒弟修業の後，アルザスのドイツ併合に際して，フランスを選択して，ロン・ル・ソニエの印刷所で働く。このとき，A. コントの弟子であったP. ラフィットの講義を受け，ポジティヴィストとなる。「ポジティヴィスムは彼の生涯を導き，アルザス人気質とともに彼の組合道徳主義を説明するものとなる」。1871 年末にパリに移り，プロレタリア・ポジティヴィスト・サークルに参加し，1880 年には I. フィナンスの後を継いで代表となる。1881 年，政府内のポジティヴィストの影響の下で，I. フィナンスとともに労働高等審議会委員。1899 年のミルラン，1906 年のヴィヴィアニの試みを認めるが，クーフェは彼らに追随はせず，と。

　まず，「貧しい少年時代」，「植字工徒弟修業」というクーフェの生涯を規定し，その思想を決定づけることになる要因が確認されるべきである。次いで，ポジティヴィストであったこと，それが彼の生涯，組合活動を導くとともに，労働局やミルラン，ヴィヴィアニなどの政治家との結びつきをもたらしたとの指摘が注目される。プロレタリア・ポジティヴィスムがいかなるものであり，クーフェの改良主義がそれとどこまでかかわっていたのか，彼の組合活動にいかなる影響を与えたのかは，検討すべき課題である。

　1924 年死去。享年 73。共和国大統領ミルランのお悔やみがあったこと，葬儀は書籍労連葬とされ，書籍労連常任書記リオション，パリ植字工組合書記ラルジャンチエ，CGT 副議長のミリオンの弔辞が指摘される。また，死去時のクーフェの肩書については表1–3に整理した記述が与えられる。ここでもまた，クーフェとポジティヴィスムとの強い結びつき，労働・教育行政との深いかかわりが示唆される。

　メトロン辞典の編集にもかかわっていた M. レベリューの『書籍労働者とその連盟』と，P. ショベ『書籍・新聞労働者』から，上のクーフェ評価を補足する[29]。

---

29)　M. REBÉRIOUX, *op. cit.* 書籍労連の 100 年を記念して，書籍労連の全面的協力の

表1-3　死亡時におけるクーフェの肩書

国際ポジティヴィスト協会副会長
ポジティヴィスト民衆教育協会副会長
プロレタリア・ポジティヴィスト・サークル代表
全国労働審議会委員
技芸・製造諮問委員会委員
技術教育高等審議会委員
諸国民協会フランス協会副会長

　レベリューによる組織者としてのクーフェ評価は以下のとおりである。すなわち，「クーフェの全ての生涯が組合活動をめぐって組織され」ており，「彼の生涯を語ることは書籍労連のそれを語ることである」とした上で，「素晴らしい管理者として，極めて多くの手紙を支部と交わし，そこでは，深い道徳性が戦術家の巧みと結びついていた。彼は，決してパリの議長席から労連を管理したのではないことは，彼による多くの地方派遣が物語るところである」と。メトロン辞典との相違点は，「専制的気質」との否定的用語にかわって，「深い道徳性」が指摘されることである [30]。また，「専制」にかかわって，別の場所では，「書籍労連はプルードン主義に支配されなかったのでその集権制を批判された」としながら，この書籍労連中央委員会の集権制については，植字工中心，パリ支部中心などの要因も指摘し，立ち入った考察を加えている。専制の問題をクーフェだけに還元していないのである [31]。
　レベリューの関心は書籍労働者のあり方とクーフェの個性，改良主義との関係に向けられていた。ポジティヴィスムにかかわる記述において，それは一層

　　下で出版された。出版事情とともに，レベリュー自身が当時の左翼的運動に積極的にかかわっていたことには留意されねばならないが，先行するR.ドンブレの85年誌とともに，書籍労連，A.クーフェについて論ずる際には検討が欠かせない文献である。P. CHAUVET, *op. cit.*

30)　M. REBÉRIOUX, *op. cit.* p. 106.　以下，引用は，断りがない場合，同ページコラムからのもの。
31)　*Ibid.* pp. 100-108.

明らかにされる。次のように言われる。「若い時から教育を受け，反集産主義，反協同組合主義者として忠実であり続けたポジティヴィスムの宗教は，彼の眼には書籍に深く根を下ろした実践である」と。さらには，「ポジティヴィスト，しかし労働者。彼が1880年から指導したのはプロレタリア・ポジティヴィスト・サークルである」と。つまり，ポジティヴィストであることと，植字工としての労働，書籍労連での活動の調和が指摘される。結論として，「オーギュスト・クーフェ，強い確信を持った活動家と，変化がまだ小さく，伝統が根強く残る労働者階級が出会ったのである」と。メトロン辞典は，ポジティヴィストであるクーフェが全生涯をかけて書籍労連を改良主義の方向に導いたことを強調していた。これに対して，レベリューは，むしろ書籍労働者世界の伝統がクーフェのポジティヴィスムと合致したと捉えるのである。

　続いて，レベリューは，「クーフェは国家権力を軽視もせず，無関心でもなかった」，「最も恵まれない人々の利益に奉仕する法律を信頼した」，しかしながら，「労働者にとっての「自分のために，自分のことをなす」権利を要求した」として，クーフェの考え方の根底に自助努力があったことを指摘する。「彼はまた，社会を変えるための，教育への絶対的信頼を表明し，したがって，彼が政治的と呼ぶ闘争，あるいは変化──彼の眼には短期間の泡──への無関心，さらには敵意を表明した」との叙述もまた，その延長上にある。労働者の自助努力による成長と，それによって社会における地位を向上させようとするこれらの主張は，ポジティヴィスムの影響によるものである。当時の労働者世界，ミリタン（活動家）の心性，革命主義と改良主義の理解にとって，この自助力，教育は重要な手掛かりを提供する。最後に，これらのクーフェの強い信念は，彼の出自に結びつけても理解された。「クーフェの出自と勤勉な過去が，困難な時期に彼を助けた」と[32]。

　P.ショベは，後に見るM.アルメルに依拠して，クーフェの組合官僚的な，

---

[32]　レベリューは，市民クーフェも好意的に見ている。「クーフェは，模範的な夫であり，大家族の父であり，よき連れ合い，ダンス上手でも有名」と。

さらには「黒幕的な」政治家の一面を強調する[33]。ミルランやヴィヴィアニらの政治家との付き合い，労働高等審議会副議長の肩書による労働者の就職斡旋などである。革命的組合主義と改良主義的組合主義との対立点の一つとして，この政治とのかかわりがあったことを確認しておこう。他方で，ショベは，敵対する人々からも支持されたクーフェの真面目さ，組合への専心も強調する。「1924年にクーフェ夫人に年金を与えることが中央委員会で提案された際に，最も激しい敵対者の一人であったイヴトは，この決議に真っ先に賛成した」と。さらに，「彼の生存中から，彼の敵対者が彼に少しは長所を認めていたことは本当である」と[34],[35]。当時の両潮流の対立の程度を考える上で，貴重な手掛かりである。

第3節　A. クーフェの人物像——同時代の評価

　前節で検討した後世におけるクーフェ評価から出てくる論点は，出自とポジティヴィスム，改良主義の諸要素，革命的組合主義との対立点，対立の程度であった。同時代の，同じく植字工である友人ブルトンによる紹介文と，当時の労働組合運動において対立する立場にあったアルメルによる人物評を検討して，これらの点を深める。

　まず，「オーギュスト・クーフェ　労働高等審議会メンバー，書籍労働者フランス労連代表」との表題を持つブルトンによる紹介文[36]。これは表題から

---

33)　P. CHAUVET, *op. cit.* pp. 59, 61–62.

34)　*Ibid.* pp. 59–60.「すでに，1919年の大会で，クーフェに退職金を支払うことが問題になった際に，やはり，いつも敵対していたヴィルヴァルも同じようなことを言っている」と。さらに，「もちろん，このミリタンの真面目さを疑うことはできない。いくつかの局面ではおそらく小心であるが，その生活は全て第1に植字の事柄に捧げられた」とも。

35)　*Ibid.* 労働高等審議会において，「経営者の代表とかかわりを持ち，発言の明晰さと客観性によって認めさせた」と，ショベによっても，これまで見てきた評価が確認される。

も推測されるように，1891年に設置された労働高等審議会におけるクーフェ
の委員就任とかかわっている。さらに，アルメルに「若い時のことについて多
くを語らない」と言わせた，クーフェの出自や青年時代についての珍しい記述
を含んでいる。内容からすれば，アルザスを出た20歳のクーフェが1年近く
寄宿していた際にブルトンに語ったことが基になっている[37]。

　「クーフェは，この私的な事実を打ち明けることを恐らく望まないであろう
が，私が，いま挙げたことを沈黙のままにしておくには，あまりにも尊敬すべ
きものである」との前置きを確認した上で，出自に関する叙述から見よう。「彼
の出生はつらいものであり，少年時代は長い耐久生活を強いられ，ほとんどミ
ゼールであった。小さい頃から自然な支えである父親がなく，彼は母親的献身
のモデルのような勇敢な母親のおかげで，極めて貧しいが秩序と労働の習慣の
中で成長した。……十分とは言えない粗食であり，粗末な服装ではあったが，
それは端切れでちゃんと繕われていた。学齢期になると母親はあらゆる犠牲を
払って，クーフェを学校にやり，少しではあるが教育を受けさせた。……この
ような条件で，クーフェの性格が鍛えられたことがわかる。いつも献身と誠実
の手本があり，彼はまじめで献身的な人間になる以外なかった」。

　メトロン辞典では，「貧しい少年時代」との表現が使われていた。後に見る

---

36)　V. BRETON, op. cit. pp. 179-180. これが掲載された *Les Archives de l'imprimerie* は，
　ジュネーヴで発行されていた印刷技術雑誌。ブルトンは，ここに「パリ通信」を定
　期的に投稿。ブルトンは，書籍労連中央委員に選出され，印刷技術学校の教員にも
　なっている。機関紙 *La Typographie française* に，とくに植字技術，職業教育関連の
　記事を多く執筆している。他方で，アルマーヌ派のサークルに属し，機関紙 *Le Réveil
　typographique* にも論説を載せ，1889年にサークル派の候補として中央委員となる。
37)　この間の事情については次のように言われる。アルザスを出てロン・ル・ソルニ
　エで働いていた際に「私は共通の友人の紹介でクーフェを知った。この友人が私に
　勇敢な少年の生活を教えてくれたのである」と。また，「こうして1871年12月に
　パリへ去るまでクーフェは家族の一員であった。1年近くクーフェと同じ家族生活
　を分け合って私は彼を評価することができた」と。ブルトンがクーフェとアルマー
　ヌの争いにおいて，いかなる位置にあり，役割を果たしたのかは興味深い問題であ
　る。

アルメルはクーフェの若い頃について「知られていることの全ては，若いとき
が貧しく，骨の折れる，つらい時期であったことである」とする[38]。ブルト
ンもまた，「貧しさ」，「貧困」を強調するが，その内容を理解する上で，次の
指摘は重要である。すなわち，「このようにつらい状況で，どれほどの人が子
供を工場へやることでその状況を少しでも改善しようとしたことか。当時は8
歳労働システム――この工業の野蛮――が支配していた」と。したがって，
クーフェは教育も受けずに工場へやらされるような環境にいたこと，しかし，
ともかくも初等教育を受け，13歳で徒弟修業に入ったことがわかる。この徒
弟修業こそが，クーフェを植字工＝「熟練工」にしたのである。当時の労働組
合運動において中核をなしていた「熟練工」の多くがこのような「貧困」層か
ら供給されていた[39]。それはまた，教育程度の低さともつながっていた[40]。
しかし，同時に，ブルトンが指摘するように，さらに，より一層「貧しい」工
場労働者が存在したことも見落としてはならない。いわゆる熟練工と不熟練工
との狭い，しかし明瞭な一線がここに示されている。
　いま1つ興味深い叙述は，徒弟修業とその後のあり方についてのものである。
すなわち，「1865年に彼は，サント・マリー・オ・ミンヌの一印刷所で徒弟修
業に入った。そこで彼は植字，印刷，製本など全ての初歩を身につけねばなら

---

38)　M. HARMEL, op. cit.

39)　メトロン辞典によると，書籍労連で争うJ. アルマーヌも，ピレネーの下層民の出
　　である。また，I. レスピネ・モレは，同じポジティヴィストで労働局に入るF. ファ
　　ニョが，小農業経営者の息子であり，父親の死で中等教育をあきらめ植字工の徒弟
　　となったとする。断片的ではあるが，クーフェの周辺のこれらの事例も，これを支
　　持する。Cf. J. MAITRON, *Dictionnaire, Tome. 10, op. cit.* p. 130; I. LESPINET-MORET,
　　op. cit. p. 125.

40)　この点について，D. アンドルファットとD. ラベは，重要な指摘をしている。す
　　なわち，アナーキストの中心人物の一人であったP. モナットは学位（バカロレア）
　　があり，知識人であったことからCGT多数派の反知識人主義，労働者主義に苦し
　　んだと。さらに，モナットは組合指導者の多くが無知であるとし，機関紙『人民の
　　声』（*La Voix du peuple*）の質の低さを嘆いて，『労働者の生活』（*La Vie ouvrière*）
　　を創刊した。Cf. D. ANDOLFATTO, D. LABBÉ, *op. cit.* p. 26.

なかった。積極的で，勤勉で，彼は短期間のうちにパトロンに大きなサーヴィスをするようになった。しかし，20歳までできるだけ安い賃金で働かされ，搾取された」と。当時，印刷業では3年間の徒弟修業とその後の2年間の少年工雇用が一般的であった[41]。13歳で徒弟修業に入ったクーフェは，この5年間の後なお2年間を雇用主の下で働き続けたのである。「低賃金」，「搾取」という言葉がクーフェから出たのか，ブルトンのものかは不明である。しかし，そこには，同じ植字工が共有した感覚があったとしてよい。後に，クーフェは，経営主との話し合い，和解を重視したことから，協調主義者として批判されるのではあるが，彼自身の少年期から青年期にかけての体験は，強い響きを持つ「搾取」に表現されるものであり，労働者の状態を改善することへの固い意志が彼の組合活動家，指導者としての根底にあったことを確認しよう。

　パリに着いて以降のとくにポジティヴィスムについての叙述。「クーフェは，過ごした全ての作業場で，その勤勉さ，性格の素晴らしさ，生活原理の堅固さで目立った。作業場で模範的な労働者であっただけではなく，その外でも熱心な勉強家であった。1871年に，我々の友人エミール・モルレの指導下でポジティヴィストとなった。ラフィットの講義に熱心に通い，今日彼のものとなるしっかりした哲学的教育を徐々に獲得した。彼が小学校の基礎的な教育を完成させることになったのは，たびたびの徹夜や，たゆみのない，粘り強い勉強を通じてであった」。ブルトンが，クーフェのポジティヴィスムに関して，その中身よりも，まず，初等教育を完成させるものとして捉えていることに注目しよう。ブルトンによれば，組合活動において，クーフェは，「明白な演説の能力」，「極めて緻密な論理」を発揮し，また，経営者や知識人と並んだ労働高等審議会における報告書が高い評価を得た。クーフェに関する，後世の多くの言及も，彼の言説における明晰さ，論理性を指摘する。自助努力，労働者の地位

---

41)　拙稿「20世紀初頭フランスにおける「徒弟制度の危機」―労働審議会調査『徒弟制』（1902年）の検討を中心に」『企業研究』第5号　2004年10月；「20世紀初頭フランスにおける従弟制，理念，制度，実態：フランス労働局1899～1903年調査の検討」『商学論纂』第50巻第1・2号参照。

向上などの信条が，出自や，その後の経験と親和性を持ったからこそ，ポジティヴィスムを選んだことは認めるべきではあるとしても，このような普遍的な能力を磨いたものとして，ポジティヴィスムがあったことも見落とせない。ブルトンは，その後，組合活動に入ったクーフェが，会計係や監査委員を務めたこと，1883 年にボストン博覧会にパリ植字工を代表して参加し，素晴らしいレポートを書いたことも指摘する。これらもまた，教育の成果であり，同時にそれを一層発展させたものであった。D. アンドルファットと D. ラベが指摘するように，当時労働組合運動において，貧困に伴う不十分な教育と結びついて，反知識人主義，無教養主義とも言うべきものが支配的であった。それは，支配的イデオロギー，イデオローグへの反発，対抗のあらわれであったとはいえ，労働組合運動にとって大きな弱点になっていた。クーフェのポジティヴィスムの内容の検討は後に譲るとして，彼にとっては，自助努力，勉学を通じた向上を支えるものであった。これは，当時の労働組合運動における対立を考える上で重要な論点である。

　ブルトンは，書籍労連指導者クーフェについて，「活力，献身，知恵」，「誠意のある正直さと，厳しい子供時代が彼に課してきた節約の原理のしみ込んだ正直さ」が，「敵の称賛をも引き付け」たとして，これまで見てきた組織者としての能力を確認している。以下の指摘からは，示唆的なものにとどまるとはいえ，現実の紛争への対処能力を見て取ることができる。すなわち，「しっかりした協調的性格によって，クーフェは経営者と労働者の紛争を避けるために，パリや地方に行くことが問題になった場合，いつも中央委員会の派遣団の一員であった」。「和解が可能な場合には様々な利害の和解を追求し，また，全ての権利が労働者の側にあり，連盟の規約を適用しなければならない時には精力的であった」と。クーフェの協調主義は，革命主義者から厳しく批判されたが，日々生じる労使の紛争は，現実的解決を求めるものであった。アルマーヌや，パリ支部との対抗の中で，クーフェが主導権を掌握し，維持した要因はここにあったのではないかと考えられる。ブルトンの指摘は，この問題の今後の検討にとって不可欠なものと言える。

　最後に，労働高等審議会委員となったクーフェについての記述は次のとおり
である。「確立したこの性格によってクーフェは，政府から，我が国の政治的，
経済的名士たちと並んで労働高等審議会に加わることを指名されたのである」。
(審議会の構成メンバーを指摘した後)，「クーフェのこの報告が同僚の称賛の的と
なり，新聞も賛辞を寄せた。この機会にクーフェは商工大臣ジュール・ロッ
シュの紹介でカルノとの親密な会見を得たのである」。「履き古した木靴で，上
から下まで継ぎの当たった服で，柴を集めに行っていたとき以来，サント・マ
リー・オ・ミンヌの子倅が出世したのが見られる」。友人ブルトンにとって誇
らしい「出世」は，成り上がり，労働官僚，労働貴族，黒幕などの批判を呼ぶ
ものでもあった。

　同時代のまとまったクーフェ評として参照される，ジャーナリスト M. アル
メルによる，1910 年 8 月 27 日付の『時の人』紙を検討しよう [42]。前年 1909
年には，グリフュールが CGT 書記長を解任され，ニエル，次いでジュオーに
主導権が移り，革命主義は掲げられながら，変質への大きな転換点を迎えてい
た。アルメルもそれに巻き込まれることになるが，この時点では，革命的組合
主義の立場からクーフェを批判的に論じている。「前文」，「クーフェの出自か
ら書籍労連の主導権掌握まで」，「主導権掌握後の中央集権化」，「政治家クー
フェ」，「クーフェの階級協調主義」の構成となっている。全体を貫いてポジ
ティヴィスムにかかわる叙述が大きな比重を占めるのが特徴である。アルメル
の批判の中心は，書籍労連の中央集権的性格，政府，経営者との協調，それら

---

42)　M. HARMEL, op. cit. M. アルメルは，L. A. Thomas のペンネームである。郵便局ス
　　トで解職されジャーナリストに転じた。1907 年から 1914 年にかけて G. エルベの
　　『社会戦争』誌に協力。また，1911 年 CGT 機関紙『組合闘争』創刊に加わり，この
　　とき以来ジュオーの取り巻きとなる。後に，改良主義の潮流，さらに，第一次世界
　　大戦時には神聖連合に加わるとはいえ，『時の人』紙 (*Hommes du Jour*) に Auguste
　　Keufer を書いたときには，批判的立場にいた。メトロン辞典 (L. A. Thomas) も，
　　アルメルが，このクーフェに関する人物評によって，ポジティヴィスムの影響と，
　　労使委員会を通じた「社会平和」を告発したとする。第二次世界大戦中のレジスタ
　　ンスに参加し，捕えられてブシェンバルトの収容所で死亡。

がポジティヴィスムを信奉するクーフェによって形成され，強化されたことに対してである。前文の以下の叙述がそれを集約的に示している。「書籍労連は，イギリスにおける古いトレイド・ユニオニズムやアメリカの組合のように豊かな資金を持ち，相互扶助のサーヴィスを行い，ドイツの組合のように極端に中央集権化している」。「この組合は，おとなしく，賢く，社会秩序の転覆を望んではいない。平等と社会平和を目指し，権力を悩ませようとはしない」。「書籍労連はクーフェの作品であると言われ，それは多くの点で正しい」。「クーフェは，彼が信奉する，労働者世界では珍しい哲学的教義のためにのみそれを実現しようとしたのである」[43]。

アルメルは，こうした書籍労連の中央集権的性格がクーフェの指導によるものであるとする。その前提となるアルマーヌとの主導権争いについて，メトロン辞典よりも詳細な興味深い叙述を与えている。それによると，書籍労連は1881年に設立された後，改良主義と革命主義による中央委員会の支配をめぐる争いを経験する。アルマーヌ派社会主義者は1884年に11人中5人を占め，アルマーヌは書籍労連を彼の党である革命的社会主義労働者党の支配下に置こうとしていた。アルマーヌとクーフェの間で主導権が争われ，クーフェが最終的に勝利し，彼が書記長に選ばれたと。したがって，我々は，アルマーヌとクーフェの勢力が拮抗しており，書籍労連が改良主義の中心になるのは，この両者の激しい主導権争いの結果であり，決して自然な成り行きではなったことをあらためて確認できる。この間の経過，クーフェ勝利の要因の解明は，後の章で重要な検討課題となる。アルメルによると，こうして主導権を掌握したクーフェは，その地位にとどまり続け，中央集権を強化してゆく。そのプロセスは以下のとおりである。「すでに中央委員会の力は大きかった。その代表だけが地方を回り，支部を訪問し，組合員に働きかけることができた。実際，彼らは組織

---

43) 次のようにも言われる。「フランスの労働者組織の世界において，書籍連盟は，その組織と精神によって特別な位置を占める」。「それは，この国において，アングロ・サクソン諸国で繁栄している職業的労働組合主義の唯一の代表である」。「政府は，いつもそのメリットをほめたたえ，「CGTの熱狂者」が示す暴力に対置する」。

を握った。それでは十分ではなかった。クーフェはドイツをモデルにこの労連を中央集権化しようとした」。

　アルメル自身，書籍労連では，もとから中央集権が強かったことを認めるとともに，それが，パリ支部の決定的な比重の大きさとかかわっていたことを指摘している。また，「第21支部だけは，……意志と必要に応じて行動することが可能な金庫を持っていた」とされるパリ支部は，必ずしもクーフェに従うものではなく，主導権掌握後もアルマーヌを中心とするサークル派の影響力が強かった。これらの事実を踏まえると，レベリューが言うように，書籍労連の集権制は，クーフェ個人の集権制への志向とは区別して考察されるべきであり，アルメルの叙述は強引である。しかし，逆にそのことが，当時にあっては，革命主義と分散性，自然発生性の結びつき，改良主義と集権性の結びつきが自明なものとして捉えられていたことを示唆している。

　アルメルはクーフェによる集権化が，組合費の増額，集中によって実現され，その最大の問題は，支部の自発性の抑圧であったとする。以下のとおりである。すなわち，「中央委員会はストライキ資金と路銀の分配者となるために，資金をその手に集中しようとした。病気，失業の中央金庫が設立された。それは一方で，この組織に相互扶助主義を導入することであり，労働者の活動にとって有害な結果をもたらした。他方で，それは中央委員会の権限の強化であり，力の増大であった」。「組合費が増大した結果，金庫が集中され，地方の多くの支部が支払いに遅れ，独立の意思表示ができなくなった。これらの組合は資金を自由にできなくなり，全ての行動で中央委員会の思うがままになった」。「極端な中央集権化であり，全てのグループは中央委員会の後見を受けることになった。……支部は中央委員会の承認なしには，ストライキを行えず，有力な組織が特定の人の手に握られることになった。それがクーフェの政策によって到達された目的である」と。

　この指摘は，当時のフランス労働組合運動のあり方，とりわけ革命的労働組合主義を理解する手掛かりを与えると同時に，それが逢着していた限界をも示すものである。すでに見たように，喜安は，革命のロマン，ゼネストを志向す

ることによる運動の発展が，労働組合の大衆化，大規模化，組織の中央集権化
をもたらしたことを指摘した。書籍労連の集権制とクーフェによるその強化は
運動の流れを先取りしていたと言える。いま一つ見落とせないのは，アルメル
が，この過程を「相互扶助主義」の導入として捉え，批判することである。
クーフェの改良主義の要素の一つとして「相互扶助主義」があり，これが革命
主義と対立していたのである。レベリューは，クーフェが国家による労働者の
境遇改善を肯定しながらも，労働者の自助努力を重視したとしていることを確
認した。したがって，クーフェの「相互扶助主義」は，労働者の闘争を立法闘
争に流し込もうとするゲーディスムとも対立するものであった。クーフェの改
良主義を理解する上で，一つの鍵であり，今後の検討の手掛かりである。

　アルメルの叙述は，クーフェの人格への批判へと向かう。「中央委員会は組
織の主人である。むしろ，たった１人の男がそれを指導している。中央委員会
の主人はクーフェである。他のメンバーは彼の兵卒であり，彼の忠実な僕であ
る。クーフェは彼らを掌握している。というのは，彼は長く影響力と，それに
基づく特別なはからいを享受したからである」。「クーフェの政治はうまかっ
た。ゆっくりと，忍耐強く，上手に彼の努力は中央委員会と彼自身の特権を強
化することに向けられた」。クーフェの個人的野心，個人的利益追求は，検証
の難しい問題である。すでに見た後世の評価ではむしろ，「献身」，「真面目さ」
が敵対者によっても認められるとされたことを確認するにとどめよう。

　さらに，アルメルの批判は，集権制への批判とともに，以下に見る現実主義
的政治家クーフェ批判，ポジティヴィスム批判と結びついていた。「クーフェ
は，権力にいる人々とうまく付き合っている。諸大臣たちの扉は彼に広く開か
れている。彼は全ての政府で受けの良い人物であり，大臣や長官とうまくやっ
ている。ヴィヴィアニやミルランと交際し，フォンテーヌがトップに座る労働
局や，元植字工で，ポジティヴィストでもあるファニョがミルランの汚れ役を
している公共事業省を頻繁に訪れる」。「この銃殺執行者政府との良い関係は，
彼に多くのことを可能にする。彼のお気に入りのための仕事や綬を得る。多く
の植字工を国立印刷所に入れたり，他の人々を書籍関係の大商会の職につけた

りするだけではなく，自分の功績としてこれらのポストや窓口係の長の任命権
を持つ」。「必然的に不誠実な人であることなしに，どのようにして思いやりの
ある人々につまらない骨折りができようか。彼らの害になりうる全ての行動を
阻止するために手が組まれているのである」と。

　ここでは，上は，大臣や労働局長官と付き合い，下は，様々な就職斡旋や，
レジオン・ドヌールの推薦に至るクーフェの幅広い活動が，黒幕的な一面とし
て，さらには労働者の運動に対する抑圧に手を貸すものとして描かれている。
当時，社会主義者ミルランの入閣は裏切りとされ，塗装工組合員から労働局副
局長となった I. フィナンスは組合を出世の道具としたと非難された[44]。F. ペ
ルチエが労働局の臨時の仕事をしたことさえもスキャンダルとなった[45]。ア
ルメルにとっては，書籍労連の主導権を握り続けるクーフェが，政治家と付き
合い，就職の便宜を図り，さらには労働者の運動を妨害することは許しがたい
ことであった。これは，後世では，黒幕的な面を強調する P. ショベも含めて，
敵対者からも認められる「献身」，「真面目さ」とされる評価とは大きく色合い
を異にするものである。これらの事実の再検証，再評価は措くとして，アルメ
ルの批判の根底には，労働組合運動と現実政治とのかかわり方の問題があった。
クーフェは労働者のための立法を肯定し，ミルラン入閣を認め，労働高等審議
会の委員として活動し続け，その意味で現実主義的政治家の一面を持っていた。
これに対して，アルメルを含む革命的労働組合主義者にとっては政府とかかわ
りを持つことさえも「汚れ仕事」に見えたのである。革命のロマンは様々な現
実的駆け引き，妥協とは相いれないものであった。しかしながら，ジュイヤー
ルや喜安が指摘するように，革命的労働組合主義も，これ以降，現実主義的改
良を受け入れてゆくのであり，すでにアミアン憲章がその方向を含んでいたの
である。当時の革命的労働組合主義と改良主義の対立点を考察する上でこの問
題は焦点の一つである。その際，一般に改良主義は現実主義と分かちがたく結

44)　I. LESPINET-MORET, *op. cit.* p. 92.
45)　*Ibid.* p. 128.

びついており，そのように捉えられているが，クーフェの場合それがいかなる
ものであったのかが，一つの問題となる。

　この政治家としてのクーフェについての記述において，政治権力との妥協，
協調が批判された。経営者との協調主義も批判の対象とされる。すなわち，
「彼は，階級協調，社会平和，富者と貧者が対等に協力する国を望む。彼は経
営者の敵ではない。反対にしばしば，彼は雇用主の不幸な状態について嘆く。
彼は，経営者組合の宴会への招待を受け入れ，彼らが労働者に対する闘争の準
備をしているそのときに，友好のパンを分け合うのである」と。ただし，レベ
リューも指摘するように，経営者との協定は書籍労働者の伝統に根差してお
り，クーフェはそれを受け継いでいた可能性も検討されねばならない。

　アルメルのクーフェ評の最大の特徴であるポジティヴィスムに対する強い批
判は以下のとおりである。「組合への政治の侵害以上に悪いことがある。それ
は労働者の組織を抽象的理論のための実験の場と捉えることであり，労働者の
活動を予断されたことに従属させること，とりわけポジティヴィスムのような
つまらなく，あいまいで，時代遅れの理念に従属させることである」。「以前か
ら，彼は，ポジティヴィスムの教会の信徒であり，A.コントを師とあがめ，
至高存在と崇拝する怪しげな儀式に参加していた」。「この教義は，秩序，社会
平和，経営者と労働者の間の協調を支持する。しかし，この協調は労働者に
とって大きな欺瞞でしかありえない」。「この教義は絶対的に不寛容である。
……ポジティヴィスムは本質的に権威主義であり，「能力のある人々」を信じ
ねばならず，彼らが民衆の群れを指導する任務を帯びる」と。

　こうして，これまで見てきた，集権制と専制的指導，改良主義的現実主義，
階級協調主義これら全てがポジティヴィスムと結びつけて捉えられ批判され
る。ブルトンは教養としてのポジティヴィスムを見ていた。レベリューはクー
フェにあってはポジティヴィスムが書籍労働者の世界と調和していたこと，ポ
ジティヴィスムではあるが労働者ポジティヴィスムであることを強調する。
クーフェの後継者であるリオションは，「彼は，労連における彼の仕事を宗教
への勧誘の手段と考えなかった。彼の寛容な精神と自由主義は，組合組織のた

めに教義のセクト主義の危険を免れることを可能にした」と指摘する[46]。ポジティヴィスム，とりわけプロレタリア・ポジティヴィスムがいかなるものであったのか，クーフェはそれをどのように受容したのか，また，それが彼の組合指導をはじめとする多面的な活動にいかなる影響を与えたのかは，クーフェの改良主義と彼自身の全体像を解明する上で，決定的に重要な検討課題である。アルメルの批判は極論としても貴重な手掛かりを与えていると言える。

　最後に，アルメルは次の記述でクーフェ評を締めくくる。「クーフェの仕事は有効であった。彼は彼の職業に疑いのない貢献をした。組織のセンスがあった。しかし，今日，彼の合法主義的，保守的で政府側に立つ行動，彼の権威主義と堕落した方法は，書籍労働者と全てのプロレタリアートにとって本当の危険である」。後半部分は，ここに挙げられている事実から判断すると，1908年の「ヴィランヌーヴ・サン・ジョルジュの虐殺」に抗議するCGTやパリの植字工の運動に対する，書籍労連中央委員会，クーフェの妨害に起因していると考えられ，極めて手厳しいものである。とはいえ，前半部分には，肯定的評価が見られ，とくに「組織のセンス」との表現は，批判的立場からであるだけに，クーフェ像を再構成する上で見落とせない。

お わ り に

　本章で示したA. クーフェの人物像は，直接それに言及したいくつかの資料の検討にとどまる。それは，今後の，クーフェとプロレタリア・ポジティヴィスム，書籍労連（FFTL），労働総同盟（CGT），労働高等審議会（CST）などにおけるクーフェの活動とその改良主義に関する，我々の研究を導くと同時に，それらによってあらためて総括されるべきものである。

---

46)　LIOCHON, op. cit.

第2章

オーギュスト・クーフェと
プロレタリア・ポジティヴィスム
──救世主としてのプロレタリア──

は じ め に

　フランス初期労働組合運動における改良主義的潮流の中心的指導者オーギュスト・クーフェはプロレタリア・ポジティヴィスムを標榜していた。クーフェの書籍労連，CGT，労働高等審議会等における活動を跡づけ，彼が掲げた改良主義を理解する上で，当時のプロレタリア・ポジティヴィスムがいかなるものであり，クーフェがそれとどのようにかかわっていたのかの解明は不可欠である。この検討は，また，労働運動における革命主義と改良主義という2つの潮流の役割の再検討という今日的課題への取り組みに貢献しうるものである。

　前章で見たように，クーフェの同時代人M.アルメルは，クーフェが，労働者の組織を「ポジティヴィスムのようなつまらなく，あいまいで，時代遅れの理念に従属」させたとして厳しく批判した。これに対して，クーフェの後任書籍労連書記長リオションは，クーフェが，寛容な精神と自由主義を堅持し，労連の仕事を宗教への勧誘の手段とは考えなかったとして，ポジティヴィスムとクーフェの組合活動を切り離した。後に書籍労連とクーフェについて研究したM.レベリューは，書籍労働者世界の伝統がクーフェのポジティヴィスムと合致したとの興味深い指摘をしている。三者三様のこれらの指摘は，クーフェとポジティヴィスムの関連を考える重要な手掛かりを提供する[1]。

---

1)　M. HARMEL, op. cit.; LIOCHON, op. cit.; M. REBÉRIOUX, *op. cit.*; p. 106.

　F. ビルク，I. レスピネ・モレは，プロレタリア・ポジティヴィストの活動を検討し，プロレタリア・ポジティヴィスムの内容について注目すべき示唆を与えている[2]。しかし，プロレタリア・ポジティヴィスムが一貫した，体系性を持つ思想であるのか否かは問題にされず，そのような意味で，全体像を解明しているとは言えない。また，プロレタリア・ポジティヴィスムとクーフェの関係を全面的に明らかにしてはいない。本章では2人の研究を整理した上で，以下の資料を検討する。まず，パリ・コンミューン後の労働運動の再生を告げる1876年パリ労働者大会にかかわる，E. ラポルト，F. マニャン，I. フィナンスの報告[3]。プロレタリア・ポジティヴィスト・サークルの考え方を当面する課題に即して展開するものである。第2に，クーフェを含む連名で出された2つの文書，退職金庫に関する議会委員会への1880年の回答[4]，1884年のパリ市会選挙にあたってのプロレタリア・ポジティヴィスト・サークルの宣言[5]と，1891年に，マルセイユの書籍労働者祭において，クーフェが書籍労連の代表として行ったスピーチである[6]。これらは，その内容とともに，クーフェのプロレタリア・ポジティヴィスムに対する一貫した態度を明らかにするものとして貴重である。第3に，クーフェ自身によるプロレタリア・ポジティヴィスム

2）F. BIRCK, Le Positivisme ouvrier, op. cit. pp. 51-80; I. LESPINET-MORET, *op. cit.*　すでに見たように，M. レベリューもまた，クーフェの思想について，重要な指摘をしている。ただし，彼女もプロレタリア・ポジティヴィスムの全体像を与えているわけではない。

3）Le positivisme au congrès ouvrier. Discours des citoyens Laporte, Magnin et Finace, 1877.

4）E. LAPORTE, I. FINACE, A. KEUFER, Des caisses de retraite pour les vieux ouvriers. Réponse du cercle de proletaires positivistes de Paris au questionnaire dressé par la commission parelementaire, 1880. クーフェは，1880年にプロレタリア・ポジティヴィスト・サークルの代表となっているが，この文書では，I. フィナンスが代表，E. ラポルトが書記，クーフェは会計とされている。代表交代直前のものと考えられる。

5）A. KEUFER, E. MACHY, SAINT-DOMINIQUE, Elections municipales du 4 Mai à 1884. Les Prolétaires Positivstes de Paris.

6）Compte rendue de la Fête des travailleurs du Livre de 1891. Conférence syndicale par Auguste Keufer.

の全面的展開，1914 年の国際ポジティヴィスト協会でのスピーチである [7]。

第 1 節　プロレタリア・ポジティヴィスト・サークルとその思想

　我々は，F. ビルクらにならって，プロレタリア・ポジティヴィスムを A. コントの影響を受けた労働者サークルに属する人々の思想と限定する [8]。ビルクによると，それは以下のような成立経過をたどった。出発点は，A. コントが，1848 年革命の結果，彼の願う制度の到来は，「プロレタリア」の支持なしでは起こりえないとの確信を持ち，哲学者とプロレタリアの同盟を構想し，そのためには，プロレタリアの道徳的，知的能力の発展が必要であるとして，その体系的教育のプログラムを生み出したことにある。その後，コントが保守主義者たちとの同盟のシステムを考えたので，このイニシアティブは急速に忘れられたが，彼の「正当」な後継者たちは労働者階級とのこの結びつきを維持し，発展させることを選んだ。その中心は，P. ラフィットと F. マニャンであった [9]。

　パリに設立されたプロレタリア・ポジティヴィスト・サークルの最初の代表は，A. コントの近い弟子，指物工 F. マニャン [10] であった。マニャンの時代

---

7)　A. KEUFER, Fête de la Providence générale. Le Prolétariat. Discours prononcée le 21 juin 1914, au siège de la Société Positiviste internationale.

8)　F. ビルクによると，科学的方法をよりどころにする人々を結びつける一種の知的雰囲気とみなされるならば，19 世紀末にポジティヴィストであることは特殊なことではなかった。また，ポジティヴィストの資格を A. コントの思想をよりどころにする人々に限定しても，彼の教義の曖昧さから，その後継者の間では極めて矛盾した適用が生じた。ある人々は社会の維持に，他の人々は社会主義の前線に向かった。労働者ポジティヴィスムは，この後者の流れに位置したが，それも極めて雑多であり，そこには，ガンベッタ，J. フェリー，J. ロッシュなどの政治家やデュルケムなどの科学者が含まれていた。Cf. F. BIRCK, Le Postivisme onvrier, op. cit. pp. 54–55.

9)　F. BIRCK, ibid. p. 55.　ビルクに依拠した I. レスピネ・モレの叙述も参照。Cf. I. LESPINET-MORET, *op. cit.* p. 92.

10)　F. マニャンは，メトロン辞典によると，1843 年からコントの影響下にあり，労働者の一番弟子，遺言執行人とされる。プロレタリア・ポジティヴィスト・サークル

には，このサークルはもっぱら手工的労働者から構成されていた[11]。このサークルに集まった労働者は，「工業組織と，その他の人間の活動分野との関連の研究」に専門化されることとなった。同時に，彼らは，労働者階級の間に，この教義を普及し，政治生活に参加しなければならなかった。加盟は，長いイニシエーションによって準備され，その間に志願者は，ポジティヴィスト協会のメンバーによってなされる講座に通った。しばしば，P. ラフィットの指導下で，彼らは，A. コントの百科全書的プログラムによって構想された様々な領域に取り掛かり，また，彼の著作を読んだ。最終的な加盟は数年後でしかなく，このように長い期間は，極めて熟練しており，安定した雇用に恵まれている労働者の小さな集団とかかわっていた[12]。

　上の活動領域と方法は，I. フィナンスが代表する次の世代によって尊重された。硬直化や，セクト的後退のリスクが存在したが，時々の論争に参加することによって回避された。サークルの活動が再開された1885年には，事務職員の加入が認められるとともに，名誉会員が受け入れられた。その中に，パリ市会議員でフリーメイソンのメンバーである G. ロビネや，商工大臣 J. ロッシュの部下 F. デュビッソンの兄である医師デュビッソン博士などがいた[13]。

　このサークルは，いくつかの地方に支部を持ち，外国の同種組織と連絡を保ったが，50人以上の加盟者を集めることはなかった。その言葉，分析，とりわけ機能の方法は，フランスの労働運動の伝統にあまりにも疎遠であった。ただ

　の設立者，コントの遺言で，パリ・ポジティヴィスト協会の終身代表。1884年没。葬儀に際しては，I. フィナンスがパリ・ポジティヴィスト協会を，A. クーフェがプロレタリア・ポジティヴィスト・サークルを代表して弔辞を述べた。J. MAITRON, *Tome XⅢ*, pp. 327-328. 1975.

11)　1870年の規約の5人の署名者の中には，金メッキ工1人，彫刻工1人，ブラシ工1人，機械工2人がいる。例えば，A. クーフェが受けたレッスンは1871年にさかのぼり，彼は1880年にこのサークルに加盟した。Cf. F. BIRCK, Le Postivisme ouvrier, op. cit. p. 56.

12)　Cf. F. BIRCK, ibid. pp.55-56.

13)　請負業者や協同組合のメンバーには閉ざされた。Cf. F. BIRCK, ibid. p. 56. I. LESPINET-MORET, *op. cit.* p. 93.

し，このサークルは第1インターナショナルの設立に加わり，コンミューン後のいくつかの労働者大会に代表を派遣し，フランスの労働運動において積極的に活動した。このサークルは，1890年代に，労働者の新たな代表様式を生み出すことに貢献する様々な運動と結びつく省察や，提案のグループとして機能した。フィナンスとクーフェはその第一線で役割を果たした[14]。

　I. レスピネ・モレによると，1891年設立時の労働局の最初のチームの4分の1，16人中4人をポジティヴィストが占めた。この選抜は，時の商工大臣J. ロッシュと初代労働局長J. ラックスへのデュビッソン兄弟の要請によるものであった。エコノミー・ソシアル部の長と副長である，I. フィナンスとJ. ジャノル，常勤職員Dr. クレマンとE. コラ[15]は労働局の中で，戦略的存在となった。労働局はポジティヴィストの砦であり，そこには，科学者，労働者，官僚，技師の一種のフリーメイソンが見出され，プロレタリア・ポジティヴィストは本当の労働科学，社会改良の指針を打ち立てようとした。ポジティヴィストたちが労働局の職員のリクルートのための無視しえないるつぼを形成したのは，プロレタリア・ポジティヴィストと，パリ・プロレタリア・ポジティヴィスト・サークルとが，労働者階級に関するA. コントの仕事を続行したからである[16]。

　プロレタリア・ポジティヴィズムの内容にかかわる2人の叙述を見よう。F. ビルクによると，A. コント自身は，ポジティヴィズムを様々な進歩主義的，革新的教義，とりわけコミュニスムやソシアリスムに極めて近いと考えたが，経験主義的，革命主義的解決策に対して，ポジティヴィズムの合理主義的，平和的解決策を対置した[17]。プロレタリア・ポジティヴィズムが社会主義や共産主義と近い目標を持ちながら，そこに至る手段として，革命主義を否定し，

---

14)　Cf. F. BIRCK, ibid. pp. 55, 57; I. LESPINET-MORET, *ibid.* p. 96.

15)　E. コラは，ポジティヴィスト国際協会（la société positiviste internationale）代表，F. ファニョは彼の娘婿。フランス国立文書館のコラ文書は，A. クーフェに関する貴重な資料を含む。A. N. Fonds Emile Corra（Société positiviste internationale）17as/5 Dossier4. A. Keufer.

16)　Cf. I. LESPINET-MORET, *op. cit.* p. 134.

17)　Cf. F. BIRCK, op. cit. p. 45.

平和的プロセスを主張することが，A.コント自身から生じているとされる。

I.レスピネ・モレは，I.フィナンスについて，私的所有の擁護が彼の十八番であったとし，個人的所有を肯定しながら，富の起源が社会的であり，その利用もまた社会的であるべきとの発言を紹介する[18]。さらに，フィナンスによって，協同組合主義が，労働者の活力を失わせるものとして一刀両断にされ[19]，「我々は，資本と労働の関係を平和的に解決しようとしており，工業家と彼に雇われる人々の相互の義務の全体を確立し，自由に受け入れることを助けようとしている」と主張されたとする[20]。レスピネは，私的所有の承認，しかし，その富の社会的利用，資本と労働の対立の平和的解決などがプロレタリア・ポジティヴィスムの基本理念であったとするのである。

第2節　A.クーフェとプロレタリア・ポジティヴィスム

(1)　1876年労働者大会向けのプロレタリア・ポジティヴィストの主張[21]
——職業教育・議会・生産協同組合——

この報告の序文において，労働者大会の性格と，出版の事情が説明される。それによると，セーヌ県のプロレタリア・ポジティヴィストはこの大会に参加

---

18)　Cf. I. LESPINET-MORET, *op. cit.* p. 94. フィナンスらが1904年に再建した民衆教育ポジティヴィスト協会の規約では「進歩と秩序」が掲げられたことも指摘する。

19)　Cf. *ibid.* p. 89.

20)　Cf. *ibid.* p. 93.

21)　CGT設立に先行する労働者大会Congrès ouvrierは，1876年（パリ），1878年（リヨン），1879年（マルセイユ）と3回を数える。ただし，マルセイユ大会は労働者・社会主義者大会（Congrès ouvrier et congrès socialiste）。1876年パリ大会は，E.ドレアンによれば次のようなものであった。まず，議長シャベル（Chabert）は，大会が純粋に，労働者的，経済的，職業的領域にとどまることを約束した。要求として，8時間労働日，製造業における夜間労働の廃止，賃金の平等，労働者のための退職給付が決定された。要求の最も大胆なものは，全国的な無料の職業教育要求であり，また，満場一致で議会における労働者候補者原則を採択した。パリ大会は保守的な新聞から称賛されたが，ロンドンの亡命者からは激しい攻撃を受けた。E. Dolléans,

し, そこにかけられた問題のいくつかについて論じることを決定したが, 1人しか報告ができなった。それは, この大会において, 彼らの言葉での,「形而上学的哲学」あるいは「革命的教義」の信奉者が多数派であり, ポジティヴィストの報告, 発言が制約されたからである。個別の問題の検討の前に,「形而上学的哲学」・「革命的教義」[22]との基本的な見解の相違をポジティヴィストがどのように捉えていたかを, この序文から見ておこう。まず, 彼らによると,「革命」が追求する目的とポジティヴィスムの目的は同じであり, 手段だけが異なる。「どちらの側でも, 求められているのは人間の特性と, その世俗的, 社会的状況の不断の改善である」とされる[23]。当時の「革命派」が, 実際に, この「目的の一致」に同意したかどうかは不明である。しかし, プロレタリア・ポジティヴィストが「革命派」との関係をこのように捉えていたことは注目すべきである

　両者の基本的対立点とされるのは次のとおりである。「形而上学の教義」は, その信奉者, 革命家, デモクラットの手に全く空想的諸原理, すなわち, 階級の不平等, 過大な権力に反対して, 両性, 諸個人の平等, 役割の同一性の原理を与える[24]。これに対して, ポジティヴィスムは自然に対してと同様に, 社会生活の現実的・必然的条件を観察し, 確認する[25]。具体的には, 女性の役割は, 母, 教育者, 家事であり, 労働者であるべきではないとして性別役割分業を強調する[26]。さらに, 資本の個人的所有, 指導する経営者と実行する労

op. cit. pp. 18-19. J. ブロンによると「女性の組合権」「協同組合の拡張」が要求された。J. BRON, *Histoire du Mouvement ouvrier français.*Tome I. 1968. p. 244. さらに, G. ルフラン, 前掲23-24ページ参照。Cf. C. WILLARD, dir. *La France ouvriere. Histoire de la classe ouvrière et du mouvement ouvrier français.*Tome1. 1993; Robert GOETZ-GIREY, *La pensée syndicale française. Militants et theoriciens.* 1948.

22)　Le positivisme au congrès ouvrier, op. cit. p. 5.
23)　Cf. ibid. p. 7.
24)　Cf. ibid. pp. 7-8.
25)　Cf. ibid. p. 8.
26)　Cf. ibid. p. 9.

働者の分業，別の表現では，能力の多様性，理論家と実践家（企業家と労働者）
への機能，役割の分離を承認する[27]。また，「改善」を実現するためのプロセ
スにおいては，直接行動への呼びかけ，危険な宣伝は意気阻喪，失望，疑いを
もたらすだけであり，平和的，漸進的で確実な変化を望むとする[28], [29]。

E. ラポルト　職業教育ではなく普遍的人格教育を [30], [31]

　職業教育に関するラポルトの報告は，まず，現状の労働者向け職業教育につ
いて，工業に，より多くをもたらし，より速く，よりよく働く労働者を生み出
すことが目的とされており，普及率が低い現状ではそれを受けた労働者に，雇
用の安定や高い賃金をもたらしうるとしても，一般化すれば，結局，経営者を
利するだけであるとする。また，このような職業教育は，若い人々の努力を物
的生産だけに向けさせ，より高い熱望を考えさせないことにつながると[32]。
総じて否定的な評価が下される。ポジティヴィスムは階級協調主義ではあるが，
このように，階級の対立的関係については明確な認識を持っていた。
　ラポルトは，次いで，職業の観点では労働者は経営者に劣るものではないが，
知的文化で劣位にあり，議論の能力を欠き，可能なこととそうでないことの区

---

27)　Cf. ibid. pp. 11, 13.

28)　Cf. ibid. p. 17.

29)　ここには，性別役割分業を別にすると，後の，CGT 内での革命主義と改良主義の
　　基本的対立点が存在しており，それをポジティヴィストが明瞭に認識していたので
　　ある。ここで取り上げられている「革命的教義」と，後に CGT の多数派となる革
　　命的労働組合主義を同一視することはできないが，ともにフランス革命の伝統に基
　　づいて，革命的行動を称揚する点では共通している。

30)　この演説は，大会ではなされず，ラポルトがメンバーであった教育に関する第 4
　　委員会で報告された。Cf. Le positivisme au congrès ouvrier, op. cit. p. 19.

31)　I. レスピネ・モレは 3 人の報告について簡単に言及する。その中で，E. ラポルト
　　が職業教育を取り扱ったのは，「個人的，社会的」人間に焦点を合わせた教育，つ
　　まり生物学，道徳，社会学を職業教育に付け加える必要性を強調するためであった
　　とする。Cf. I. LESPINET-MORET, *op. cit.* p. 93.

32)　Cf. Le positivisme au congrès ouvrier, op. cit. pp. 22-23.

別ができないとする[33]。ここには，革命主義ないし，それを支持する労働者の状況についてのポジティヴィストの特有な認識がある。若干長くなるが，以下の引用にそれは明らかである。「我々は，ばかげた観念に夢中になり，……我々の観念をそれが値するものとして取り扱ってくれる人々に反抗するのである。我々の大義に極めて嘆かわしい役割を果たす人々をヒーローとみなし，我々の恩人に憎しみをぶつけるのである。……我々の敵は我々を子供扱いし，……我々は彼らにとって議論するに値しない劣った存在である」と[34]。前章で，設立期CGTにおいて，強い反知識人主義，無教養主義とも言うべきものが支配的であったことを指摘した。CGT設立に先立ってではあるが，ラポルトは，フランスの労働運動，革命運動の中にある，この傾向を強く認識していた。

　この認識は，1832年，1848年，1871年におけるプロレタリアの犠牲についての評価から来ていた。ラポルトは次のように言う。「我々はこれまで，夢に熱中し，偽りのユートピアでしかなかったものに解決策を見ると信じてきた。そして，平和的議論で打ち負かされたときに暴力で追求しようとし，流血に倒れた」[35]と。ここには，フランス労働運動の革命主義的伝統を否定するポジティヴィストの立場が明瞭に示される。

　ラポルトが提示する労働者教育のあるべき姿は，社会生産，個人生活に必要なより完全な知識を得，国家，市，家族の運営にかかわることがらについての考察に習熟し，資本と労働，富の管理関係が生み出す議論において，いつも理性的な提案だけをすることができるようになることである。そして，労働者が知的になれば，経営者が変化し，道徳化された労働者は，彼らを雇う人々を道徳化すると言う[36]。労働者教育についての具体的な方針は次のとおりである。それは，まず，直接の利益のための教育ではなく，知的，道徳的進歩の道具としての教育である。その上で，「プロレタリアートにふさわしい教育は，人類

33）　Cf. ibid. p. 27.
34）　Ibid. p. 28.
35）　Ibid. pp. 37-38.
36）　Cf. ibid. pp. 28-29, 30.

の知識の全体を含むもの，すなわち普遍的教育，総合的教育である」とする [37]。数学，自然科学を前提とし，個人と社会の 2 つの面での人間についての学，すなわち生物学と社会学を含まねばならないと [38]。そのために，作業場，農場で働く，14 歳から 21 歳までの労働者に対する 7 年間の夜間講座が設けられるべきであるとする [39], [40]。

　プロレタリア・ポジティヴィストは，階級対立を鋭く認識しながら，フランス労働運動の革命主義的伝統を否定し，労働者階級の知的，文化的水準を向上させることで，経営者と対等な立場に立つことを目指していた。知的，道徳的進歩のための教育こそが求められるべきであり，それは，社会変革の手段であるとともに，その目的そのものであった。それは，CGT 設立前後のフランス初期労働運動において革命主義がはらむ反知識主義という問題点を鋭く突くものでもあった。しかし，それは一種の知的エリート主義とも結びついていた。数年間の一般教育的な講座への出席が入会の条件とされることは，フランス革命の伝統の否定と結びついて，フランス労働運動の中で，彼らがごく小さな位置しか占めなかったことを納得させるものである。しかし，彼らの確信の強さ，少数でありながらも確固とした位置を保ち続けた原因も示唆される。

F. マニャン　多数者の選挙・投票よりも少数者の評価・批評を

　マニャンの報告は，多数の労働者議員による議会を通じた社会変革という展望を批判し，プロレタリア・ポジティヴィスムの議会に対する立場を明らかにしようとする。彼は，報告の冒頭で次のように議会主義を批判する。「将来が

---

37) Ibid. p. 31.
38) Cf. ibid. pp. 35-36, 40.
39) Cf. ibid. p. 43.
40) 以上の叙述において，オーギュスト・コントの社会学が称賛される。ポジティヴィスムそのものを考察する上では見落とせないとしても，コント主義の全体を扱うことは我々の任に余ることであり，また，労働組合運動とのかかわりを問題にするここでは，以上の指摘にとどめて十分であろう。とりあえず，清水幾太郎『オーギュスト・コント』筑摩書房　2014 年 参照。

労働者階級出身の立法家の数に依存することを信じる，極めて尊敬すべき多数の市民の見解に与しない」。また，「状況をはっきりと変更するために，十分な数の労働者を議会に送り込むことはほぼ不可能である」と [41]。ただし，「フランスの労働者が下院議員になることに絶対反対するわけではない」として，労働者による議会活動，労働者議員の存在そのものは肯定する [42]。プロレタリア・ポジティヴィズムが改良主義であるとするなら，そして，後の改良主義についての常識からすると若干奇異に見えるこのような主張は，国家，議会，選挙についてのある認識に基づいていた。マニャンの論述に沿って，検討しよう。

　彼は，まず，労働者を含む選挙民に対する強い不信を表明する。それは，フランス革命以降の歴史から導き出される。すなわち，二月革命において，社会主義的民主主義者は，普通選挙に訴えて，新しいシステムを提案するために，革新者やその弟子たちを議会に送り込もうとしたが，このシステムの新しさのために，提案のチャンスがないことを見ようとせず，反動の手において，それらが，公衆の偏見に誇張されて，恐ろしいものに転化されることを見ようともしなかった。また，民主主義的共和主義者は，忠実に普通選挙を組織するが，単純にも，選挙民が共和主義者の見解の方向で投票すると信じ，選挙民の大部分が見解を持たず，候補者を彼の公約によってしか知らず，この公約の大部分は嘘であることに注意しない。そして，彼ら，お人よしの失望は，普通選挙が，6月の大虐殺をもたらす議会を与えた時に極めて大きかったと。総括的に，投票が共和国を危うくし，2度はそれをひっくり返すことに役立ったと述べる [43]。

　マニャンは，投票・選挙に対して，評価（appréciation）活動を置く。「選挙の機能は一時的，むしろ一瞬であるのに対して，評価の機能は恒久的である」。また，「選挙の機能はその本性において，本質的に盲目的である。自由な評価だけが，そこに光を当てる。選挙の機能は，選挙民に責任放棄をもたらし，評

---

41)　Le positivisme au congrès ouvrier, pp. 49, 51.
42)　Cf. ibid. p. 49.
43)　Cf. ibid. pp. 74-75, 79.

価は，各選挙の後に，いよいよ大きくなる重要性を得る」[44] とし，革命後の歴史において評価が果たした大きな役割を踏まえ，次のように言う。すなわち，評価は，会話，掲示物，新聞，書籍などからなり，全ての社会活動に必要な補足であり，その，道徳的，社会的，政治的影響は明らかである。また，「本質的に道徳的で，社会的であるとはいえ，この機能は政治に対して，大きな影響力を持たねばならず，解明し，説明することで，公衆の見解を道徳化し続けなければならない」と [45]。

　すでに選挙との対比によって示唆されるように，マニャンの議論の中には，強いエリート主義があった。それは以下の叙述に一層明らかとなる。「選挙の機能においては，各市民は，彼がどのような質で優れていようと，それを欠いていようと，一として数えられる。他方，評価においては，住民全体は，その参加，感覚を上昇させるのに比例したエネルギーによって数えられ，各人は，その本質的な価値，その状況に応じて，影響力を及ぼす」。さらに，「導くのは，少数である。もちろん。しかし，それは，投票の場合のように，優柔不断の人々によって構成されていない。評価は，活動的で，確信を持った少数が，その力に応じて解明し，強化するものを表明し，広める」と述べる [46]。

　このマニャンの議論には，国家，議会の社会への介入の限界についての以下の認識があった。「国家は出版や集会を管理することをやめ，物的秩序を守ること……外交関係や金融を守ることだけに限定されるべきである」。さらに，「社会問題の解決策は，政治的解決策ではない。立法は，必要な自由の大きな量を残すようにしか介入すべきではない。解決策は，本質的には道徳的であって，評価の機能によって表明される世論に属する」と [47]。その原因については，A. コントに直接依拠しながら，次のように言われる。まず，「近代社会の構成員の関係は，それが，住民の独立，尊厳を脅かさずに，法によって規制さ

44)　Ibid. p. 65.
45)　Ibid. pp. 62-63.
46)　Ibid. pp. 66-67.
47)　Ibid. pp. 82-83, 84.

れうるためには，知性，感性，人格に依存するあまりにも多くの多様な利害に
よって複雑になっている。したがって，A.コントが述べたように，この問題
は，法的に解決されるためには複雑すぎる。しかし，道徳的に解決されうる
し，されねばならない」[48]。また，共和国政府の下では，法律は生活の全て
の行動の，普遍的で恒久的な規範とみなされるべきではなく，進歩は絶えざる
法律の減少，あまりにも多数で，費用がかかり，少なくとも邪魔になる傾向が
ある行政に携わる人の数の絶えざる減少のうちにある。このやり方は，全ての
人間の法則が評価されうる実証（positif）の原理が存在しているので，一層容
易であり，A.コントが表明したように，全ての人間の法は，自然法則の知識
に従わねばならない。ここから，「プロレタリアが，実証主義的なやり方で，
その要求を表明することができるならば，彼らは，もはや，中央権力との間に
仲介者は必要ではない」と結論されるのである[49]。自然科学の法則と同一視
される社会についての法則の発見によって，社会問題が解決されうるので，国
家，議会の役割が限定されうるとすることと，労働者の知的，道徳的発展に
よって，対等な労使の関係が形成されうるので，国家介入が不要であるとする
ことは，必ずしも明確に結びつけられていない[50]。

　ラポルトは，教育，とりわけ普遍的・総合的教育を重視し，それによって，
経営者と対等な地位に立つ，そのような社会こそが，プロレタリア・ポジティ
ヴィストの目的であるとした。しかし，他方，当時の状況では，プロレタリア・
ポジティヴィスト・サークルが長期のイニシエーションを受けることのできる
極めて少数の労働者しか組織していない。したがって，マニャンが強調する評
価の活動は，プロレタリア・ポジティヴィストに限定されるものではないとし
ても，彼らを中心とする少数者によって遂行されるものであった。国家，議会

---

48)　Ibid. p. 85.
49)　Cf. ibid. pp. 86, 88.
50)　マニャンの労働者知的エリート主義が，A.コントとの接触によって形成されたこ
　　とは否定されない事実であるとしても，コントのポジティヴィスムとプロレタリア・
　　ポジティヴィスムが完全に調和するものであったのかどうかは検討の余地がある。

44

の社会への介入の限界を踏まえ，多数の労働者の選挙に，少数者の評価を対置するプロレタリア・ポジティヴィスムの知的エリート主義が明瞭である。

I. フィナンス　協同組合の限界，経営者・管理者の必要性

　最後に，I. フィナンスが協同組合についての報告を行う。彼によると，当時は，1848 年，1865 年に次いで，大きな協同組合運動の前夜にあり，「プロレタリアートの活動家の多くが，協同組合をあらゆる悪弊の唯一の解決策，我々の物的，知的，道徳的要求を完全に満足させることに到達する唯一の実践的手段」，「全ての状況，全ての場所，いつでも，どんな対象にも適用しうる普遍的な万能薬と考えている」[51] 状況であった。これに対して，フィナンスは，報告の多くを，フランスにおける生産協同組合，イギリスの消費協同組合，ドイツの信用組合の歴史，実態にあてている。マニャンのフランスにおける議会や選挙の歴史に関する叙述とともに，ここからは，事実の検証という手続きを踏んで議論を展開しようとする姿勢が読み取れ，それこそ，彼らが標榜する「実証主義」によるものである。

　フィナンスの結論は，フランスにおける生産協同組合は，その多く，大部分が消滅しており，失敗であったこと，それにとどまらず，労働者の団結を破壊したことである。例えば，彼自身が属する塗装工の運動においては，協同組合の計画が進められるごとに分裂が生じ[52]，また，当該の 1876 年の労働者大会には，「ごく少しの生産組合，消費組合，信用組合，相互扶助組合しか代表を送っていない」[53] ことを指摘する。それは，かろうじて存続している生産組合の次の事態とかかわらせられる。すなわち，例えば，1868 年に設立された金箔工の生産組合は消滅して，2 人のパトロンを生み，また，抵抗組合を基礎にして設立された生産一般組合もすぐに 2 人のパトロンを生んだだけであり，1869年の他の試みも，1 人のパトロンになり，結局，パトロンをなくそうとしたに

51）　Le positivisme au congrès ouvrier, pp. 97-98.
52）　Cf. ibid. pp. 114-115.
53）　Ibid. p. 116.

もかかわらず，計5人のパトロンを生んだと。あるいは，同じ時期に信用連帯組合を設立して，ほとんど全ての労働者を集めた金メッキ工の生産組合は，連帯組合を減ぼし，かつて組合員であった6人の新しいパトロンを生み，それ以来，どんな目的のためにも金メッキ工を組織することができなくなったと[54]。

　さらに，消費組合についての次の叙述も注目される。すなわち，「全ての協同組合，とりわけ消費協同組合において，報酬を要求せず，管理や様々なサーヴィスを引き受け，利益を実現するのは，積極的で献身的な少数の人々である。多くの貴重な時間が失われ，それは，実現される小さな物的利益では埋め合わせられない」[55]。また，当時の論者から次の引用をする。「工業組合のこれらの経験の顕著な結果は，能力のある管理者の絶対的専制である」[56]と。これらに共通するのは，工業企業にとって，経営者，管理者の存在が不可避であるとの認識である。フィナンスは，それを，ポジティヴィスムの先達 P. ラフィットからの次の引用で再確認する。「この組合は幻想的な経済的解決策である。というのは，それは個人的パトロンを集団的パトロンで置き換えることであるから」。「成功した組合は労働者から構成されていない。多くの連合したパトロンが労働者を雇っているのであり，協同組合の形成まで推し進めることは，プロレタリアートを傷つけ，ブルジョワジーの側に，最もエネルギッシュで，知的なメンバーを追いやることで，その自然な指導者を奪うことである」[57]。ここには，プロレタリア・ポジティヴィスムの1つの要素が明瞭に示されている。すなわち，今日の工業組織が「管理者」を必要とすること，パトロンは所有者であるとともに，この機能を担っていること，労働者はこれを認めた上で，パトロンとの対等な関係構築を目指すべきことである。

　フィナンスは，これを踏まえて，全ての協同組合的傾向を見限り，より広いやり方で，労働組合や抵抗組合によって，賃金労働者の団結を実現することが

---

54)　Cf. ibid. p. 120.

55)　Ibid. p. 137.

56)　Ibid. p. 141.

57)　Ibid. pp. 142, 143-144.

重要である⁵⁸⁾とした上で，次のように結論する。「我々は，パトロンと労働者の紛争を示談で解決し，賃金率，労働時間，作業場規則等々を定めるために，調停委員会を任命しなければならない」。「基本的原理として，社会問題が所有者を変えることにあるのではなく，富の使用を定めることにあると認めるので，我々は，……社会問題がもたらす唯一の解決策は，道徳的解決策であり，法的な契約や解決策は幻想であることを認める」。「我々は，資本と労働の関係を平和的に解決するよう努力し，工業の指導者と雇われる人々の間の相互の義務全体の確立と，自由な受け入れを助ける。この義務をすでに知的なパトロンは認めようとしている。また，彼らは，我々の要求が暴力的で，絶対的な性格をなくせばそれだけ容易にそれを認めようとするであろう」⁵⁹⁾。ここに，パトロン（所有者・経営者）と労働者の存在を必然とし，その上で，両者の対等な関係を，平和的な道筋で形成すべきであるとのプロレタリア・ポジティヴィスムの基本認識が明瞭に示されている。

　3人の報告は，プロレタリア・ポジティヴィストが緊急の，実践的課題に応えようとしたものであり，その思想を体系的に述べたものではない。また，3人の個性の相違も無視しえない。しかし，以上の検討からは，3人の見解の公約数の形でではあるが，それなりに一貫した体系を持つ思想としてのプロレタリア・ポジティヴィスムの存在を確認してよい。F. ビルク，I. レスピネ・モレは，私的所有，階級協調，平和的プロセスなど，プロレタリア・ポジティヴィスムの改良主義的性格を指摘した。それは，プロレタリア・ポジティヴィスムの本質的規定として肯定されるべきである。しかし，教育を通じた労働者の地位向上，経営者との対等な関係の構築，選挙，投票への否定的態度と自覚した少数者による評価活動の重視，国家介入への拒絶とも言うべき姿勢，さらに，

---

58)　後の 1879 年マルセイユ大会では，協同組合に反して，労働組合だけが労働者の利益を満足させ勝ち取ることができ，協同組合は，消費組合であれ，生産組合であれ，特権的な少数の境遇の改善しかなしえないが，運動には役立ち，この意味でだけ大目に見られるとされた (C. WILLARD. *op. cit.* p. 273)。ここからすると，ポジティヴィストの主張がある程度認められたことになる。

59)　Le positivisme au congrès ouvrier. op. cit. pp. 148-150.

平和的プロセスが教育と特有な結びつきを持たせられていたこと等は，後に一般化する改良主義とは様相を異にするものであり，ここにプロレタリア・ポジティヴィスムの重要な特徴があった。

　ところで，ビルクによれば，クーフェは1871年からポジティヴィスト・サークルでの教育を受け，1880年に加盟した。クーフェが加盟後直ちにサークルの代表となることからすると，彼が，この1876年報告の作成にかかわっていた可能性も否定できない。しかし，そこに表明されたプロレタリア・ポジティヴィスムはクーフェにとって与えられたものと考えるのが妥当であろう。

(2)　A. クーフェとプロレタリア・ポジティヴィスム

　クーフェが関与した資料を検討しよう。まず，退職金庫に関する議会委員会の質問に対するパリ・プロレタリア・ポジティヴィスト・サークルの1880年の回答である。これは，さきに見た3人の報告者のうちの2人，E. ラポルト，I. フィナンスにクーフェが加わって連名で出されている。肩書は，フィナンスが代表，ラポルトが書記，クーフェが会計であり，フィナンスの主導性を仮定しておく。6ページ弱のごく短いものではあるが，その内容は前節で確認した基本傾向に沿いながらも，極端な形でプロレタリア・ポジティヴィスムの考えを示すものである。

　この退職金庫は，「幻想であり，危険であり」，反対であるとの強い態度が冒頭から示される。その理由として，第1に，「全てを生産するのがプロレタリアであり」，税金によろうと，労働者，経営者からの控除によろうと，いずれにしろ，「結局支払うのは，労働者である」[60] と。しかも，官僚機構の介在によって，「労働者は，彼の老いた日のパンを確かにするために，3フランを支払って，2フランしか返ってこないのである」と [61]。まず，プロレタリアが富の生産者であるとの強い自負を確認しよう。さらに，それは，以下の，社会

---

60)　E. LAPORTE, I. FINACE, A. KEUFER, op. cit. p. 3.

61)　Ibid. p. 4.

48

の変革者としての自覚と結びついていた。すなわち、「人間集団であるプロレタリアは、世界の将来を担っている。というのは、力と富が他の階級を堕落させているときに、彼らを再生し、強化するのはプロレタリアであるから」と。ここには経営者の「堕落」が示唆され、彼らが主張する経営者との対等な関係が、単なる現状でのそれではなく、両者の向上を含んでいる点で興味深い。

　同時に、国家、官僚への強い不信感が見落とせない。それは、第2の論点とされる、「道徳的次元」の問題において一層明らかとなる。それによると、老人の保護は、例外を別にすれば、国家の役割ではなく、「個人が老人を保護できる」と[62]。国家の役割の限定、個人生活への介入に対する強い拒絶の姿勢が明瞭である。その上で、「退職金庫は二重の道徳的危険を生み出す」とする。まず、人は自らが老後に備えるべきであって、この制度は、先見の欠如を増大させる。次いで、すでに多くの慈善施設が弱めている、「愛着、敬愛、親切の感情を減らす」と。さらに、このような制度は、国家のプロレタリアの生活への全面介入であり、法律上のコミュニスムであるとさえ言う。結局、年老いた親を養うことが継承されるべきとされる[63]。

　ここには、プロレタリア・ポジティヴィストの国家介入への拒絶とも言うべき態度が見出される。彼らは、国家そのものを否定しない点ではアナーキズムとは明確な一線を画している。しかし、その距離は近いとさえ言える。他方、ここに見られる旧来の家族道徳への固執とも言うべき主張は何を意味するのであろうか。これまで見てきたところでは、プロレタリア・ポジティヴィスムが強いエリート主義的傾向を持っており、それは、手工的熟練と結びついた独立性とかかわっていた。また、経営者との対等な関係の構築という方向性も、旧来のコルポラシオン的な親方と職人の対等への回帰と読みとることが可能である。プロレタリア・ポジティヴィスムが強い復古主義的性格を帯びていたことを確認しよう。ただし、当時の労働組合運動に支配的であった、革命主義、ア

62)　Cf. ibid. p. 5.
63)　Cf. ibid. pp. 4-6.

ナーキズム的傾向も保守主義をはらんでいた可能性があり，検討されるべき課題である。

1884 年のパリ市会選挙に対する，パリ・プロレタリア・ポジティヴィスト・サークルの態度表明を見よう。クーフェは，植字工の肩書だけであるが，E. マシーが塗装工・書記，サン・ドミニクが鉛管工・会計とあることからすると，クーフェが代表であったとみなせる。まず，以下の結論的叙述が注目される。すなわち，「我々に必要なのは，民衆の人気を渇望する騒がしいアマチュアではなく，用心深く，賢明な会計士である」と[64]。

第2に，現在，パリで物価が上昇し，労働者の生活が困難になっているとし，その原因は，パリ市が，大土木事業を進めるために，間接税を上げ，また，地方や外国から建築労働者が流入しているからであるとする。そして，すでに外国との競争で経営者の状況が危機に陥っているときに，賃金増要求と破滅的なストライキが生じているとする。彼らの主張の最大の眼目は，パリ市の支出を可能な限り削減することに置かれる[65]。

以上から，公共事業に関しても，それを労働者救済に転換しようとするような方向性は全くなく，パリ市の介入を制限し，経営危機を理解した上で労使協調を進めようとする姿勢が明らかである。たとえ，これらが客観的にはある種の根拠，合理性を持つとしても，労働者の広い支持を得る宣言であったとは考えられない。

クーフェは，この間，1881 年には書籍労連設立に加わり中央委員，1883 年にはボストン博覧会にパリ植字工代表として参加し，報告書を書いている。さらに，1884 年には書籍労連中央委員会常任書記となり，主導権掌握を進めようとしている。このような組合活動と並行しながら，積極的にプロレタリア・ポジティヴィストとしての，さらにはその指導者としての活動を行っていたのである。クーフェにとって，この2つの活動は強く結びついていた。これを，

---

64)　A. KEUFER, E. MACHY, SAINT-DOMINIQUE, op. cit.
65)　Ibid.「共和国への明瞭で，全面的な賛成で満足し」，「納税者として……態度を表明できる唯一の機会である」とすることにも，彼らの立場が明瞭である。

50

より明瞭に示すものは，1891年のマルセイユの書籍労働者祭における，書籍労連の代表としてのスピーチである。組合内で，プロレタリア・ポジティヴィスムへの信奉を明瞭に述べたものとして興味深い[66]。

1891年スピーチにおける議論の前提とされる製本業の自由化についての評価は見落とせない。すなわち，1870年デクレによる自由化以前の特許制度の下では，労働は規則的であり，パトロンは作業場で生活し，労働者を評価し，その必要を知っており，相互の評価と敬意があったとする。これに対して自由化は，進歩の口実の下に，パトロンの生存条件と労働者のそれを脅かし，労働条件を変え，児童と女性の搾取に結果したと。総じて，競争，技術発展，株式会社は，労働条件を全面的に悪化させ，安定を破壊し，経営者と労働者の関係を大きく変更し，プロレタリアは，放置され，社会から隔絶されているとする[67]。

このような状態に対する解決策が検討され，まず，生産協同組合が否定される。次いで，国家，立法家への依存を拒否し，労働者自身による改善の実現を対置する。「労働者が行動し，彼らが組織されれば，彼らは，彼らが権利を持つ社会改良を彼ら自身で獲得するための，物的，精神的力を持つ」[68]と。さらに，私的所有の廃止と土地の生産手段の国有化を主張するコミュニスムに対して，所有欲が人間の本性に属するものであること，「管理する長と実行する労働者のいない工業組織を考えることは不可能である」[69]と批判する。

これに対して，A.コントによって基礎づけられたポジティヴィスムは，労働者の社会への編入を目的とし，「全ての階級，両性に与えられる，科学教育を手段として，エゴイズムと反対に，他人を思いやる感覚を発展させ，道徳的，

66) 「私は，確信を持ったポジティヴィストの教義の信奉者であることを認める」。Compte rendue de la Fête des travailleurs du Livre de 1891, op. cit. p. 56.
67) Cf. ibid. pp. 52-53. ここにもプロレタリア・ポジティヴィスムの，あるいはクーフェの復古主義的傾向を見て取ることができる。
68) Ibid. p. 54.「多くの生産協同組合が創設され，その大部分は，多くの資本を使い果たし，それが生み出した期待を破壊して，今日では消滅している」。
69) Ibid. p. 56.

知的改良によって」社会変革が実現されるとする[70]。しかしながら，様々な見解の違いを尊重した上で，労働者の力を統一する組合の重要性を指摘して，スピーチを締めくくる[71]。後継書記長リオションは，クーフェが書籍労連の仕事を宗教への勧誘の手段とは考えず，寛容な精神を発揮したとした。それは肯定されうるが，クーフェのこのスピーチは，彼の中で，組合活動とポジティヴィストとしての活動が矛盾なく，強く結びついていたことを示すものである[72]。

第3節　救世主としてのプロレタリア——A. クーフェの　　　　プロレタリア・ポジティヴィスム

　ここでは，1914 年国際ポジティヴィスト協会でのスピーチ[73] を検討する。前節で検討した 1876 年報告は，3 人が当時の実践的課題に応えたものであり，我々は，そこから，プロレタリア・ポジティヴィスムをいわば抽出した。国際ポジティヴィスト協会でのクーフェのスピーチは，彼のポジティヴィスム理解を知る上でと同時に，プロレタリア・ポジティヴィスムについて，その中心的人物の一人によって全面的に展開されたものとして貴重である。このスピーチの特徴の一つは，A. コントへの言及，引用，紹介が大きな分量を占め，それと不可分な形でクーフェのプロレタリア・ポジティヴィスムが展開されていることである。いま一つは，他のプロレタリア解放理論，とくにコミュニスムを批判しながらプロレタリア・ポジティヴィスムの優位性が強調されることであ

---

70)　Ibid.

71)　1891 年時点では，書籍労連内でのクーフェの主導権は確立しているが，なお，パリ支部を中心にした分裂状態は解決されていない。

72)　このスピーチでは，1876 年報告や，以下で検討する 1914 年スピーチに顕著な，性別役割分担の主張は見られない。書籍労連内でも女性労働者雇用は大きな問題を引き起こしていた。クーフェは，対立の生ずるこの論点を避けたと言え，彼の，組合活動家としての柔軟性を見ることができる。

73)　A. KEUFER, Fête de la Providence générale. op. cit.

る。全体として，理論家としてのクーフェが強く印象づけられる。また，前節との検討と併せて，クーフェのプロレタリア・ポジティヴィスム信奉の一貫性，強さを確認するものにもなっている。まず，クーフェのコント主義とのかかわりを検討し，その上で，プロレタリア・ポジティヴィスムの積極的展開を見る。

このスピーチは，「一般的救世主（la Providence générale），プロレタリアの祭り」との注目すべき表題を持つ[74]。Providence とは神の摂理，あるいは神そのものを意味し，そこから救いの神，天佑などの派生的意味が生まれている。後に l'Etat providence が福祉国家を意味する言葉として用いられることになる[75]。プロレタリアが救いの神，救世主であることが宣言されているのである。クーフェは，スピーチを次の言葉で始める。すなわち，「オーギュスト・コントによって作られた表に基づく抽象的カレンダー第13月，人類の一般的救世主（providence）とみなされたプロレタリアに捧げられた月を祝いましょう」(p. 1) と[76]。クーフェはコントによってプロレタリアが救世主に擬せられたことを強く受け止めている。クーフェ自身が貧しい出自の労働者であった。徒弟修業を経て資格を持つ熟練工である植字工になったとはいえ，友人ブルトンによって「搾取」と表現されるような労働に従事していた。クーフェのコントへの傾倒の最深の理由がここにあった。それはまた，マニャンやフィナンスと

---

74) Op. cit. p. 1.

75) 後にフランスでは l'Etat providence が福祉国家の意味を持つことを考え合わせると，国家介入を厳しく拒絶するプロレタリア・ポジティヴィストによる，一般的救世主（la providence générale）プロレタリアなる言葉は極めて興味深い。ただし，田中拓道によると l'Etat providence が肯定的な意味で使われるのは20世紀後半以降であり，19世紀末では，社会生活に介入する専制的国家の意味を持っていた。プロレタリア・ポジティヴィストの国家介入拒絶もより一般的な観点から考察される必要がある。田中拓道「フランス福祉国家の思想的源流（1789〜1910年）(4)—社会経済学・社会的共和主義・連帯主義—」『北大法学論集』56(1)，97-147ページ 参照。

76) ポジティヴィストは13か月から成る独特のカレンダーを作った。ただし，13月がプロレタリアに捧げるのが一般的であったとは言えない。しかし，そうであれば一層クーフェのこの発言の意味は大きいとも言える。Cf. La Maison d'Auguste Comte. http://www.augustecomte.org/spip.php?article22.

も共通するものであり，これこそがプロレタリア・ポジティヴィスムの核心で
あった。

　コントに依拠し，クーフェは，労働者を，まず，過去の富の生産者，伝達者
と捉える。「一般的救世主の祝祭を厳粛に祝うためには，我々は，まず，あら
ゆる国，あらゆる地方で蓄積された富を我々に伝えた，過去の世代の民衆に祈
りをささげねばならない」と。第2に，現在の富の生産者としての労働者。「数
百万もの下層の労働者たちがつらく，増大する労働によって全ての人々の規則
的生存を確かにしている」[77]と。ここでも「つらい労働」との表現が注目され
る。こうして，労働者は，「物的観点でも，知的，道徳的観点でも，一般的な
生存を保障する実際のこの救世主 Providence」とされる。次の表現は，あら
ためて，このような労働者の境遇への A. コントの共感を強調するものである。
「A. コントは，一般的な救世主の資格で，プロレタリアが実際に果たす，重要
な機能を彼らに割り振ることによって，未開時代から報われることの少ない，
しかし，生産的な仕事につなぎ止められた下層の大衆の労働，寛大さ，公平無
私を賛美した」[78]と。労働者の精神性が評価されていることも確認できる。

　問題は，労働者が，正当な評価を受けていないことである。次の表現からは
クーフェの怒りを読みとることができる。すなわち，「プロレタリアの資格の
中に，侮蔑的な評価を見，そこに含まれる人々を劣った状況に置く公衆の過
ち」[79]と。また，次の言葉は，労働者が生産した富に関与しえていないこと，
その権利を回復することが，プロレタリア・ポジティヴィスムの基本的な主張
であることを示す。「過去の無数の世代によって生み出され，伝えられた巨大
な富が，その起源が確保すべき社会的用途を持たない。いつの時代も，協力者
であるプロレタリアは，この資本が彼に提供すべき正当で，公平な満足を奪わ
れている」[80]と。

---

77)　A. KEUFER, Fête de la Providence générale. op. cit. p. 1.
78)　Ibid. p. 2.
79)　Ibid.
80)　Ibid. p. 3.

　プロレタリア・ポジティヴィスムがプロレタリアを一般的救世主に擬するのは，いま一つの理由によるものであった。クーフェは，A.コントから次の言葉を引用する。「プロレタリアは，必要な機関と同様に，様々な特別な階級が出てくる社会的集団である」と。また，「全ての社会階級は，世代の継続を確かにしてきたプロレタリアの大衆にその根を持っている。我々の種の再生産が実現されるのはプロレタリアの家族によってである」[81] と。すなわち，世代の再生産者としての労働者階級である。それは，家族についての認識と，性別役割分担の主張と結びついていた。クーフェは次のように言う。「家族は，個人の創出と，肉体的，道徳的形成に必要な社会の細胞である」と。さらに，「家族の創出と道徳的機能のためには，女性の境遇は確保されねばならない。その尊厳を傷つけることなしに養い，外の労働を免れさせることによって，妻，母，カウンセラー，教育者の役割をうまく果たすことを可能にすることは，男性に属する」[82] と。

　ところが，このプロレタリアの機能は脅かされていた。「自由と労働の権利の口実の下で」，国家と工業，商業の管理者たち，とくに，低賃金を求める経営者によって，女性が家庭を放棄することが奨励されていた。「経営者たちは，宗教的，政治的見解の相違を問わず，もっぱら低賃金が提供する有利さだけを考え，女性の外での労働の社会的，道徳的な恐ろしい結果について何も考えない」[83] と言われる。このような考えは，労働者階級の中にも広がっていた[84]。その結果は，「美しい母親としての任務を果たすことをもはや望まない，多くの女性が報酬目当ての仕事に就く。それは，一般的な犯罪の原因であり，アルコール中毒の否定しがたい原因である」，「道徳の忌むべき減退が，家族の自発的な不毛を引き起こす」[85] とされる。

---

81)　Ibid. pp. 3, 7.

82)　Ibid. p. 7.

83)　Ibid.

84)　「最も積極的なプロレタリアートは，家庭に女性をとどめることへの好みを遠慮がちにしか宣言しようとしない」(ibid. p. 8)，「機能の本当の公平と，実現しえない平等の間の危険な混同が全ての精神を深く混乱させている」(ibid. p. 5)。

　種の再生産におけるプロレタリアの役割の重要性は否定しえないとしても，
それをプロレタリアの本質的機能の第1とすること，さらに，そこからやにわ
に引き出される，女性を家庭の守り手とする性別役割分担の議論には，プロレ
タリア・ポジティヴィスムが持つ強い保守主義的傾向を見ないわけにはいかな
い。もちろん，女性労働者の惨状への批判が含まれていることは見落とせない
としても [86), 87)]。

　救世主としての労働者の観念は，現実社会から排除された労働者を社会に編
入し，その地位を回復するとともに，社会そのものを変革する展望を支えるも
のであった。その道筋は具体的にどのように構想されたのか。その中心に置か
れるのが「評価」である。「政治的社会的無秩序の中で，富の悪用の下で，全
ての社会階級による義務の忘却の中で」，プロレタリアの果たすべき重要な一
般的機能，それは評価（appréciation）である [88)]。評価とは，「行政権力，立法家，
経営者，官僚，最後に政治的社会的影響力の一部を持つ人々の活動を検討し，
評価」すること，別な表現では，「市民を統括する責任と名誉を引き受け，商
工業の事業を企て管理する責任と名誉を引き受けた人々を評価」することであ
る [89)]。まず，「政治的，社会的無秩序」，「富の悪用」が指摘され，政治家，官
僚は，市民の統括者として，また，経営者は商工業の管理者として責任を問わ
れる。しかし，その存在は否定されるのではなく，労働者の評価を通じて義務
の忘却から脱し，義務を果たすべきものとして社会の中に位置づけられ肯定さ

---

85)　Ibid. p. 8.
86)　「自分自身でその生存手段を見出さねばならない独身女性，寡婦等は例外とする
　　（Ibid. pp. 7-8）。
87)　ただし，A. コントはこのような家庭における女性もプロレタリアと位置づけてい
　　た。クーフェの議論はこれに依拠していた。「プロレタリアには，その任務がもっ
　　ぱら家族的で，家庭的で道徳的であり，社会の機能と展開に大きな役割を演ずる女
　　性も含まれる（ibid. p. 5）。女性を保護の対象とする労働立法と女性は家に帰れとす
　　る根強い風潮との関連の検討は別の機会に譲る。
88)　Ibid. p. 7.
89)　Ibid. p. 9.

れる。マニャンは選挙・投票に評価を対置した。I. フィナンスは生産組合が経営者を否定しようとして結局，管理者不在で失敗するか，新しい経営者を生み出すかであるとした。クーフェはここでより根源的に，また総括的に評価を通じた救世こそが労働者の役割であるとするのである[90]。富と種の生産者である労働者は評価を通じて，社会の中での地位を回復するのである。ここにプロレタリア・ポジティヴィスムの核心がある。それは強い知識主義，道徳主義に貫かれており，その根底には A. コントの科学主義，とりわけ社会科学の発展と普及が階級の和解，社会平和を可能にするとの認識があった。

　したがって，プロレタリア・ポジティヴィスムは，国家機構，資本所有の肯定であり，その意味で，階級協調である。しかしながら，クーフェはそれを容易に実現できるものと考えてはいなかった。彼は，労働者の社会編入という課題は，「それが問題となっている全ての国々において，困難なしばしばミゼラブルな状況下で，いかにして果たされるのか」を問う。そして，「プロレタリアは，社会的感覚を持たない強力な経営者，祖国を持たない資本家に直面する。彼らは，全ての社会的武器，軍隊，司法官，僧侶，政治権力を自由にし，その特権を守るために専制的権力で労働者組織と戦っている」とする。さらに「至

---

90)　経済恐慌によって，その生存の困難な諸状況によって，家族生活の諸条件において，物的安全において，厳しい打撃を受けている労働者には，このような評価をし，労働者をその社会の編入に向かわせるために介入する権利が与えられている（ibid. p. 8）と言う。また，「日常的な無私」と「社会的感覚」によって評価の機能は労働者の能力に入るとする（ibid. p. 9）と。さらに，「ポジティヴィスムは，こうして，労働者に対して，社会において，その場所を勝ち取るために必要な，重い任務を割り当てる（ibid. p. 8）と。また，「女性と哲学者の支えで，彼らは，絶えず，エネルギッシュなやり方で，評価せねばならない」（ibid. pp. 8-9）と。労働運動指導者に関する次の指摘は興味深い。「その活動によって，知的，道徳的価値によって労働者の利益の貴重な守り手になりうる全ての人々にとっての義務は，その地位にとどまり，全ての政治的野心，経営者になることを放棄し，代弁者を必要としている全てのプロレタリアに献身的に奉仕することである」（ibid. p. 9）と。「過去と将来のいつにおいても，富と権力の賢明で，公平な利用は，その所有よりも重要である」（ibid. p. 20）と。

るところで，労働者は，これらの社会的力のエゴイスティックな所持者に従属
させられている」と。続けて，高等教育が富裕階級に独占されているとする。
あらためて労働者の現状が次のように要約される。「一般的になお社会の周辺
で生きる人々の苦しみ，剝奪，ミゼール」[91]　と。救世主としてのプロレタリア
の観念は，現状への激しい怒りを含んでいた。これに対する回答が，「教育」
であった。まず，一般教育，とりわけ，社会学である。次のように言われる。
「両性のプロレタリアに，他の階層に対してと同じ，標準的で一般的な教育の
確保」と。また，「両性に彼らの社会的役割を果たす手段を最も与えるように
思われる教育は，様々な科学の積極的研究と，主に社会学や，道徳によって個
人的・集団的現象の諸原理の手ほどきをする教育である」と [92]　。

　この点は，ラポルトの報告と共通するものであるが，クーフェの議論は，今
少しニュアンスの異なるものを含んでいた。1つは，女性による家庭内での教
育。プロレタリアの社会への編入の条件として，女性が教育的役割を果たせる
ことを可能にする男性への規則的労働の供給が挙げられる。さらに，思いやり
のある感情の不断の修養を通じて，「他人のために良く働き，家族，祖国，人
類への義務を果たすこと」，「日々の適切な鍛錬，寛大でよき感覚への繰り返さ
れる呼びかけによって獲得される，性格や心性の改善と改良」[93]　とされる，日
常生活を律する規範の重視である。クーフェのプロレタリア・ポジティヴィス
ムが自助努力への強い志向を持っていたことが示される。これまでの検討から
するなら，そこには，熟練工としての，さらに言うなら，コルポラシオン下で
の職人の自立性，生活規律との親和性を見ることができる。科学信奉とも言う
べき一種の進歩主義と強い復古主義との結合がプロレタリア・ポジティヴィス
ムの特質と言える。

---

91)　Ibid. pp. 9, 10.
92)　Ibid. pp. 13, 20.「この教育は，個人や，集団の形成において，全ての社会的富の
　　創出，保存と移転に主要な役割を果たす心理学的現象の分析によって補われねばな
　　らない」(ibid. p. 20) とも。
93)　Ibid. p. 20.

　第2に，社会改造の前提としての教育が強調される。「ポジティヴィストの
解決策は，どのような性格のものであれ社会的改造は，新しい教育と，道徳的
に高い文化による諸見解と慣習の完全な改良を要求する」。それは，個人主義，
物質主義に利他主義がとって代わる，心理的，道徳的改良であり，政治的，社
会的再構成に先行するものであった。そして，この教育は長い時間を要するも
のであった。「プロレタリアの教育が形成されねばならない，この最初の時期
は非常に長い」。また，社会的改造の目的に到達しうるための手段は，「よき感
覚の文化と，利他主義が支配的になるときに，教育によって準備されたゆっく
りとした進化によってのみ現実的となるであろう」[94]と。ここからは，教育そ
のものが社会変革であるかの印象すら受ける[95]。レベリューによる，クーフェ
の教育への絶対的信頼，政治闘争への無関心，さらには敵意との指摘が肯定さ
れる。また，この教育への志向は，変革の漸進性，平和的性格を必然化させる
ものであった。

　クーフェとポジティヴィストにとっての課題，社会変革の方向が次のように
総括される。「ポジティヴィストにとって，来るべき世代に課せられた問題は，
プロレタリアの近代社会への編入である。それは，階級の破壊や廃止によって
ではなく，プロレタリアを社会の様々なカテゴリーの水準に上昇させることに
よって階級闘争を終わらせるであろう。プロレタリアはまさに正当に，行政，
商工業の他の雇用者と同じ資格で社会の官僚とみなされるべきである」[96]と。
教育を通じたプロレタリアの社会への編入，その地位の上昇による階級闘争の
終息が展望される。

　クーフェは，他の社会改革を目指す主張と対比することで，プロレタリア・
ポジティヴィスムの考えを一層明瞭にしようとする。取り上げられるのは無政

---

94)　Ibid. pp. 13, 14, 19.

95)　「生活の現実が明らかにする困難の影響によって，ポジティヴィスム活動のおか
　　げで，一般に全ての階級において，深い決定的な変革は，諸見解や慣習を変える教
　　育が先立つべきであるということが認められている」(ibid. p. 10)。

96)　Ibid. p. 13.

府主義と集産主義（コミュニスム）である。それは，次のように要約される。無政府主義者は，「労働生産物の公平な享受を人類に保証し，全ての災厄を破壊するために，全ての社会組織を禁止することによって，全ての権威を消滅させることを望む。国家，祖国，経営者階級，賃労働者，所有，家族，司法家，宗教，軍隊等々の廃止を」。また，「我々の先人たちによって伝えられてきた全ての制度を白紙にした後に，社会の調和的組織，社会的正義が，全てにとって十分である労働者の自由なグループによって確保される」と。他方，「経営者階級，所有の廃止の支持者である集産主義者」は，「国家の協力と公権力の掌握によって，より良い社会経済組織の再構築を主張する。工場，作業場，行政組織での社会主義の利用によって，工業，商業，行政，政治サーヴィスの完全な機能が確保されるとする」と。また，「一方は，議会主義と国家介入の絶対的敵対者であり，他方は，その深い信奉者である」[97]とされる。

　ただし，クーフェは，アナーキストが必ずしも明確な体系性を持たず，多くをコミュニストに依拠していると考えていたようである。すなわち，「コミュニスト，無政府主義者，個人主義者，集産主義者は，それらを分かつ大きな相違にもかかわらず，その社会学的概念を確立するために，史的唯物論からインスピレーションを得た」と。また，次の表現にもそれは示される。「CGTの中央組織のトップにいる人々は，プルードンや，コミュニスト的なアナーキストによって推奨される主義に好意的にとどまる」[98]と。

　クーフェは，コミュニスムに対して，「様々な学派のコミュニスム」が「エネルギッシュに社会問題を提起し，支配階級がエゴイスティックな平穏から出ることを義務づけた」として問題提起者としての役割を評価する。また，ポジ

---

97)　Ibid. pp. 10-11.

98)　Ibid. pp. 10, 11. それは，組合組織，組合中央組織に対して，全面的に経営者組織にとって代わって，原料，製造品の購入と交換，労働の評価と報酬，個人的集団的，地方的，全国的，国際的生活に必要な全てのものの分配の複雑で難しい操作を果たすという課題を割り振る（ibid. pp. 11-12）。その上で，これは全く現実的ではないと批判する。

ティヴィスムは,「プロレタリアの福祉をより確かにするために,富の社会的
起源と用途についてはコミュニストの教義と接点を持つ」とする[99]。クーフェ
が,当時の無政府主義的コミュニズム,集産主義的(マルクス主義的)コミュニ
スムについて正確で的確な知識を持ち,また親近感も表明していることを確認
しよう。

　その上で,ポジティヴィスムとの相違点が,以下のように示される。「重要
な相違が2つの教義を分ける。それはコミュニストが集団的にすることを望む
所有のあり方である。ポジティヴィストは,所有は個人的にとどまるべきであ
ると宣言する。と言うのは,それはイニシアティブ,エネルギー,独立の源泉
であるから。我々にとって富の使用はその所有よりも重要である」と。また,
「コミュニストによってと同様にポジティヴィストによって本質的とみなされ
た個人の独立,自由はマルキストのやり方では確保されえない。それは極めて
強力な国家官僚の絶えざる専制的介入によってしか全ての人々の協力を確保し
えない」[100] と。「社会主義」の将来を予言したようにも読める。それは措くと
しても,国家介入への拒絶とも言うべき態度は,「社会主義」以降の改良主義
とも決定的に異なる点として注目すべきである。

　今一つの,両者に対する批判は,目的を達成するための方法に関するもので
あった。すでに,変革の過程がとくに教育による長期のものであるとされてい
ることに,革命主義への批判があった。ここでは,次の2点を指摘するにとど
める。まず,労働者の国際的連帯の進展と,国際的ゼネストの可能性を指摘し
た上で,次のように言う。「しかしながら,暴力革命の支持者の希望にもかか
わらず,この計り知れない広がりを持つストライキは新しい社会の到来には至
らない。それは,ただ,プロレタリアに改良をもたらしうるだけであり,この
力を用いる諸条件によっては,経営者と同様に,プロレタリアもまた極めて大
きな打撃を受け,癒しがたい大惨事が引き起こされる」と。さらに,スピーチ

---

99) Cf. ibid. p. 12.
100) Ibid. p. 12.

の末尾において，次のように言う。「苦しんでいる人々，無慈悲な資本家の悪
習，政治体制によって冒される不正の犠牲者の正当な苛立ちを前に，社会状態
の変革のための様々な試みが，革命的形態でなされることを予見しても向こう
見ずではない。しかし，それらは災厄を招くものであり，問題を解決しない。
改善や改造はむしろ連続的に，道徳的進歩と文明化に応じてしか実現されない
のである」[101] と。

　したがって，変革の方法に関して言えば，プロレタリア・ポジティヴィスム
と，クーフェが「革命主義」と呼ぶものとは，決定的に立場を異にしている。
ただし，クーフェがスピーチをしている 1914 年時点では，1906 年アミアン大
会での妥協，さらには，革命的労働組合主義の頭目とみなされた V. グリフュー
ルから L. ジュオーへの主導権の移動，後者が革命主義は掲げながらも現実主
義的な改良を受け入れたことによって，革命主義と改良主義の距離は見かけほ
どではなかった。むしろ，クーフェの改良主義的主張が浸透していたと言って
よい。

　それを踏まえ，あらためてここで，変革の内容に関する両者の共通点，対立
点をその距離を念頭に，確認しておこう。本章での，これまでの検討からする
と，まず，過去と現在の富の生産者としての労働者，にもかかわらず彼らがそ
の富から疎外されているとする認識，そして，「救世主としてのプロレタリア」
という変革の主体としての労働者の自覚，このプロレタリア・ポジティヴィス
ムの核心は，「革命主義」，あるいはコミュニスムと通じ合うものがあったと言
える。派生的にも，議会主義は否定しないまでも，国家介入への拒絶とも言う
べき態度は，自助努力を根拠としている点は見落とせないとしても，共通した
感覚によるものとみなすべきであろう。また，評価活動に見られるエリート主
義にも，自覚した少数者による革命主義的組合運動の指導と似通うものを見る
ことができる。反知識主義的傾向と徹底した「教育」重視，両性の平等と保守

101）　Ibid. p. 17, 21. クーフェは一般に，ストライキが惨禍をもたらすとし，それを避
　　　けるための仲裁の必要性を強調する。

62

的性別役割分担の主張は，決定的に異なるように見える。しかし，これらの点に結論的に述べるためには，「革命主義」そのものの再検討が欠かせない。今後の課題としたい。暫定的結論としては，両者の根本的相違は，フランス革命の伝統への態度にあり，プロレタリア・ポジティヴィスムがこの伝統を否定するところに，少数派にとどまらざるをえなかった最大の要因がある。また，CGTが現実主義的路線に転換しながらも革命主義を掲げたこと，イギリス，ドイツ，さらにはアメリカの労働組合運動とフランスのそれの相違の原因もここにあると言ってよい。

お わ り に

　M.アルメルは，ポジティヴィスムを「時代遅れの理念」とし，クーフェが労働者の組織をそれに従属させたとした。本章で見たように，プロレタリア・ポジティヴィスムは性別役割分担，労使のコルポラシオン的あり方への憧憬など保守的，復古主義的要素を含んでいたことは否定しえない。その点は，レベリューによる，伝統的な労働者のあり方とポジティヴィスムの結合という指摘とも合致する。しかし，当時の革命主義の中にも保守主義が存在した可能性があり，より広く，当時の思想状況とかかわらせた検討が必要である。また，リオションはクーフェの組合活動とプロレタリア・ポジティヴィスムを切り離したが，クーフェにおいては，それは強く結びつけられていた。以下の章においてこの点を念頭に置きながら，A.クーフェの書籍労連における主導権掌握の過程を検討する。

第 3 章

設立当初フランス書籍労連と A. クーフェの位置

は じ め に

　初期フランス労働組合運動における改良主義的潮流の中心となった書籍労連
は 1881 年 8 月に設立された。1884 年から 1920 年にかけてトップの地位にあっ
た A. クーフェこそがこの改良主義的路線を確立したのであり，書籍労連は彼
の作品であるとさえ言われてきた。しかし，1884 年の常任書記就任以降もクー
フェと J. アルマーヌの間に労連の主導権をめぐる争いが存在し，クーフェの
主導権が安定したものとなるのは 1890 年以降である。しかも，設立時にあっ
ては，J. アラリー，J. マンテルが労連の中心であり，クーフェの主導権掌握に
あたって，この時期の検討は不可欠である[1]。しかしながら，書籍労連の通史
であり，同時に A. クーフェに関する優れた研究である M. レベリュー，R. デ
ダムの労作も，この時期の労連の特殊な性格を問題にし，十分に解明している
とは言えない。また，必然的に，それとのクーフェのかかわり，彼の労連にお

---

1)　M. レベリューによると，設立大会は，J. アラリーの下，パリの植字工組合の委員
　　会によって準備された。Cf. M. REBÉRIOUX, *op. cit.* p. 99.　最初の中央委員会はパ
　　リ植字工組合で選出された J. アラリー，J. マンテル他 11 人と印刷工代表ジャコブ，
　　製本工代表ルグリから構成された。また，最初の事務局は，議長がアラリー，マン
　　テルが唯一の常任書記で機関紙発行の責任者であった。A. クーフェは，第 1 回の中
　　央委員選挙では，最下位（11 位）でパリ選出委員に含まれていた。クーフェは，
　　1883 年末からボストン博覧会にパリ代表団の一員として加わり，一時フランスを離
　　れ，帰国後 1884 年 8 月に当時の常任代表書記マンテルのスキャンダルが明るみに出，
　　クーフェがその調査の責任者となり，マンテル解任後，常任書記となる。クーフェ
　　の個人史から見て，この時期は特別な意味を持つ。

ける位置の解明も不十分である²⁾。本章では，労連機関紙 *La Typographie française* 第 1 号（1881 年 6 月 16 日）〜第 53 号（1883 年 12 月 15 日）を利用して，設立から 1883 年末までの労連のあり方と，そこでの A. クーフェの位置，役割を検討する。

この時期の機関紙を通して目立つのは，初期書籍労連における労使協調への強い傾向と労働者生産組合熱である。前者は労連の運動方針全体にかかわるものであり，これ以降も，労連の支配的傾向である改良主義の核をなす。後者は，個別課題に属し，この時期に特有な傾向である。しかし，労使協調もこの時期に固有のあり方に注目せねばならず，また，それは生産組合熱と深くかかわっていた。本章では，この点を手掛かりとして，上記課題を考察する^{3), 4)}。

書籍労連機関紙 *Typographie française* は各月の 1 日，15 日の隔週刊，この時期は大部分が 8 ページ建て，3 列組みで，中央委員会報告，支部報告，各種論説，演説・スピーチ・挨拶等から構成される。紙面構成の分析は不可欠ではあるが，煩雑になるので，詳細は章末に付録として掲げる。この間の機関紙には，設立大会（第 1 号），第 2 回大会（第 46 号）の議事録を含む。これ以降のものも含め大会議事録は，独自に検討されるべき点もあるが，ここでは，通常号と区別せずに利用する⁵⁾。

---

2) Cf. M. REBÉRIOUX, *op. cit*; R. DÉDAME, *op. cit*; R. DOMBRET, *op. cit*; P. CHAUVET, *op. cit.*

3) M. レベリュー，R. デダムは，その研究にあたって *Typographie française* に大きく依拠し，労使協調路線，生産組合について踏まえるべき解明を行っている。しかし，この時期に限定した機関紙の再検討は，新たな知見をもたらす。

4) 設立大会，第 2 回大会における議論の中心は，組合員の職探し，遍歴のための路銀（viaticum），女性労働者の作業場，組合への受け入れ問題，協定賃金，労働者請負，相互扶助・退職中央金庫問題であり，機関紙にもそれは反映している。したがって，別な問題視角からは，異なる特徴が導き出される可能性はある。女性労働者の排除に関しては，第 2 節におけるクーフェの言説の分析で取り扱う。Cf. R. DOMBRET, *op. cit.* p. 13; R. DÉDAME, *op. cit.* pp. 59-60. R. デダムは，この時期に，暴力を否定し，労使協調がうたわれたことを指摘する（*Ibid.*）。

5) 書籍労連機関紙 *Typographie française* からの引用は，必要な場合を除いては注記

第1節　初期書籍労連における労使協調路線と労働者生産組合熱

(1)　労使協調路線

　本章で検討する機関紙第1号〜第53号において，運動方針についての書籍労連中央委員会の公式見解は，1881年設立大会直後の第5号，1882年中央委員会の改組後の第22号，1883年第2回大会後の第44号における中央委員会声明であり，この検討から始める。第5号掲載の声明冒頭で示される運動の方向は，和解を重視し，可能な限りストライキを抑制するものである。すなわち，労連の基本方針の説明に際して，「平和的改良，修正，改善のどれほど広い場が全フランスの組合と協力した中央委員会の研究と行動に開かれているかを思い起こす必要があろうか」(T.F. N.5.) と，平和的改良が強調される。また，「近代の個人主義の悪用と不正義を阻止するために，我々が排斥する暴力的やり方に訴える必要はない」(T.F. N.5.)，「結果がしばしば破滅的である労働の停止は，組合の努力にもかかわらず和解が達成されなかった時にのみ用いられるべきである」(T.F. N.5.) と暴力が否定され，ストライキがやむをえざる最後の手段とされる。

　第22号掲載の声明では，労使協調の方向が一層明確にされる。最初の宣言の「暴力的やり方に訴える必要はない」を引用した後，「要求の提出が唐突ではまずい。何よりもまず，パトロンに対して，労連がパトロンと労働者の調和をもたらすことを目的としていることを示したい」(T.F. N.22.) と[6]。さらに，より具体化した方針として，労使協調の制度化が打ち出される。中央委員代表の地方への派遣の目的の一つが，「良き意志を持つ人々を，すなわち，パトロ

せず，引用個所において，機関紙略号 T.F.，号数 N. で示す。続く章でのアルマーヌ派機関紙，ユニオニスト機関紙についても同様。*Reveil typographique* は Re.，*Ralliement typographique* は Ra. とする。

6)　また，次のような表現も。「和解精神と賢明さによって，今日まで，労連の努力は成功してきた」(T.F. N.22.) と。

ンと労働者から成る混合協議会組織を励ますことにある」(T.F. N.22.) と。単純にストライキを避けるということと，労使協調をうたい，さらには労使委員会設置を要求することの間には距離があり，この声明は労使協調路線を一歩進めたものである。

第44号掲載の第2回大会における声明は，「プロレタリアとパトロンの間の闘いは，いつも恐るべきものであり，有害な敵対を増大させている。両者の良好な関係が惨禍を避けるために望まれているにもかかわらず」(T.F. N.44.) とする。労働者と資本家，経営者との対立が否定されているのではない。それを前提した上で，なお，両者の協調が必要とされるのである。第22号での，中央委員会と並ぶ労連中央の公式機関である中央委員会監査委員会の報告も確認に値する。「労連がストライキをするために設立されたと信ずることは事実に反する。それは，あらゆる手段を使って，パトロンと労働者の利益を和解させることを追求するために設立された」(T.F. N.22.) と。

以上から，設立当初の書籍労連指導部は，経営者との闘争手段として，暴力を否定し，ストライキは最後の手段とし，労使の話し合い，協調を主要なものとすること，さらに，労使の協議機関設置を打ち出していたことが確認できる。指導的諸個人の言説は，この労使協調の内容についての手掛かりを提供する[7]。

設立当初から書籍労連の中心的指導者であった，唯一の常任書記・機関紙編集者であるJ.マンテル，初代議長J.アラリーの論説を検討しよう。マンテルは，第13号，ナンシーへの派遣報告において，次のように労使協調を力説する。「得られた結果は現実的なもの。それはとりわけパトロンと労働者の協定と和解の精神に負っている。誹謗者の言うのとは反対に労連の目的は決して闘うことではない。それが追求するのは植字の技術を高めながら，労働者を物質的，精神的に解放する手段である。この2つの目的に到達するのに資本との戦争は馬鹿げている」(T.F. N.13.) と。さらに，第9号において，「リヨンの組合，と

---

7) デダムは，同じ個所を引用して，この時期の労使協調路線を指摘するが，その内容の検討はなされず，一般的なものにとどまっている。Cf. R. DÉDAME, *op. cit.* pp. 60-61.

くに植字工組合は40年来，賃金表と労使から成る委員会設置を求めてきた」
(T.F. N.9.) とし，労使協調の制度化を肯定する。アラリーは，第21号において，
パリの影響力のある雇用主との話し合いの際に，「生じうる全ての経済的異議
申し立てを知るために，パトロンと労働者の同数から成る裁判所の設立」(T.F.
N.21.) を提案したという。当然とはいえ，中央委員会声明が示す，労使協調と
その制度化の方向を2人が強調していることを確認できる[8]。

　これまでの研究においても，労使協調とストライキの否定は指摘されており，
以上の検討は，それを再確認するものである。しかし，ストライキと暴力の関
係，協調すべき相手についての言説は問題にされてこなかった。まず，前者に
ついて見よう。「暴力」，あるいは「闘い」とストライキが，無造作に同一視さ
れている場合もある。ある投稿者の次の叙述は，当時の気分を示すものとして
見落とせない。すなわち，「資本と労働は切り離しえない。両者の一致は，悲
惨，ストライキ，革命を廃止するための力強い要因である」(T.F. N.21.) と。
以下に見るように，一方で組合員の中に，労使紛争があると直ちにストライキ
に訴えようとする強い傾向があった。他方で，ストライキを「革命」や暴力と
結びつけて拒絶する気分も強かった。労連指導部は，このような矛盾する組合
員の動向を見ながら，労使協調を打ち出したのである。設立大会直後の声明が
言うように，ストライキは最後の手段としては肯定されていたとすると[9]，ス
トライキと区別された「暴力」とは何であったのか。この点で注目されるのは，
労連設立準備委員会委員であり，パリ支部の代表でもあったトゥーゼの次のよ

---

8)　マンテルは，第2回大会において，「全てにとって嘆かわしい紛争を避け」，「資
　　本と労働という2つの生産要素の間の真剣な合意」，「パトロンと労働者の間に忠誠
　　と信頼の良き関係」が必要であるとする (T.F. N.46.)。同じく中央委員である C. デュ
　　ガは，ブールジュへの派遣報告において次のように言う。「パトロンを生まれつき
　　の敵と見るのではなく，ストライキは最後の手段。ブールジュのようなところでは，
　　労使委員会の設置は容易」(T.F. N.17.) と。
9)　ローマへの派遣代表は，この点を明瞭に述べている。「ストライキは暴力的では
　　あるが，しばしば必要な手段。しかし，究極の時にしか用いるべきではない」(T.F.
　　N.2.) と。

うな発言である。すなわち,「資本・土地の収用をマルセイユ大会で主張した革命的集産主義について。資本・土地の収用後に困難が生ずる。我々は,正当な要求を認めさせるために暴力や力をあてにしない。無秩序と全滅を否定する」(T.F. N.2.) と。あるいは,ボルドー支部の代表は,「革命的集産主義やアナーキストが推奨する暴力的手段の助けによるべきではない。我々は,彼らの教義を拒絶する」(T.F. N. 29.) と [10], [11]。公式に否定されたのは,特定の政治的主張,集産主義者,無政府主義者の暴力であった。

いま一つ留意されるべきは,和解の相手とされるパトロン,資本家についてである。さきのパリ代表トゥーゼは,「パトロンの中の,知的で真面目な人々との和解によって,人間の搾取を避ける」(T.F. N.1.) ことを目指すとする。つまり,労使協調とは言っても,単純に,全てのパトロンとの協調が考えられていたのではない。労働者を理解するパトロンと敵対的なパトロンが区別され,前者との協調が目指されたのである。パリ支部の一代表も,同様に,「我々がなお幾人かのパトロンにおいてぶつかる考えのない抵抗に打ち勝たねばならない。しかし,彼らを敵とみなしてはならない」(T.F. N.17.) と,2 種類のパトロンを区別する。クーフェの友人ブルトンは,端的に「我々は,真面目なパトロンの敵ではない」(T.F. N.50.) と言う。パリ支部代表のヴァレの次の発言からは,この区別が一層鮮やかになる。「印刷業の自由化は良くない結果をもたらした。かつてパリに 80 の印刷業者がおり,その 10 分の 9 は我々との良好な関係を維

---

10) 明確ではないが,マンテルの次の叙述もそれに近いものと言える。「現在彼を締めつけている不安定な状況への救済策を非現実的ユートピアに求めなくなるであろう」,「知的労働者は資本の破壊を追求すべきではない。それは彼の生存の資源も枯渇させることになる」(T.F. N.13.) と。「実現不可能なユートピア」との表現は,ル・アーヴル支部代表の挨拶にも見られる (T.F. N.17.)。直接的ではないが集産主義を指しているとみなせる。

11) ある市会議員の言説に対する次の反論も,興味深い。「あなたは暴力革命を勧められるが,我々は,貯蓄,労働規律,集団労働の生産物の所有による平和的な進化のために働いている。……我々は,社会を二陣営に分かつ代わりに,分裂をなくすこと,法律があれこれの階級のためではなく,市民のためになることを望む」(T.F. N.20.) と。

持しようとしていたのに対して，10分の1は女性と児童の搾取に基づく価格
低下に行き着く振る舞いで良き関係を軽視した。自由化令以降，悪徳商人が労
働者を詰め込む作業場」(T.F. N.15.) が生じたと。階級対立も階級協調も一般
的に提起されてはいるが，労働者の日常生活における受け止め方は，悪しきパ
トロンとの闘争，良心的パトロンとの協調であったことが示唆される。

　これらの，暴力とストライキの区別，また，和解，協調すべきパトロン[12] と，
闘うべきパトロンの区分についての言説は断片的ではあるが，機関紙に掲載さ
れ，否定する言説も見られないことから，当時，書籍労連内で支配的であった
気分を示すものとしてよい。

　この書籍労連の労使協調主義，ないし路線について，M. レベリューは，労
連設立以前の植字工の運動の伝統に基づくものであるとする。彼女によると，
1839 年に印刷業主と労働者の同数委員会 (9人対9人) が設立され，26 回の討
議を経て，1843 年に賃金協定 (共同での賃金表) にこぎつけた[13]。レベリューは，
印刷業の規模が小さいこと，植字が機械を用いる労働ではないことが，長く，
パトロンと労働者の間の，紛争的ではない関係，一般的に交渉に好都合な空気
を維持したとし，同数委員会や賃金協定が印刷業のあり方に規定されていたと
考える[14]。R. デダムも，1843 年賃金協定について，同様の事実を確認している。
さらに，1850 年に第2次の賃金協定が署名され，1843 年には労働者からの要
求にもかかわらず実現されなかった仲裁委員会も設置されたとする。また，ナ
ントでは 1833 年に賃金表と週最低賃金を，リヨンの組合は 1848 年に同数委員
会を実現するなど，地方においても同様の事例が見られたとする[15]。そして，
このような印刷業の事例は，他の工業部門に支配的な搾取の体制と，全ての異

---

12)　次のような記事も同様である。「(一印刷業主が) 彼の商会の労働者，従業員に対
　して，利益参加，作業場金庫を設立したことを讃える石版の墓地への設置に際して，
　資本と労働の統合の素晴らしい手段を求めることに国家の注意を向けさせたとする
　従業員の挨拶」の紹介 (T.F. N.42.)。

13)　M. REBÉRIOUX, *op. cit.* p. 84.

14)　*Ibid.* p. 74.

15)　R. DÉDAME, *op. cit.* pp. 12-13.

議申し立てを抑圧する支配階級のレッセ・フェールへの逆流であったと，印刷業の特殊性を指摘する[16]。また，労働者が集中し，集団に対する搾取が抑圧的である大工業では，解放をとなえる革命的イデオロギーの浸透が容易となるのに対して，印刷業は，手工業的伝統と高い熟練の技能によって特徴づけられ，コルポラティスム，同数代表関係の維持，個人主義が支配的であったと[17]。

さきに確認した労使協調路線，労使協調主義は，植字工を中心とする印刷工の運動の伝統に根差したものであり，同時に，印刷業の構造に，その根源があり，したがって印刷業に固有のものとされるのである。他産業との比較は措くとしても，上に見た，書籍労連機関紙における種々の言説はそれを支持している。ただし，次の2点によってそれは相対化されねばならない。1つは，労連設立に際して，1878年ストライキの敗北が持った意味，いま1つは，労連内に存在する革命主義的潮流の位置づけである。

機関紙上において，1878年のストライキ闘争への言及は強く目を引く。第5号掲載の中央委員会声明は，冒頭で次のように言う。すなわち，労連の設立は，「1878年の闘いの痛ましい打撃の後に，パリの印刷労働者の再起の道を開いた」（T.F. N.5.）と。さらに，「パリの組合が経験したショックの反作用を地方もまた被った」（T.F. N.5.）と。声明の後半には次のような表現も見られる。「パリの組合が，1862年，1878年のパトロンの連合した攻撃に耐え，生き延びたことを忘れるな」（T.F. N.5.）と。パリにおける，1878年の長期のストライキが大きな打撃を与えたことが明らかである[18]。何としてでもストライキを避けようとするさきに見た傾向は，これを前提としているのである。パリ支部の一組合員の次の発言はそれを端的に表している。すなわち，「ストライキは，絶対に放棄しないが，その時代を終えた。それは至高の手段，最後の希望ではない」（T.F.

---

16) *Ibid.* p. 14.

17) *Ibid.* p. 48.

18) デダムによると，このストライキは，賃金表をめぐる交渉の決裂から生じたもので，4月1日から6月10日まで続き，パリの組合は，大きな借金を背負い，16％（369人）の組合員を失った。Cf. *Ibid.* p. 57.

N.26.) と。

　書籍労連の設立は，運動の断絶，方針の転換を意味していたのである。設立大会後の中央委員会声明は，「パリの委員会は，弱まった力と影響力を回復するために，労連を組織することに考え至った」(T.F. N.5.) と，これを確認する。アラリーも次のように言う。「労連はとりわけ 1878 年のストライキの敗北を回復するために設立された」(T.F. N.3.) と。これらの表現からは，1878 年のストライキの敗北がとりわけパリの植字工，組合運動指導者に大きなトラウマを残し，書籍労連の設立の直接的契機の一つとなったことを見て取ることができる。レベリューやデダムも，この点を見ていないのではない。しかし，設立当初の書籍労連の労使協調的傾向を，植字工の運動の伝統や，印刷業の構造に結びつけすぎると，この転換の意味が弱められることになる。また，彼らも指摘する労連内の革命主義的潮流の存在が軽視されることになる。上に見たように，ストライキと暴力は区別されながらも混同されている。ここでは，仮説的にではあるが，1881 年の労連設立時においては，労使協調主義的気分が，革命主義的気分を抑えていたと考えたい。明確に自覚されたものではなく，漠然と存在していた 2 つの傾向が，1878 年ストの敗北によって前者に傾いたのである。それが自覚されてゆくのが，1884 年マンテル・スキャンダル以降であり，クーフェとアルマーヌの主導権争いもこれと密接にかかわっていたのである。

(2)　労働者生産組合熱

　設立時書籍労連を特徴づけたいま 1 つの傾向は，労働者生産組合熱であった。それは，また，上に検討したストライキ回避，労使協調の傾向と強く結びついていた。とりわけ，この時期には，リヨンにおいて労働者生産組合が創設され，そこには，労連中央委員会が深く関与していた。また，それとの関連で，すでに存在していたパリの生産組合についての言及も機関紙において度々見られることになった。まず，リヨン新印刷所創設をめぐる状況を検討し，次いで，パリ新印刷所を含む，一般的な労働者生産組合についての言説を検討する[19]。

19)　レベリューは生産協同組合，団体的所有に言及してはいるが，書籍労連設立時の

あらかじめ，この点でも，書籍労連中央委員会の公式的な見解を確認しておこう。度々引用する第5号，労連創設直後の中央委員会声明において，中央委員会の研究と行動の課題を知る上では，労連規約第1条の主な条項を読者に示すだけで十分であるとして，その6番目に「労働者生産組合創設」が挙げられる（T.F. N.5.）。規約，第1条　連盟の目的　第1項に含まれる条文そのものは以下のとおりである。「⑥植字協同組合を設立し，生産組合を増大する方策を研究すること」（T.F. N.1.）[20]。労働者生産組合に大きな位置づけが与えられていることが明らかである。同時に，研究課題とされている点にも留意せねばならない。

　この生産組合熱の高揚のきっかけとなったのはリヨンにおける労働者共同印刷組合設立であった。その経過は以下のとおりである。1882年6月に，リヨン最大級の一印刷所で紛争が生じ，ストライキの危険性が高まり，リヨン支部の要請に基づき，書籍労連中央委員会議長J.アラリーが代表として派遣された。経営者，造反組合員らとの折衝の不調をふまえ，アラリーは，ストライキに訴えるのではなく，労働者生産組合 L'Imprimerie Nouvelle Lyonnaise（以下，リヨン新印刷所）を提案することとなった。提案にあたってのアラリーの発言は以下のとおりである。「我々は，経済的領域において，日常のパンを脅かすパトロンと闘うための，ストライキよりも効果的な手段を持っている。それは，装置の所有者となることである。……敵よりも良い植字を安価にもたらすためにあらゆる努力をしよう。リヨン新印刷所を設立しよう。私は，それが，パリのそれと同じように繁栄し，あなた方の支部にとって，あなた方が，永遠にストライキの時代を終わらせるであろうと，固く信じる」（T.F. N.18.）と。アラリー

特徴的事態として考察してはいない。Cf. M. REBÉRIOUX, *op. cit.* pp. 73, 80.　デダムも，プルードン主義の影響を受けた生産協同組合に触れているが，この時期に固有の問題としては取り上げていない。Cf. R. DÉDAME, *op. cit.* p. 65.

20)　それ以外の各項目は以下のとおり。①全フランスの植字工の友愛と連帯のきずなを強めること　②賃金の改善　③賃金表の確定　④徒弟数の制限による技術水準の向上　⑤国際連帯　⑦中央相互扶助金庫の創設　⑧植字への女性労働の導入反対（T.F. N.1.）。

のこの提案が中央委員会の総意であるかどうかは検討の余地があり，クーフェ
の位置づけを問題にする次の節でも考察する。ただし，9月の中央委員会監査
委員会報告では，以下のように承認された。「我々は，仲間であるアラリーの
素晴らしいインスピレーションを喜ぶ。彼は，長い間生産組合を設立しようと
考えてきたリヨン支部と考えを共有している」(T.F. N.22.)と。アラリーの提
案が彼の個人的着想によるものであるとはされているが，労連の方針に沿うも
のとして肯定されている。

　アラリーの提案において，労働者生産組合がパトロンと闘うためのストライ
キに代わる手段とされていることが注目される。前節で，暴力やストライキを
否定する労使協調主義的傾向を見た。また，それが1878年の大ストライキの
敗北を契機としていることを確認した。しかし，後に見るように，現実的には
ストライキへの動きは頻繁であり，中央委員会は代表を派遣してそれを回避す
ることに躍起になっていた。リヨンにアラリーが派遣された際には，ストライ
キはかなり切迫したものであった。監査委員会の報告において，アラリーの着
想が評価されたのは，リヨン支部の発言が示すとおり，それ自体植字工の運動
の伝統に属する，一般的な生産組合設立提案としてなされたと同時に，切迫し
たストライキを回避した点においてであった。ストライキへ向かおうとする植
字工たちのエネルギーを生産組合に誘導しようとしたのがアラリーの提案で
あった[21]。

　着想された生産組合の性格を考える上で，アラリーの提案を受けた，リヨン
支部委員会の報告は注目される。すなわち，「これらの搾取者たちは，この工
業に，技術も，協力者の生存を確かにする必要性も見ない。……我々の最後の
頼みの綱は，協同（coopération）によって，我々が，大部分が商人でしかなく，
印刷業の大きな任務を認めることができない搾取者よりも，よく知り，うまく
生産できる装置を所有することによって，組合に力を与えることである」(T.F.
N.18.)と。ここで「搾取者」とされるのは，「商人」，印刷業のことを知らない

---

21)　Cf. T.F. N.24. T.F. N.37.

経営者である。したがって，全ての印刷業主が否定されるのではない。労働者
生産組合によって，資本，「搾取」一般をなくすことも，漠然とは考えられて
いたとしても，現実の労働者生産組合は，特定の悪しき印刷業主に対抗するも
のとして，また，それ以外の，労使協定に応ずるような経営者とは並存するも
のとして構想されていた。前節で見た労使協調路線と，労働者生産組合構想と
は矛盾なく捉えられていたのである。

　リヨン新印刷所は，設立決定時のリヨン支部長ショレによる資金の横領とい
うスキャンダルに見舞われ，「清算」が検討されながらも，労連の呼びかけに
よる全国的支援を受け，設立にこぎつけた。これをきっかけとして，労連全体
を生産協同組合熱が支配することになる。この生産組合について，さきに見た
アラリーの提案を，一応中央委員会の公式見解とすると，それ以外にも多くの
関連する論説，発言が見られる。これを手掛かりに，労連内で生産組合がいか
なるものと捉えられていたかを検討する。

　まず，労働者生産組合を労働者解放の究極的手段と見る見解。前節でも引用
したパリ支部の一組合員クタン氏。「l'Imprimerie Nouvelle de Paris（以下，パリ
新印刷所）は組合（association）の師範学校である。もっぱら植字工からの資本
によって形成され，国家は全く関与していない。……我々の偉大な革命は財産
の分割によってしか維持されなかった。共和国は総協同組合（l'association
générale coopérative）によってしか基礎づけられないだろう」（T.F. N.26.）[22]。「総
協同組合」との構想，国家の関与の否定はプルードン主義の影響を示す[23]。
次の，校正工組合代表ブトゥニー氏の演説は，今少し温和な形で労働者の解放
を語る。「私は，パリ新印刷所について語りたい。虚ろなユートピアによって

22）　パリ代表ロシュローの挨拶。「組合印刷所（Imprimerie syndicales）が各地に設立
　　され，統合し，相互に支援し合うことが夢である。……それは労働の正当な分配に
　　おいて無用の要因であるパトロンと配当の廃止をもたらす。共同印刷所（Imprimerie
　　coopérative）を広げ，近いうちに，本当の解放に到達する」（T.F. N.43.）。
23）　デダムは，書籍労連内に，プルードン主義の影響があったことを指摘する。Cf. R.
　　DÉDAME, op. cit. p. 65.

失望することなく，あなた方は資本を形成することが必要であると理解し，少しずつ，36,000 フランを蓄積された。……素晴らしい経営のおかげで，成功がもたらされ，現在，パリ新印刷所は，首都の中でも最も利用者の多い工場のうちに数えられている。……これを通じて社会問題は解決の道筋に置かれた。他の組合が我々の例をすぐに真似，ついに資本と装置を持った労働者は，その時，——その時のみ——その苦労の総合的成果を享受するであろう。まだ，そこには到達しておらず，2，3世代が必要であろう」（T.F. N.2.）と。生産組合と対置される「虚ろなユートピア」について，直接的な言及はないが，暴力と結びついた集産主義的未来構想と考えられる。平和的に，世代を重ねる長期構想で労働者が装置を持つことで解放されるとの展望が明瞭である。アルジェリア，コンスタンティヌにおける植字工の宴会でのブランカールの演説もこれに近いニュアンスである。「教育と進歩によってこれらの抵抗に勝利し，人間的解決に到達する希望を表明する。というのは，我々はその証明として新印刷所労働者組合（l'Association ouvrière de l'Imprimerie Nouvelle）や，多くの他の協同組合（sociétés coopératives）を持っているから。」（T.F. N.16.）と。

　しかし，より多いのは，当面の改良の手段，ストライキを避ける手段としての労働者生産組合への言及である。ある宴会での，パリ新印刷所を代表してのトゥランシャンの挨拶。「あなた方は，我々を真似ることができるし，そうしなければならない。というのは真面目な人々が，誰の利益にもならない紛争を避けることができるのは，装置を所有することによってでしかないからである」（T.F. N.8.）。1865年に設立されたパリ新印刷所の歴史を振り返りながらの発言であり，明らかに，一般の印刷所との併存を前提しながらの改良の可能性が強調されている。リール支部書記は「何人かのメンバーによって願いが出され，研究が始められている，1生産協同組合の設立。……幾人かのパトロンの悪しき意図と，労働者自身の責任でなされる労働を対置することによって闘おうと望んでいる人々の注目に値する。パリ新印刷所を見よ」（T.F. N.11.）と述べた。ここでも生産組合の闘争の対象は一部の悪しき意図を持つパトロンである。その他，マルセイユ組合議長，前ニーム支部代表，ナンシーの一組合員らの発言

を指摘することができる[24]。

　労働者生産組合熱とかかわる言説で，注目されるいま1つは，国家やパリ市
による，一種の奨励策とも言えるものについてである。1881年12月に官報労
働者組合（l'Association ouvrière du Journal Officiel）の宴会がもたれ，次のよう
に言われた。「1年前の同時期に共和国政府は，組合（assosiation）の疲れを知
らない推進者であるマスカン氏によって提出された報告書の結論を採用した。
それは，官報（Journal Officiel）の発行を労働者の1グループに委ねることであっ
た。読者は，この企画の成功が全ての期待を越えたものであることを知ってい
る」（T.F. N.6.）と[25]。また，同じ宴会で，モレ氏（パリ新印刷所経営委員会代表）
は，「鉄道や鉱山，国家の全ての重要な仕事が，控え目な労働者の手に経済的
に委ねられうることを示した」（T.F. N.6.）とこれを評価する[26]。さらに，1883
年5月1日号において，パリ新印刷所の増資が公告され，そこで次のように言
われる。「現在，資本の2倍化は好都合な時期。共和国政府が労働者組合

24）　マルセイユ組合議長は，「我々の組合は，……生産協同組合（association
coopérative）を創設せねばならない」とし，パリの例に倣うべきであると言う（T.F.
N.17.）。前ニーム支部代表V. ルブランは「生産協同組合は，大工業企業を形成する
ためにわずかな賃金を一つにする相互と連帯から生まれた。目的は労働者の解放で
あるが，現在はパトロンや仲介業者……の手に入っている利益を，労働者の収入に
付け加えることである」（T.F. N.23.）。ナンシーの1組合員は「生産協同組合（des
société coopératives）の問題は，今日，いつも以上に，共通の節約による解放を願
う全ての労働者の関心となっている。我々は，書籍の工業の経営をすることを目的
とする協同組合工場（établissements coopératives）を設立することに努力せねばな
らない。……我々は，決して闘いを望まない。ストライキは時代遅れの手段であり，
避けるべきである」（T.F. N.41.）と言う。

25）　同紙編集者ボージエは，「これまで見たことのないことであるが，国家は労働者
の1組合（association）に政府の機関紙の発行を委ねた」（T.F. N.6.）とする。さらに，
宴会にはマスカンが参加しており，労働者グループにこの新聞の発行が委ねられる
ようになった経過を説明する（T.F. N.6.）。この生産組合が，後に，パリ支部分裂の
大きなきっかけになる。この点については，第6章 参照。

26）　ただし，「我々は，国家社会主義をしてはいない」（T.F. N.6.）と，逆に，国家社
会主義的願望が存在した可能性が示唆される。

(association) の形成と発展にはっきりかかわろうとしている。国家の仕事に労働者協同組合 (des sociétés ouvrières) のアクセスを準備するための委員会設置にあたっての内務大臣ワルデック・ルソーの言説は，我々が論争に加わる準備が必要であることを示す」(T.F. N.38.) と。

　また，パリ市における，市営印刷所の試み案について，中央委員でもあるヴァレは，パリ支部を代表して，次のように言う。「我々が，市営印刷所を要求し，支持するのはストライキを避けるためである」(T.F. N.34.) と。「公営による特別の有利さは，労働者の利益を守り，促進すること。労働者には，組合賃金表 (tarif) で支払われる」(T.F. N.34.) と。さらに，1883年末に，パリ新印刷所が経営危機に陥っており，それに対する公権力からの支援決定がなされた。機関紙第52号において，同印刷所株主総会の記事によって，この経過が紹介される。「規約で予見されていなかった，セーヌ県知事との間でランペル基金 (Legs Rampel) からの50,000フランの借金契約を経営者に委ねることを承認する問題がかけられた。報告を受けて議長は，総会に状況を説明。市は入札以外の仕事を提供。そのほか，モンマルトル市，商工省，内務省の仕事も。全会一致で50,000フランの借入契約を決定。年3%　9年賦で返済。集会は新印刷所万歳の叫びで解散した」(T.F. N.52.) と。

　印刷業における労働者生産組合の先駆的経験が，労働者対策として国家や市当局の支援を引き出した面と，後者が，生産組合熱を高揚させた面があると言える。また，極めてうまくいっているとの報告，発言が繰り返されていたパリ新印刷所の危機と，それに対する公権力の支援は，労働者生産組合の危うさをも示していた。

第2節　設立当初書籍労連におけるA.クーフェの位置

　以上，労使協調路線，労働者生産組合熱は，その中に，次の時代にも受け継がれてゆくものも含まれるとしても，相互に結びつき，設立当初の書籍労連を特徴づける。A.クーフェは，書籍労連において支配的な，この傾向といかに

かかわり，次の時代の彼による主導権掌握が準備されてゆくのであろうか[27]。

　まず，いくつかの指標によって，クーフェがその存在感を増してゆくことを確認しよう。当時，書籍労連中央委員は，パリ植字工組合（書籍労連パリ支部）から選出された委員と，他の関連組合代表から構成されていた。パリ植字工組合における，中央委員選挙結果の推移を示すのが表3-1である。クーフェは設立直後の選挙では，11位と最下位当選であるが，1年後の改選では大きく票を伸ばし3位，第2回大会直後の選挙でもさらに得票を増やして同じく3位となっている。また，パリ支部監査委員会選挙も同様の傾向を示している[28]。性格は異なるが，ボストン博派遣代表選出においては，マンテルを抑えて1位となり，代表として派遣されることになる[29]。中央委員会事務局においては，書籍労連設立1年後の第2期中央委員会事務局議長を務めている[30]。

　中央委員会の重要任務であった地方支部派遣，他組合派遣におけるクーフェ

[27]　これまでの研究においては，長年の指導者としての存在の大きさから，クーフェと初期書籍労連が一体のものと捉えられがちであった。彼が当初から主導権を握る意思を持っていたのか。そうでない場合，いつから持つようになったかの検討を含めた考察が求められる。

[28]　パリ支部監査委員会選挙の結果は，以下のとおりである。
パリ支部1882年3月14日総会　アラリー1207票　マンテル1022票　クーフェ586票（9位）（T.F. N.11.）
パリ支部1883年3月12日総会　アラリー1053票　マンテル901票　クーフェ750票（5位）（T.F. N.35.）

[29]　パリ支部で実施されたボストン博派遣代表選出結果は，以下のとおりである。クーフェ（当選）319票　マンテル288票　パルロ140票（T.F. N.51.）。

[30]　事務局構成の推移は以下のとおりである。
1881年10月20日　議長アラリー　副議長ジャコブ　会計グルソン　書記レグリ　書記マンテル（国内通信・機関紙編集）　書記デュガ（外国通信）（T.F. N.2.）
1882年9月7日　議長クーフェ　副議長タンボ　会計アラリー　書記ルガ　通信書記・編集マンテル　外国通信デュガ（T.F. N.23.）
1883年10月11日　議長アラリー　副議長レグリ（製本工）　会計クライン　議事録書記ベルジェ　外国通信書記ル・ルワ（校正工）　通信書記・代表書記マンテル（T.F. N.49.）

の位置を見よう。この時期の全派遣を表3-2に整理する。表中クーフェのル・アーヴルへの追加派遣は，マンテル派遣後に呼ばれ，女性労働問題で講演したものである。これを除くと，マンテル3回，クーフェ2回，アラリー1回，他の中央委員各1回ということになる。ただし，アラリーは2か所を回っている。クーフェが，マンテル，アラリーと並ぶ役割を果たしていることを確認できる。

表3-1　中央委員選挙結果

	N.2. 1881 年 10 月 25 日号	N.22. 1882 年 9 月 1 日号	N.48. 1883 年 10 月 1 日号
アラリー	879 （ 1 位）	936 （1 位）	867 （1 位）
マンテル	780 （ 2 位）	753 （2 位）	732 （2 位）
クーフェ	331 （11 位）	524 （3 位）	614 （3 位）

表3-2　初期書籍労連中央委員会の代表派遣

	機関紙日付	主な結果
マンテル	1882年 4 月15日	ナンシー支部の新賃金表提出に関して。ストの回避[i]。
	1882年 8 月15日	鋳造工のストライキ。平和的解決[ii]。
	1883年10月1日	ル・アーヴルの1印刷所での女性雇用をめぐる紛争。ストライキ回避[iii]。
クーフェ	1882年 6 月 1 日	ニーム支部の新賃金表提出に関して。1商会でのストライキ。全支部のストライキへの動きに関して。スト権確立からストの回避[iv]。
	1883年 5 月15日	ノルマンディーへの宣伝・組織派遣[v]。
	1883年10月15日	ル・アーヴルへの追加派遣[vi]。
アラリー	1882年 7 月15日	グルノーブルでスト回避。
		リヨンで労働者生産組合設立案によるスト回避[vii]。
デュガ	1882年 6 月15日	ブールジュ支部での連盟規約の解釈をめぐる紛争。解決[viii]。
ジオベ	1883年12月 1 日	ディジョンにおける女性雇用をめぐる1印刷所でのスト（10人辞職）問題の解決[ix]。
ジオニ	1882年 1 月15日	サンス支部の分裂の危機に派遣[x]。

注）i) T.F. N.13.　ii) T.F. N.21.　iii) T.F. N.48.　iv) T.F. N.16.　v) T.F. N.39.　vi) T.F. N.49.
vii) T.F. N.19.　viii) T.F. N.17.　ix) T.F. N.52.　x) T.F. N.7.

80

マンテルの鋳造工ストライキへの派遣にかかわって，直後の中央委員会監査委員会報告において，見落とせない指摘がなされている。「Fonderie Générale 社における鋳造工のストライキについてのクーフェのいくつかの論説に従って，中央委員会はこの商会の組合員に関して，１つの決定をしなければならなかった。後に，マンテルを派遣して平和的に解決した」(T.F. N.22.) と。「ストライキ (Les Grèves)」と題する２つの論説 (T.F. N.10. N.11.) は，中央委員会がこの問題についての状況の整理をクーフェに委ねたものであり，マンテル派遣の準備作業であった。クーフェが中央委員会において重要な役割を任せられつつあったことは確かである。次の件もそれを裏づける。すなわち，職業組合法の下院での議論への働きかけのために，中央委員会がクーフェ，デュガ，マンテルを選出して検討した際に，クーフェがまとめの報告を行っていることである [31]。公の機関に提出する文書作成がクーフェに委ねられており，彼の文筆能力が認められていたことを示す。

　機関紙における各種論説からクーフェの位置を検討しよう。クーフェの論説とみなせるものは，表3-3のとおりである。続きものもあるが，全53号中13号への掲載と，量的に，他の中央委員，一般組合員の中で目立っており，また，比較的広範なテーマについて，労連の活動に直接かかわる論説が多い。マンテルの論説を表3-4にまとめた。クーフェの論説に比べると，タイトルの付かない，短めのものが多い。アラリーの場合，論説数も若干少なく，装飾芸術博覧会報告，アムステルダム博覧会報告など技術的内容に偏っている。その他，中央委員ではデュガとジオニが各々７本の論説を載せている [32]。本数，分量

---

31) Rapport présenté au nom de la Fédération typographique française à MM. les membres de la Commission chargée d'examiner le projet de loi sur les Syndicats professionnels, modifié par Sénat (T.F. N.34).

32) デュガ：退職者協会 (Les Prévoyants de L'Avenir) 総会について (T.F. N.8.) 退職金庫 (T.F. N.14.) ブールジュの植字工 (T.F. N.17.) 組合と上院 (T.F. N.22.) 退職金庫について (T.F. N.37.) l'imprimerie nouvelle の社債発行 (T.F. N.38.) 植字コンクール (T.F. N.47.) ジオニ：人道主義的書籍連盟 (T.F. N.3.) ジュネーヴの Gutenberg 紙におけるパリ通信人による興味深い論説について (T.F. N.12.) 中央相

表 3-3　クーフェの主な論説

号数	機関紙日付	内　　容
N.6.	1882年 1 月 1 日	第 5 回社会主義労働者大会（パリ）
N.8.	1882年 2 月 1 日	（Radical 紙における Massen の書籍労連設立について論評にかんして）
N.9.	1882年 2 月15日	諸職業（métiers）と不衛生な作業場
N.10.	1882年 3 月 1 日	ストライキ（la Chambre syndicale des fondeurs en caractères と Beaudoire の紛争についての状況把握）
N.11.	1882年 3 月15日	続き
N.15.	1882年 5 月15日	労働時間の制限
N.23.	1882年 9 月15日	諸職業（professions）と不衛生な作業場
N.27.	1882年11月15日	もはや良き労働者はいない
N.28.	1882年12月 1 日	続き
N.34.	1883年 3 月 1 日	上院で修正された職業組合に関する法案を検討する委員会メンバーへのフランス書籍労連の名での報告
N.38.	1883年 5 月 1 日	アランソンの植字工
N.40.	1883年 6 月 1 日	植字工組合を名乗る la Société de la rue Boutebrie の否定
N.43.	1883年 7 月15日	Bibliographie（アラリーのパンフレット Le Travail de la femme dans l'imprimerie typographique ; ses conséquences morales et physique. 批判）

表 3-4　マンテルの論説

号数	機関紙日付	内　　容
N.4.	1881年12月 1 日	（労働者請負に関して）
N.5.	1881年12月15日	（印刷技術改善のための印刷物の交換について）
N.9.	1882年 2 月15日	（ローヌ県知事の命令に対するパトロンの新聞による批判の反批判）
N.16.	1882年 6 月 1 日	（Gutenberg-journal 紙上での Achaintre の論説への批判）
N.20.	1882年 8 月 1 日	（女性労働の導入にかんして，Gil Blas 紙における Théodore Banville の論説批判）
N.23.	1882年 9 月15日	（パリ新印刷所の社債発行）
N.23.	1882年 9 月15日	（Prolétaire 紙における婦人社会主義者の宣言への反論）
N.40.	1883年 6 月 1 日	（La Bataille 紙批判）

互扶助金庫（T.F. N.16.）　植字における 1 つの傷（T.F. N.18.）　印刷機操作工の 2 つの協会に関して（T.F. N.19.）　印刷業におけるブローカー　スイス連盟ローザンヌ大会報告（T.F. N.42.）　中央相互扶助金庫（T.F. N.43.）

から見てクーフェが大きな位置を占めていることを確認できる。

　地方派遣，論説から見て，クーフェは中央委員として重要な役割を担っていた。この時期の書籍労連の中心は，マンテル，アラリー，とりわけ，唯一の常任書記で，機関紙編集の責任者も務めたマンテルであり，クーフェの行動，論説などは，マンテルの指示，指導の下になされていた可能性は否定しえない。以下，派遣報告，論説の内容の検討から彼らの関係を考察する。同時にそれは，前節で見た2つの傾向に対するクーフェのかかわりを解明することでもある。

　まず，クーフェの人となり，組合幹部としての意気込みを示す，ノルマンディーへの宣伝派遣（機関紙第39号1883年5月15日号）について見よう[33]。この派遣は，ルーアン支部（組合）の10回目の祝賀会に招待されたことを出発点としている[34]。しかし，次の引用に明らかなように，クーフェ独自のイニシアティブが発揮されたものでもあった。「私がルーアンに行くよう指名された際に，私は任務が十分に完全だとは思わなかった。私はカーンまで宣伝の輪を広げることを要求した。委員会は私に，必要と状況に応じて自由に行動することを認めた。私は友人のルコントから，必要な全ての情報を得た。ルーアンの宴会の後に私がカーンに行くことが決まった。カーンでのあらゆる試みが無効であると信じていたこの市の植字工の消極的返事にもかかわらず，私はルコントに励まされて，私の主張に固執した」(T.F. N.39.)。当時クーフェはアラリーを継いで中央委員会議長であり，不自然ではないが，強い積極性が見て取れる。カーンについては現地の消極性にもかかわらず，いわば押しかけ的な組織活動であった。ノルマンディーにおける宣伝活動の日程を表3-5に整理する。

　極めて精力的に動いている。5月4日のオンフルール，リジューでの宣伝活動は，カーン行きの列車に乗り遅れ，船で行く際の待ち時間に行ったものである。また，6日，7日のエヴルー，マントでの活動は，3日のルーアンでの宴

---

33)　Rapport du délégué du Comité central au banquet typographique de Rouen, et de sa mission de propagande dans la Normandie. T.F. N.39.

34)　このような宴会への参加は，中央委員会では，見合わされていたが，第2回大会が近づいている時期に，宣伝，組織を強化するために，正当化された（T.F. N.39.）。

表3-5　クーフェのノルマンディーにおける宣伝活動の日程

5月2日	23：30	ルーアン着
5月3日	13：00	祝賀会参加　スピーチ　エルブーフ，エヴルー，マント支部の紹介を受ける
	23：30	ル・アーヴル着
5月4日		宴会を断りル・アーヴルで宣伝活動に従事
		オンフルールに行き組織活動　飛び込みで印刷所訪問
	15：00	オンフルール発
	16：30	リジュー着　飛び込みで宣伝活動
	19：00	カーン着
5月5日		カーンで30〜40人の集会　スピーチ
5月6日	11：00	カーン発
	16：00	エヴルー着　20人の組合員と懇談
5月7日	朝	エヴルー発　午後マント着　2つの印刷所の労働者と懇談

出所）*Typographie française*, N. 39.

会中にまとまったものであった。さすがに，6日のエヴルーでは「私はこれらの多くの日程に疲れた」としているが，逆にそれもクーフェの強い意志を示している。各地で多くの未知の人々と交わり新しい関係を形成していることを確認できるが，同時に，さきのルコントと並んで，ル・アーヴルではルワ，マントではジロなる友人に出会っており，すでに広い人脈，独自の情報源を構築していたことが見逃せない。

　次に，クーフェの労使協調路線とのかかわりを検討する。1つの特徴は，ポジティヴィストとしての明確な姿勢である。すでに見た，労連中央委員会の公式見解，マンテルやアラリーの言説も一般的な労使協調の点では，ポジティヴィスムのそれと対立するものではなかった。ただし，クーフェの言説は，より強く集産主義，暴力を否定するものである。例えば，第5回社会主義労働者大会についての論評において，労使委員会についての決定を肯定しながら次のように言う[35]。「工業家たちは，言語道断なエゴイズムと搾取（exploitation）の習

---

35)　「大会の幾人かのメンバーがどう言おうと，労働者とパトロンにとって，労使調

慣によって，その労働者たちをいらだたせ，憤慨させ，社会主義者の極めて積極的分子の暴力と脅迫を正当化するのである」（T.F. N.6.）と。あるいは，職業組合法についての報告においての次の言説。フランスの多くの組合運動は，「カール・マルクスの教義を表明する連合組合（l'Union Fédérative）」の「それとは絶対的に異なり，手段として暴力革命を排するだけではなく，その要求の原理としてコミュニストの理念を受け入れない」（T.F. N.34.）と[36]。

　注目されるのは，ポジティヴィスムによる国家介入の明確な否定，拒絶を，強く打ち出すことである。印刷業主の機関紙における労働時間の規制に反対する論説に対して，次のように言う。「我々は，労働時間の短縮が関係者の自由なイニシアティブでなされることを好む」，労働者が組合（chambre syndicale）と連盟（fédération）に組織されれば，「国家による屈辱的な協力なしに，彼ら自身で事柄をなしうるであろう。社会問題の解決への国家の介入は労働者を保護の下に置き，彼らが自分自身で追求する目的を実現することができないと信じさせるものである」（T.F. N.15.）と。また，職業組合法についての報告においては，次のように言う。「我々は，あまりにも想像しうる全ての変化の最終的な結果として立法議会をあてにすることに慣れ過ぎていると考える」（T.F. N.34.）と。クーフェは，「個人的，集団的な継続する粘り強い努力なしには，なにも獲得できず，将来もできないということが忘れられているようである」（T.F. N.34.）として，合法化以上に，運動の強化を強調するのである[37]。我々はす

　停委員会（commission arbitrales mixste）の活動からは大きな改善が生じうる」（T.F. N.6.）

36)　クーフェのコミュニスム理解については，第2章「オーギュスト・クーフェとプロレタリア・ポジティヴィスム」参照。

37)　次のようにも言う。「ここには確かに誤った危険な考えがある。誤っている，というのは政治権力があらゆる困難を解決できるというのは正しくない。危険である，というのは，それは，プロレタリアートに全てが国家から発しなければならないということを永遠化し，彼らが，考え，行動し，表明することは不要であると見るからである。」（T.F. N.34.）プロレタリア・ポジティヴィスト・サークル，さらにクーフェの国家介入否定に関しては，前章 参照。

でに，プロレタリア・ポジティヴィスト・サークルによる国家，議会の社会介入の限界についての議論，さらにクーフェ自身による退職金庫にかかわっての国家介入否定の考えを見た。ここでは，労働時間規制にさえも反対し，職業組合の合法化についても距離を置く主張，あるいは「屈辱的な国家の協力」というような表現から，あらためて，その強い姿勢を確認できる。ただし，他方で，「我々は，上に挙げた理由にもかかわらず，少年や女性の特別な場合には立法家の介入が有効であると信ずる」(N.15. p. 5. 左) と，柔軟な姿勢も示す。

　さきに見た，労働者生産協同組合の連合体による未来社会構想の中には，一種の無政府主義があった。植字工，広くは印刷労働者が漠然とした反国家的気分を共有していたことも考えられる。しかし，また，生産協同組合への動きが，公権力の支持をあてにしていることも確認した。クーフェが，ポジティヴィスムに依拠し，社会問題解決への国家の介入を厳しく否定しながら，国家そのものの役割を明確に認めていることは，これらの漠然とした気分とは一線を画するものである。職業組合法についてのクーフェの報告には，ポジティヴィスムに特有なエリート主義的言説が見られる。「行政的，立法的権力の全ての行為を，規則的で，明瞭で，正確なやり方で評価 (apprécier) することは，プロレタリアの最も必要で重要な機能である。……我々は，プロレタリアがあまりにもしばしば有用なこの機能をなおざりにしていると考える」(T.F. N.34.) と [38]。ノルマンディーにおける積極的な宣伝，組織活動，機関紙への旺盛な論説掲載は，組合指導者としての能力と意欲を示す。しかし，クーフェの行動，言説は決して労働者の気分に寄りかかるものではなかった。パリ支部内での彼の支持の増大も，ポジティヴィスムを明確に打ち出して得られたものであった。この時点でクーフェに書籍労連の主導権掌握の意図があったとしても，それは，単なる権力志向ではなかったことを確認しなければならない。

---

38)　別なところでは，「大部分の労働者は，彼らの教育と職業的知識を完成させることに無関心，無気力である」(T.F. N.28.) とも言う。プロレタリア・ポジティヴィスト・サークルを代表して，F.マニャンがこの評価活動について積極的に主張する。クーフェもそれを全面的に受け継いでいる。前章 参照。

　これまで見たところでは，クーフェの行動，言説は中央委員会，マンテルや
アラリーのそれと異なるものでも，対立するものでもなかった。しかし，以下
の事例は，かなり性格を異にする。まず，代表派遣において，ニームのストラ
イキを回避した件を検討しよう。ニーム派遣の経過は以下のとおりである。
1882 年 5 月 15 日号冒頭の中央委員会報告は，「ニームでパトロンと労働者の
間で紛争が差し迫っている。この市の組合の要求で，中央委員会は状況を判断
し，それに基づいて行動するために代表を送ることが賢明であると考えた。こ
の困難で難しい任務はクーフェ氏に委ねられた」（T.F. N.15.）とする。第 22 号
での監査委員会報告においても，「この任務は，我々の仲間のあまりにも興奮
した精神状態のために困難であった。中央委員会が冷静な性格を持ち，我々の
偉大な職業の将来に心を配る代表を派遣することを強く望んだのはそのためで
ある」（T.F. N.22.）とされる。「困難で難しい任務」との表現は，クーフェの冷
静に事態に対処する能力が高く評価されたことを示している。

　クーフェ自身の報告によると，ニームの組合は，組合結成の 2，3 か月後に，
中央委員会に知らせないままに，パトロンに対して賃金表を提示した。しか
も，その末尾には，パトロンと労働者の紛争を処理する委員会から，パトロン
を排除する条項が含まれていた。これは，中央委員会が認めていないことで
あった。ただし，「10 日以来ストに入っていたのは 1 商会のみ。基金を獲得す
るために多くの支部に送られた手紙が予告していたゼネラル・ストライキはま
だ始まっていなかった。私は，ゼネラル・ストライキがまだ起こらず，その意
図だけであると知って満足した」（T.F. N.16.）という，かろうじて調停の可能
性が残されていた状況であった。クーフェは，着いたすぐの支部総会で，厳し
い姿勢を鮮明にする。「私は，彼らの軽はずみな行動，規約の観点からは正し
くない振る舞いが，労連に引き起こしうる悪しき結果を認めさせねばならな
かった。それは，大きな規律違反であり，疑いのない紛糾に陥ることになり，
生まれたばかりの労連を消失させることになる」（T.F. N.15.）と。しかし，翌
日からのパトロンとの折衝は不調に終わり，クーフェは，妥協の余地がないの
を見て，闘いを覚悟する。総会では 55 人中 54 人がストライキに賛成し，中央

委員会の決定に従うことを求めて受け入れられる。それでもなお，「どんな小さなものであれ，譲歩を勝ち取り，双方を害する紛争を避けるための最後の試みをする必要がある」(T.F. N.15.) として，折衝を続け，若干の約束も取りつけるが，クーフェはストライキの意志を固めることになる。ところが，一部の組合員によるスト参加拒絶の手紙が，組合員全体に動揺を惹き起こしたのを見て，クーフェはストライキ回避を決意する。その間の心情が，次のように吐露される。「2時間にわたって私は本当の耐え難い苦しみに苛まれた。」……「一方で，ストライキが成功すれば有効だと思った。他方で，失敗の結果を認めた。……私はストライキをしないことを決定した」(T.F. N.15.) 「最も激しい人々，忍耐力のない人々が，私が悲観的すぎ，慎重すぎたと言うであろうと思う。しかし，私は，成功を信じすぎて無鉄砲であったという非難よりも，この非難を好む」(T.F. N.15.) と。生々しい心情が表現されており，クーフェの人柄を知る上でも貴重な資料である。ストライキの決断と撤回が計算されたものであると疑うこともできる。しかし，たとえそうであったとしても，「興奮」し，あるいは仲間の離脱に動揺した組合員たちを，なんとか統御しえた組合活動家としての能力が発揮された。さきに指摘した監査委員会の評価とともに，次の中央委員会の叙述で確認しておこう。「中央委員会は，上記報告を聞き，クーフェ氏に委ねられた難しい任務の完遂にあたって示された威厳と如才なさについて感謝する」(T.F. N.15.) と。また，後に，クーフェのパトロンとの折衝が実を結び，改良が実現されたこととも相まって，地方支部の指導者たちの信頼を勝ち取ることにつながった[39]。

　アラリーがリヨンのストライキの危機を労働者生産組合に向けることで回避したのとは異なり，クーフェは，最後の手段としてのストライキを維持しながら，話し合い，協調路線を貫き，労働者生産組合を提案しなかった。それは偶然ではなかった。彼は，機関紙上での多くの論説や演説において，直接に労働

---

39)　クーフェは，同じ報告を，「ニームからの手紙によると，なされた約束は，少し実行され始めている。3つの商会で出来高給が上がり，Clavel商会では待機に支払いがなされ始めた」(T.F. N.15.) で締めくくっている。

88

者生産組合を否定してはいない。しかし，肯定する発言，言及そのものも全く見られない。それは，他のメンバーからは否定の立場と捉えられていた。ステロ版工・電機製版工の宴会における次の場面がそれを示す。すなわち，中央委員会を代表してクーフェが，加盟組合と中央委員会には，多くの賢明さ，和解精神，活力，献身が必要であるとの挨拶をした後に，第二代表であるタンボーが次のように述べたことである。「すでに我々の優れた代表であるクーフェが話したので，私にはあなた方に言うことはあまりない。しかし，労連の将来にかかわるいくつかの点について述べたい」とし，その１例として「リヨンのストライキから，共同作業場を立ち上げるための支援」（T.F. N.30.）に言及する。クーフェが，リヨンの例に肯定的に言及しないことを暗に批判するのである。中央委員会の中に路線争いとは言えないまでも，労働者生産組合をめぐって見解の相違が存在した。ニームにおいてクーフェは，意識的に労働者生産組合を否定したのである。それは，彼が信奉する，プロレタリア・ポジティヴィスムが労働者生産組合を全面的に否定することから来ていた。他方で，クーフェがこの対立を表面化させない慎重さを示したことも確認できる[40]。

ところで，労働者生産組合について，クーフェとアラリーの間にこのような見解の相違があったとして，マンテルはそれに対していかなる立場をとっていたのであろうか。マンテルは３回の派遣において，労働者生産組合を提案せずに，ストライキ回避に全力を挙げている。また，彼が直接に生産協同組合に言及する場面もほとんど見出せない。わずかに，次の言及を確認できるにとどまる。すなわち，パリ新印刷所が財政的困難に陥っており，それに対する組合員の支援を求める声明に対して，中央委員会を代表して上のパリ支部の声明を支持する，「我々は全力で，パリ新印刷所を支えねばならない。労連に財政的手段はないが，道徳的協力」（T.F. N.48.）を惜しまない，とすることである。こ

---

40) アラリーのリヨン派遣がクーフェのニーム派遣よりも後であったこと，リヨン支部とニーム支部の規模の違い，それぞれの支部の伝統などが考慮されねばならない。プロレタリア・ポジティヴィスト・サークルの中で，労働者生産協同組合を厳しく否定するのは，I. フィナンスである。前章 参照。

れは中央委員会を代表しての発言であり，労働者生産組合に関するマンテルの
個人的見解については保留せざるをえない。

　クーフェとアラリーは，女性労働問題について，より明確に対立する。機関
紙は，当時，女性労働の印刷所，とくに植字への導入が，たびたび印刷業主に
よって企てられ，これに対する強い反発が広がり，ストライキの最も重要な原
因の一つとなっていたことを伝える。第2回大会において，女性労働者排除が
一つの争点となった。第2回大会を間近にした機関紙第43号は，女性労働者
問題に関するアラリーの小冊子[41]を批判するクーフェの書評を掲載した。こ
の小冊子に対しては，すでに，第41号において，リベルによる全面的な肯定
の書評が出ており，第2回大会での論争の前哨戦となっている[42]。リベルは，
この小冊子が「植字にかかわる社会問題の全てにおいて，永くその学識と能力
を評価されているアラリー」（T.F. N.41.）による女性労働の悲惨な状況につい
ての叙述であるとする。とりわけ女性雇用の否定は労働の権利の侵害であると
の主張に対して，アラリーが，無制限な自由は，働くものの健康を犠牲にした
安価の追求であると批判し（T.F. N.41.），植字作業からの女性の完全な排除を
結論づけたことを強調する（T.F. N.41.）。

　クーフェは，アラリーが，社会的観点では，問題の多様な側面をうまく表現
し，控えめすぎるとはいえ，女性の印刷業への導入による，娘，姉，妻，母と

---

41)　Jacque ALARY, Le Travail de la femme dans l'imprimerie typographique; ses
conséquences morales et physiques. アラリーの論説は，印刷技術や，博覧会報告な
どが多く，その中でも知識人的な叙述が目立つ。フランス国立図書館には，アラリー
の著作として，上記パンフレットとともに，Gutenberg et l'imprimerie typographique,
Paris, Jousset, 1876; L'Imprimerie au XVIe siècle Estienne Dolet et ses luttes avec la
sorbonne, Paris, chambre syndicale typographique parisienne, 1898 の3点が所蔵さ
れている。どちらも，50ページ前後ではあるが，印刷業の歴史を扱ったものであり，
ここからも，学究肌との印象を受ける。

42)　第2回大会において，女性労働問題が論争になった際に，排除を主張するモレは，
このパンフレットを称賛する。ただし，アラリーは経済的，現実的問題を「理想化
しすぎる」欠点があると指摘する（T.F. N.46.）。ここにもアラリーの人物像の手掛
かりが与えられる。

しての社会的役割の阻害，労働者の肉体的，精神的衰退を明らかにしたと評価する。この点で，クーフェはポジティヴィストとしての持論を展開し，アラリーと大きな相違点はない。しかし，経済的側面が不完全であるとして，「パンを稼がざるをえない女性」に対する考察がないことを批判する。「家族の生活のために，男性に代わって自分で働かねばならない女性」に対して，「女性にふさわしい仕事を与えるべきか。同じ仕事で同じ賃金を与えるべきかである」（T.F. N.43.）と[43]。

　そのために取られるべき手段についても，厳しく批判する。「我々の工業での女性の雇用をやめさせるために，国家の介入が要求される。アラリーもその一人である。彼は，資源や，仕事を欠いている女性のための手当を要求せず，なぜ，男性が，その妻や娘が自殺することを止めるために，十分な公平性や，人間性を持つよう勧めないのか」（T.F. N.43.）と。ここでもポジティヴィストの国家介入否定が展開されるのである[44]。後半部は分かりにくいが，次のようなことであった。すなわち，ゆとりのある植字工の家族の婦人や娘が，何の収入も支援もない女性たちに競争を仕掛けることをなくすべきであるとし，「このような独占に対する，自発的制限こそ唯一の改良である。兼職を消滅させる，このやり方が，十分な賃金を得る夫の妻に家事のための時間を残すのである。この外での労働の自発的放棄が，両親や子供を養わねばならない不幸な女性に仕事を残すのである」（T.F. N.43.）と言う。クーフェは，女性は家庭の守り

---

43)　また，「社会的観点からは，我々は，強く女性の工業での雇用に反対する。ふさわしくない仕事のために，家族を放棄することは，社会的災厄である。印刷業は女性の雇用によって，深刻に脅かされている」（T.F. N.43.）と。後に，クーフェは，1914年のポジティヴィスト協会でのスピーチにおいて，人間の再生産における女性の役割を強調し，女性を家庭の守り手とする性別役割分担の議論を展開する。しかし，ここでも「自分自身でその生存手段を見出さねばならない独身女性，寡婦等は例外とする」と保留しており，考え方の一貫性を見ることができる。前章 参照。

44)　「モラルを欠き，経済的競争にのみ動かされている，無感動な人々に読まれることを，著者アラリーは忘れ，理想に走り過ぎている」（T.F. N.43.）とするところにも，少数者が多数者を指導するというポジティヴィスムのエリート主義が顔をのぞかせている。

手であるべきとのポジティヴィスムの教義を踏まえながらも，なお，それ以外
に生活の手段のない女性への配慮が必要であるとし，しかも，国家介入を拒否
し，自発的行動を重視するポジティヴィスムに忠実であろうとするのである。

　クーフェは，この書評において，女性労働者問題で，自らが少数派であるこ
とを自覚していた。「我々は，植字工が大部分，女性の印刷所での労働を敵視
していることを知っている」，この点で，「アラリーは植字工の多数と同じ欠陥
に陥っている」（T.F. N.43.）と。第2回大会において，パリ支部の見解を代表
してモレは，「同じ賃金でも，賃金低下をもたらすのでよくない」，「この問題
については，アラリーによって全てが言われた」とし，「あらゆる合法的手段
を用いて反対すべき」（T.F. N.46.）と結論する。ロシュローも，印刷業におい
て女性労働が有害か，有用かだけが問題であり，女性の場は家庭であり，作業
場は男性の場であるとする（T.F. N.46.）。リヨン支部の代表もこれに同調する。
これに対して，セリエは，女性に対して「真面目に働いて，生活の資を得る手
段を与えるべきである」とし，同一賃金での雇用を支持する（T.F. N.46.p.）。そ
の際，直接アラリーに言及する。メイニエ・ミシュランも同一賃金での雇用を
支持する。また，製本工デラクールは製本では排除されないとする（T.F. N.46.）。
結局，セリエの提案は24対6で否決され，モレの提案が，23対3，棄権3で
可決された。クーフェは，労連内に強い女性労働拒否の傾向を十分に知りなが
ら，自らの主張を曲げないのである。

　女性労働問題とかかわるいま1つの出来事は，クーフェとマンテルの関係を
考察する手掛かりを与える。それは，ル・アーヴルの一印刷業主による新作業
場への女性植字工雇用に反対して，当該印刷所の労働者が解雇されたことに対
して，中央委員会がマンテルを派遣したことから生じた。結局，当該印刷業主
との交渉は決裂し，21人が辞めることになった。これに対して，ル・アーヴ
ル支部はマンテル滞在中に女性労働についての討論会を企画し，中央委員会に
対して，マンテルを助けるための代表派遣を依頼し，クーフェが派遣された。
討論集会は400人の参加で成功裏に終わり，そこでの，クーフェとマンテルの
スピーチが第49号に掲載されたのである。さきに見たように，クーフェとア

ラリーは女性労働問題で明確に対立する言説を展開していたことからすると，クーフェは意図的に選ばれた可能性が高い [45]。

　いま1つ注目すべきは，クーフェのスピーチが全面的にポジティヴィスムに基づいていたことである。クーフェは組合主催の会合でこのような立場から発言することについて，弁明の必要性を感じていた。機関紙掲載にあたっての注において，次のように言う。「読者は，私が家族についてのポジティヴィスムの理論をよりどころとすることに驚くべきではない。それは，私の仲間を改宗させるためではなく，もっぱらこの理論が，完全に植字工の多数の意見と一致しているからである」(T.F. N.49.) と。クーフェが，組合指導者の立場とポジティヴィスム信奉が両立しうると確信していたことを示す貴重な証言である。見落とせないのは，スピーチ掲載末の，ル・アーヴル支部の次の指摘である。「演説者は，聴衆の多くのメンバーから祝福を受けた。その中には，A. コントや P. ラフィットの多くの弟子がいた」(T.F. N.49.) と。クーフェが呼ばれたことの1つの要因として，ル・アーヴルとその近辺におけるポジティヴィストの存在があり，このスピーチがクーフェの側からの働きかけによるものである可能性を示す。

　スピーチは，マンテルが実践家，クーフェが理論家として，役割を分担してなされた [46]。クーフェはポジティヴィスムの立場から，あるべき性別役割分業を次のように規定する。「やさしさ，親切，献身，先見等は，女性が配偶者や子供のために発展させる性質である。保護，援助，愛情は男性に特有な質である」(T.F. N.49.) と。また，それに基づいて，家族を「肉体的，知的，道徳的改良の機関」，「生まれ，成長する場」とし，そのためには，「女性が家庭にいることが不可欠な条件である」(T.F. N.49.) とする。にもかかわらず，現実

---

45) ちょうど，マンテルの派遣期間中に中央委員の改選に伴う中央委員会事務局の再編が行われ，マンテル代表書記の継続，アラリー議長の復活となり，クーフェは事務局を離れることになった。

46) 「クーフェ氏が問題を，一般的つまり社会的観点から扱う。マンテル氏は職業関係，印刷業における女性労働の結果から問題を考察する」(T.F. N.49.)。

には，それを否定し，破壊する傾向が支配し，「労働の自由の口実の下で，女性が工場で雇用され，……弱者に死を，という恐ろしい結論に行き着く自由が支配している」(T.F. N.49.)とするのである[47]。さきのアラリー批判の書評とは異なり，他に生活の糧のない女性を受け入れるかどうかの問題には踏み込まれない。あくまでも，「一般的，社会的観点」に限定しており，彼の慎重な性格が表れている。

　マンテルも，まず，一般的な女性と男性の性別役割について述べる。それは，クーフェのスピーチと大きな違いはない。印刷業に即して女性労働について語ることがマンテルの役割ではあるが，その内容は，年端もいかない少女に，読ませたり見せたりすべきでないものが，何の配慮もなく仕事として与えられていることや，女性労働についてパリ大医学部の報告を引用した流産，乳児死亡率の高さの指摘(T.F. N.49.)が目立つ程度である。注目すべきは，労働運動内にある機械的な「平等主義」に，両性の「自然な区別」を対置することである。すなわち，「自由と平等の口実の下に，全ての家庭での女性の解放，労働の権利，あれこれ全ての権利を叫びたてる。家庭に残るという権利，彼女の義務を果たす神聖な権利，以外の全ての権利について」(T.F. N.49.)と。これは，1876年労働者大会向けのプロレタリア・ポジティヴィストの主張，クーフェのポジティヴィスト協会でのスピーチにも見られたところである[48]。マンテルとポジティヴィスム，クーフェとの近さが示唆される。

　ただし，第2回大会における，アムニスティ（特赦＝組合を離れた労働者の復帰を無条件で認める）をめぐる論争では，クーフェが賛成，マンテルが反対の提案をし，クーフェ案が圧倒的多数で否決され，マンテル案が可決されている(T.F. N.46.)。2人が全く同一歩調をとる関係ではなかったことが示される。

　以上から，アラリーとクーフェの間には，生産協同組合，女性労働雇用の点

---

47)　また，「女性をもうけの手段にすることが望まれ，そこに家族にとっての大きな不幸がある。とりわけ，女性が工場や，作業場に行くために家族を見捨てる場合には」(T.F. N.49.)と。

48)　前章 参照。

で，路線上の対立があったことが明らかとなる。マンテルとクーフェの間には，アラリーの小冊子への書評掲載，ル・アーヴルでの女性労働問題での共同のスピーチなど，結びつきを示唆する事実が見出される。ただし，どちらに，そのイニシアティブがあったかは不明である。

　また，クーフェにかかわって，以下のことが確認できる。彼がこの時期，書籍労連の主導権を掌握する意図，意欲を持っていたかどうかについて，判断を下す材料は見出せない。ポジティヴィスムの見解を隠すことなく積極的に打ち出していること，労働者生産組合や，女性雇用問題で，書籍労連内に支配的な傾向，多くの組合員の気分とは対立する見解を，慎重ながら表明することからは，主導権掌握の意図があったとしても，単なる権力志向とは言えないことが示唆される。クーフェが，書籍労連設立当初の2年余りの中央委員としての活動において，精力的で粘り強い組織活動，経営者との交渉力，議会委員会向けの報告作成や，諸論説に見られる文筆上の能力など，組合指導者としての不可欠な能力を発揮したことは，主導権掌握の条件となった。

お わ り に

　設立時に書籍労連を支配した2つの傾向，労使協調路線と労働者生産組合熱は次の時代にどのように受け継がれてゆくのか。また，それとかかわりながら，いかにしてクーフェは主導権を掌握してゆくのか。これが我々の次の課題である。それは，クーフェの主導権掌握が，台頭してくる革命主義的労働組合運動の1つの有力な潮流であるアルマーヌ派の領袖 J. アルマーヌその人との争いとして展開されることから，革命主義的労働組合と，改良主義的労働組合の内容の再検討を伴うことになる。

付録　書籍労連機関紙 *La Typographie française* の紙面構成

　大部分は8ページ建て（3列組み），第2回大会特集は16ページ　第9，14，45，49，52，53号は4ページ，計404ページ（Numéro spécimen　4ページを含む）。
　中央委員会報告 COMMUNICATIONS DU COMITÉ CENTRAL：特殊な場合を除いてこれが冒頭に置かれる。各支部への事務連絡的なものが多く，それぞれ3列組みの1列を占める程度である。比較的長いものを表に整理する。見られるように，地方，同種組合への中央委員会代表派遣とその報告がなされる場合に，ボリュームが大きくなっている。

中央委員会報告例

N.5.	中央委員会声明　連盟設立にあたって
N.7.	サンスへのジオニの派遣　代表報告
N.11.	パリに併存する2つの印刷工組合融合のための中央委員会による斡旋
N.13.	ナンシーへの派遣　マンテル報告
N.16.	ニームへの派遣　クーフェ報告
N.19.	リヨンへの派遣　アラリー報告
N.21.	鋳造工のストについて　マンテル派遣・報告
N.22.	中央委員会声明（中央委員会の選出にあたって）
N.34.	職業組合法案をめぐって，3人委員会の任命，クーフェ報告
N.44.	第2回大会　中央委員会声明
N.46.	第2回大会議事録
N.48.	ル・アーヴルへのマンテル派遣・報告
N.52.	ディジョンへのジオベ派遣報告

　次に，支部報告 COMMUNICATIONS DES SECTIONS：各支部の総会，宴会等の報告であり，長短様々であるが，パリ支部が大きな比重を占める。
　以下，各種論説（論説，報告，小話（causerie），書評（bibliographie）を含む），各種宴会でのスピーチ，死亡告知（nécrologie），内外からの手紙などである。
　編集責任者は，特別号と第1号はD.ヴァレ，それ以外はJ.マンテルである。

第 4 章

フランス書籍労連におけるアルマーヌ派, ユニオニストの内部対立と A. クーフェ

は じ め に

　1881 年に設立されたフランス書籍労連は, 1884 年 5 月, 6 月から解体につながりかねない危機に見舞われた。設立以来, 唯一の有給常任書記であり, 中心的指導者であった J. マンテルが, 組織運営, 財政管理における怠惰, 無能をさらけ出し, 解任, 除名された事件である。ボストン万国博に派遣されていた A. クーフェは帰国早々, この後始末, 組織再建を任され, それをやり遂げたことが彼の書籍労連主導権掌握の第一歩となった。同時に, この事件は, 書籍労連とその中心であるパリ植字工組合内部に 2 つの分派による対立を生み出した。1884 年 2 月 25 日発刊の *Le Réveil Typographique* は, フランス労働党の大物 J. アルマーヌの指導の下, いち早くマンテルの組織管理を批判し, 書籍労働者の間に支持を獲得した。以前からとりわけパリ植字工組合で影響力を持ち, 書籍労連設立にも大きな役割を果たし, ユニオン L'Union des chambres syndicales に結集しようとする勢力が, 1885 年 5 月 1 日に *Le Ralliement Typographique* を発刊して, これに対抗した。クーフェによる書籍労連の主導権掌握は, この対立抗争と不可分にかかわってなされたのである。

　2 つの分派のどちらにも属さないクーフェが, それぞれに対してどのような関係を持ち, 常任書記となり, その地位を固めていったのか。クーフェは後に CGT 内部で改良主義的労働組合運動の中心となり, V. グリフュールが代表する革命的労働組合主義に対抗するとされてきたが, その改良主義の内容については必ずしも明らかではない。革命的労働組合主義に大きな影響力を持つこと

になるJ.アルマーヌとの，この時期の書籍労連内での関係の検討は重要な手掛かりをもたらす。また，ユニオンに結集する勢力は，体系性はないとしても，改良主義と呼ばざるをえない路線をとっていた。これとの関係の検討もまた，クーフェの，ひいては当時のフランス労働組合運動における改良主義の解明にとって不可欠である。さらに留意すべきは，この二勢力の対立が，とりわけ植字工内部に存在した階層構造とかかわっていたことである。労働組合内における革命主義と改良主義の対立についての一つの有力な仮説である「労働貴族論」は，この対立を，労働者が置かれていた客観的な状況，そこでの対立関係に求めた。この時期のフランス書籍労連，パリ植字工組合の状況の検討は，この仮説の再考察につながるものである。

　すでに，これまでの書籍労連，パリ植字工組合の研究は，マンテル事件，それに伴う2つの潮流の対立，また，それとのクーフェの関係を明らかにしてきた [1]。しかし，2つの潮流の基本的特質，具体的な問題での対立点，その根底にある組合員間，労働者間の階層構造が正面から問題にされてはいない。その結果，マンテル事件の意味づけ，クーフェと2つの潮流との関係の解明も不十分なものにとどまらざるをえない。基本資料として書籍労連機関紙 *Typographie française* と，二分派のさきの機関紙が利用されてはいるが，問題設定の不十分さともかかわって，十全な分析検討がなされてはいない。本章では，1884年に関しては，書籍労連機関紙 *Typographie française* を利用し，1885年に関しては二分派の機関紙を併せて比較検討することを通じてさきの課題に応える [2]。

---

1)　Cf. M. REBÉRIOUX, *op. cit.* p. 101; R. DOMBRET, *op. cit.* p. 14; R. DÉDAME, *op. cit.* pp. 63-66; P. CHAUVET, *op. cit.* pp. 28-29; Henri FACDOUEL, *La fédération française des travailleurs du livre.* Thèse pour le doctorat, 1904. Faculté de droit.Université de Lyon; J. MAITRON, *Dictionnaire, op. cit.*; M. HARMEL, AUGUSTE KEUFER. op. cit.

2)　*Le Réveil Typographique* は，上記のとおり1884年2月25日発刊ではあるが，筆者が入手しえているのは，発刊号であるN.1.，1884年5月25日号N.7.と1885年1月25日号N.23.以降である。また，*Le Ralliement Typographique* は1885年5月1日発刊であるので，厳密には3紙比較はこれ以降となる。

第1節　マンテル事件と A. クーフェ

　フランス書籍労連の最高責任者による，ずさんな組織運営，財政管理，疑いのレヴェルにとどまったとはいえ，横領というマンテル事件は，発覚からその解決に至るまで長期の複雑な過程をたどることになった。そこから生じた，二分派による書籍労連とパリ植字工組合における激しい内部対立は次節で検討するとして，ここでは，直接の経過を確認し，事件そのものの全貌を明らかにする。まず，事件は書籍関係労働者の産業別全国組織である書籍労連中央委員会を舞台として生じた。さらに，この書籍労連を構成する最大の組合であるパリ植字工組合責任者によるマンテルへの巨額の貸し付けが，関連する問題として生じ，パリ植字工組合が事件に巻き込まれることになる。これまでの研究は，この事件に十分な意味づけを与えてはこなかったが，マンテル事件は，書籍労連にとどまらず，当時のフランスにおける労働組合運動の実態を理解する上で，見過ごせない性格を持つ。

　事件の理解のために，あらかじめ，当時のフランス書籍労連の構成について概略を示す。表4-1，表4-2が示すとおり，書籍労連は書籍関連労働者の産業別全国組織であった。地方組合[3]は植字工を中心にしながらも，関連工を含む産業別組合であったが，パリでは，職業別組合が別個に形成されていた。1884年7月現在，パリ植字工組合は6,305人中2,493人を占め[4]，また，設立以降，書籍労連中央委員，中央委員会監査委員の選出母体であり，中心的な位置を占めていた。パリ関連工組合も中央委員を選出し，全体として書籍労連指導部の構成はパリ中心であった[5]。

---

3)　書籍労連傘下組合は，支部（section）とされた。例えばパリ植字工組合（Société typographique parisienne）は21支部でもあった。ただし，後に見るように，この名称を巡って対立があり，ここではパリ植字工組合とする。

4)　組合員数が示されていない組合もあり厳密ではない。

5)　この点は，第3回大会で改められ，地方支部選出中央委員15人が加えられた。

100

表 4-1　書籍労連傘下組合員数　1884 年 7 月現在

パリ		地方（100 人以上）	
植字工組合	2,493	リヨン	232
校正工組合	61	ルーアン	170
鋳造工組合	128	マルセイユ	150
印刷工組合	56	ボルドー	149
製本工組合	16	グルノーブル	135
ステロ盤工組合	76	モンペリエ	121
		リール	104
		ナンシー	104
		ナント	102

出所）*Typographie française*, N.68.

表 4-2　フランス書籍労連組織（第 2 回全国大会後）

書籍労連中央委員会（任期 2 年）
　　　　パリ植字工組合選出委員 11 人
　　　　パリ関連工組合選出委員 8 人※　計 19 人
　　　　　　　　　※内訳　校正工，鋳造工，ステロ盤工　各 2 人
　　　　　　　　　　　　　印刷工，製本工　各 1 人
　　　　オブザーバー　パリ植字工組合選出委員 2 人
書籍労連中央委員会事務局
　　　　パリ植字工組合選出委員 4 人
　　　　パリ関連工組合選出委員 2 人（製本工，校正工）
書籍労連中央委員会監査委員会
　　　　パリ植字工組合選出委員 7 人

パリ植字工組合委員会 15 人（任期 6 か月）
パリ植字工組合監査委員会 50 人（任期 1 年）

パリ関連工組合委員会
各地方組合委員会

出所）*Typographie française*.

(1)　マンテル事件と A. クーフェによる事件処理

　マンテル（Jule Mantel）の人物像は全くと言っていいほど明らかではない。メトロンの労働運動活動家辞典も，「フランス書籍労連初代常任書記」とし，「A. Keufer の項参照」とするだけで，生没年も示していない[6]。この時期の書籍労連機関紙が唯一の手掛かりであり，整理すると以下のとおりである。マンテルは労連設立委員会にこそ名を連ねていないが，パリ植字工組合による第 1回の労連中央委員選挙で J. アラリーに次いで 2 位で当選し，唯一の有給常任書記として，機関紙編集責任を負うとともに，事務局の中心となった。その後，1882 年，1883 年の中央委員選挙において同じく 2 位で選出され，1884 年 5 月の解任まで常任書記の地位にあった[7]。

　書籍労連常任書記としての活動は，前章で指摘したとおり，1882 年～ 1883年に，地方派遣 3 回，論説と言えるものが，派遣報告を除くと 8 本，1883 年 8月の第 2 回大会では，中央委員会を代表して 2 年間の活動報告を行っている。それぞれの分野において，クーフェ，アラリーとともに主要な役割を果たしているが，唯一の有給常任書記として見たときに抜きんでているとは言えない[8]。論説，スピーチの傾向は，アラリー，クーフェのそれと比較すると，物事を深く掘り下げるよりは聴衆受けのするものとの印象が強い。可能な限りストライキを避け，パトロンと協調しようとする姿勢，生産協同組合を肯定する立場を明確にしているが，強い自己主張を展開するというより組合員の多数の意見に沿おうとしていたと言うべきである。なお，第 2 回大会においては，クーフェと対立して，女性労働排斥，特赦アムニスティ（離脱組合員の復帰承認）の制限を主張し，採択に持ち込んでいる。この問題は，後にアルマーヌ派とユニオニストの間で争点となるのであり，マンテルはユニオニストであったと言ってよ

---

6)　Jean MAITRON, *Dictionnaire, T.13.* 1975, p. 347.
7)　パリ植字工組合委員会監査委員の選挙においても 1882 年 3 月，1883 年 3 月はアラリーに次いで 2 位，1884 年 4 月はアラリー，クーフェに次いで 3 位で選出されている。
8)　前章 参照。

い。1884年になると，「賃金と資本」（T.F. N.57.），「急進共和政と新印刷所」
（T.F. N.58.）の2論説を6月の解任までに出している。また，2月には下院にお
ける「フランス農・工労働者の状況とパリ工業の危機」に関する委員会にクー
フェらとともに出席して代表として意見を述べている（T.F. N.66.）。ただし，
説明がないまま，この年の1月号から機関紙編集責任はアラリーに代わってい
る（T.F. N.54.）。以上からすると，マンテルは表面的には代表の役割をこなし
ており，各種投票結果に見られるように組合員の承認を受けていたのである。

　ただし，クーフェはいち早く事件を把握していた。マンテル事件が発覚して
後の，1884年8月12日の臨時中央委員会において，「最初の2年間の管理の
間，中央委員会がマンテルを判断しなかったのは嘆かわしい」と，ジオベが発
言したのに対して，クーフェは次のように答えている。「最近の大会（第2回大
会）で，地方の幾人かの代表と，マンテルに付きまとった恐れを共有した。こ
の時期にそれを表明しなかったことは大変残念である」と。また，「様々な会
合で，元代表のいくつかの怠慢を指摘したが，……中央委員会を納得させるに
は十分でなかった」（T.F. N.70.）とも。1883年末の第2回大会以降，クーフェ
はマンテルにかかわる情報を持ち，中央委員会で指摘さえしていたのである。
とすると，単純に，クーフェが事件解明の要請を受けたというよりは，彼自身
から積極的関与を求め，また，その場合，アルマーヌ派との連携があったとも
考えられる。しかし，それを確認する記事を見出すことはできず，可能性を指
摘するにとどめる。

　マンテル事件そのものの経過を機関紙から整理すると表4-3のとおりであ
る。事件が決定的になったのは，マルセイユ支部のストライキ問題からであっ
た。マルセイユ支部が中央委員会にストライキの事前通告をしたにもかかわら
ず，マンテルの怠慢から中央委員会に伝わらず，マルセイユ支部は返事のない
ままストに突入し，ストライキ資金を中央委員会に要求した。中央委員会は事
前通告なしのストライキとしてこれを拒絶したことから，マルセイユ支部の書
籍労連脱退への動きとなり，急遽中央委員会代表フェナールがマルセイユに派
遣され，事態が明るみに出たのである（T.F. N.63.）。直ちに，マンテルが解任

表 4-3　マンテル事件をめぐる経過 I

1884 年 3 月	中央委員会報告：郵便大臣に対する郵便物の遅れ是正要求 [i]
	3 月 6 日
	22 支部（ルーアン）の代表グルネ氏の中央委員会訪問
	新聞，移籍文書，路銀文書の怠慢，欠如の指摘
	ディジョン支部　アラリー，ジオベに対し同様の指摘 [ii]
1884 年 4 月	パリ・マルセイユ間の通信の異常，ストの状況把握のため
	中央委員会代表フェナール派遣 [iii]
1884 年 5 月	5 月 8 日
	中央委員会，マンテル書記解任
	5 月 15 日
	中央委員会，後任常任書記アラリー [iv]
1884 年 6 月	中央委員会事務局の改組　アラリーを助けるためにクーフェの任命 [v]
1884 年 8 月	8 月 12 日
	中央委員会　クーフェ中央委員会への報告 [vi]
1884 年 9 月	労連傘下組合員への報告公表 [vii]

注）i) T.F. N.59.　ii) T.F. N.71.　iii) T.F. N. 63.　iv) T.F. N.64.　v) T.F. N.66.　vi) T.F. N.70.
vii) T.F. N.71.

され，後任にアラリーが就き，クーフェがこれを助ける立場から実質的に事件解明の責任者となった。クーフェによる中央委員会での報告は，「マンテルの管理に対して代表代理（クーフェ）によって再組織の仕事（手紙と収支決算の精査と分類等々）がなされた。連盟の全ての仕事に無秩序が支配しており，通信，新聞，財政いたるところに重大な不正が有り，連盟から加盟組合の離脱，加盟組合から多く組合員の脱退の脅威を引き起こした」とする。これを受けて，マンテル解任決議がなされ，中央委員，賛成 11，棄権 4，中央委監査委員，賛成 3，棄権 1 で採択された（T.F. N.70.）[9]。9 月 16 日付機関紙は，組合員に対する中央委員会の報告を公表した。「1 人の役職者が，あまりにも長く盲目的であった信頼を悪用して，連盟の仕事を混乱に陥れた。2 年間にわたって常任書記を

---

9)　中央委員アラリーと，監査委員ルグランの棄権が注目される。

務めたマンテルについて，午後の稼ぎを犠牲にして会議に出席している中央委員会の他のメンバーは，労連が満足のいく確かな生活を与えたその常任代表がきちんと仕事をしていると信じた」。「クーフェによる組織再建の過程で，手紙の未整理，機関紙の未配，遅配，会計システムの欠如が明るみに出た」。「前中央委員会と中央委員会監査委員会の責任である」（T.F. N.71.）と。

　事件が書籍労連，パリ植字工組合との関連で持った意味の検討は以下に譲るとして，ここでは，R. デダムがこの事件を他の同種事件と並べていることに注目したい[10]。前章で指摘したように，1882 年にリヨン書籍組合において，3 年間にわたって代表を務めたショレ[11] が，生産協同組合設立資金を横領するという事件が起こった。また，1843 年にパリ植字工組合の初代議長デュボアが組合資金を横領している。これらの事件，また，マンテル事件で明らかになったずさんな組織，資金管理，あるいは監査システムの不備は，労働組合の設立期にあるフランスにおいて，組合管理に対する不慣れ，また，人材不足があったことを示唆している。クーフェはこの組合の組織・管理者としての能力を認められ，事件の後始末を委ねられたのであった。それをやり遂げたことに，中央委員会が，次のように謝辞を表明したことは見落とせない。「中央委員会はマンテルの怠慢に関する調査において，クーフェ氏が与えられた役割を良心的，献身的に果たしたことに感謝する」（T.F. N.71.）と。クーフェによる書籍労連の主導権掌握にあたって，この組織能力と，組合員によるその承認は決定的要因の一つとなったとしてよい。

(2)　アルマーヌ派，ユニオニストの対立とクーフェ

　マンテル事件は，書籍労連とパリ植字工組合にすぐさま重大な結果をもたらした。表 4-4 に沿って確認する。まず，それまでほとんど開店休業状態にあった中央委員会監査委員会が，1884 年 6 月以来の第 2 回報告を出し，中央委員会との対立姿勢を鮮明にしたことである。それは上記組合員向け中央委員会報

---

10)　R. DÉDAME, *op. cit.* p. 63.
11)　デダムは Charet とする *Ibid.* が機関紙では Choret である。

表4-4　マンテル事件をめぐる経過 Ⅱ

1884年10月	中央委員会監査委員会第2回報告　中央委員会と中央委員会監査委員会の対立[i]
1884年11月	中央委員会改選（パリ植字工組合）　アルマーヌ及びアルマーヌ派の進出
	アラリー 1064票　クーフェ 1006票　アルマーヌ 947票　ジオベ 803票ら11人[ii]
1884年12月	12月11日
	アラリー常任書記辞任　ジオベ代理
	12月18日
	圧倒的多数でクーフェが常任書記に[iii]
1885年1月	1月6日
	パリ植字工組合監査委員会
	マンテルに対するパリ組合からの7,315フランの貸し付けに関して，前代表ヴァレの召喚[iv]
1885年5月	5月10日
	パリ植字工組合総会
	会計専門家によるヴァレの会計についての報告
	ヴァレの金銭的責任免除の決議[v]

注）i）T.F. N.74.　ii）T.F. N.75.　iii）T.F. N.78.　iv）T.F. N.79.　v）T.F. N.88.

告の最後に，マンテル事件が「前中央委員会と中央委員会監査委員会の責任」であるとされたことへの反論であった。「全国大会の開催」，「中央委員会委員の任期を2年から1年に戻す」ことを要求し，「第2回大会が関連工組合代表を1人から2人に増やし，植字工の代表を相対的に減らした」と非難する。総じて「中央委員会の植字工委員が監査委員会の監査を否定しようとする」と言う。これに対して，中央委員会は「監査委員会の独立は尊重する」としながらも，「監査委員会が中央委員会を妨害し，現在の嘆かわしい状況についての責任逃れをしようとしている」（T.F. N.74.）とコメントした[12]。これ以降，中央

12）　書籍労連中央委員会と中央委員会監査委員会の関係は，一種の二重権力状態を示している。組合員の投票行動もそれぞれについて，対立する結果をもたらしており，

委員会監査委員会はユニオン派の拠点となり，ことごとく中央委員会と対立することになる。それとともに，事件の責任を取って解散した中央委員会選挙において，パリ植字工組合は，アラリー，クーフェとともに，アルマーヌとアルマーヌ派のジオベ等5人を選出したことである。さらに，1885年2月のパリ植字工組合における組合委員会選挙においては，アルマーヌ派が15人中8人を占めた。1884年2月25日に創刊された *Le Reveil Typographique* に拠ってマンテル批判の先頭に立ってきた結果である。当時フランス労働党の幹部の一人であったアルマーヌの介入は，書籍労連とパリ植字工組合に大きな波紋を投げかけ対立を激化させてゆくことになる。

　第2に，書籍労連中央委員会改選に伴う書籍労連の事務局改組において，最終的に，クーフェが常任書記となり，1920年までの長期にわたる在任の始まりとなることである。一時的にはアラリーが就任するがクーフェがそれを引き継ぐ。機関紙はこの経過について直接の説明を与えていない。そこに見られるアラリーの人物像がわずかな手掛かりを与える。J. アラリーは労連創設の中心人物であり [13)]，これまでの投票結果からしても，組合員から厚い信頼を受けていた。発表された論説は書籍労連の理論的支柱の一人であることを示している。8月には労働者代表として労働審判所委員に選出され高い社会的評価を受けていたことがわかる。アルマーヌ派の機関紙においても，「ジャーナリスト，良心的」(Re. N.29.) とされており，ユニオニストとは区別されている [14)]。ただし，女性労働問題やパリ植字工組合名称問題などではユニオン派に近い立場であり，8月12日中央委員会におけるマンテルの最終的な解任決議での棄権も

　　組合員の中に権力集中を嫌う傾向があったと言える。

13)　Cf. M. REBÉRIOUX, *op. cit.* p. 99.　メトロン辞典はアラリーについてもごく簡単な記述しか与えていない。J. MAITRON, *Dictionaire, T.10*. 1973. p. 121.

14)　　ただし，同紙には，アラリーがRalliement派であるとの指摘も見られる (Re. N.44.)。さらに，労働審判所委員選挙をめぐる議論において，アラリーが，アルマーヌ派を批判することもあった (Ra. N.10.)。第6章で見るように，後に，アラリーはユニオニストとしての姿勢を鮮明にしてゆく。

同様である[15]。マンテル事件処理にあたって，クーフェの援助を仰ぐことになったのは，組合内政治の立場からマンテルやその周りの人間，ユニオニストとのかかわりの深さが原因であろう。以下に見るとおり，パリ植字工組合に舞台を替えてこの問題は続き，ユニオニストとの対決が不可避となったことから，辞任に至ったと推測される[16]。他方，アルマーヌに近いとされるジオベが常任書記を一度引き受けたにもかかわらず，直ちにクーフェと交代したのはなぜか。この点についても，直接的説明はなく，アルマーヌ，アルマーヌ派とクーフェの関係全体から判断するしかない。第3節で考察する。

　第3に，パリ植字工組合を舞台とした，マンテルへの植字工組合代表ヴァレの巨額貸し付け，同時にパリ組合における会計管理のずさんさの発覚である。1885年に入り，1月6日，16日のパリ植字工組合監査委員会において，マンテルに対する7,315フランという巨額の貸し付けについて，前代表ヴァレの責任が問題とされる（T.F. N.79.）。クーフェによる「ヴァレがこの貸し付けの詳細を把握していないのに驚く。明白な保証なしにお金を貸した」（T.F. N.80.）との指摘に対して，ヴァレは「責任は代表にではなく委員会にある」（T.F. N.80.）と言い逃れを繰り返した。これをめぐって，一方で「ヴァレはだれかを窮地から救い出そうとしている」（T.F. N.80.）との批判や，中央委員会監査委員であるルグランらのヴァレ擁護の動きがある。1月25日の組合総会では，あらためてクーフェの問題指摘に続き，アルマーヌが「ヴァレがマンテルを守ろうとしている」（T.F. N.81.）とする。事態解明のための5人委員会が任命され，3月22日総会に報告がなされる（T.F. N.84.）。また，5月10日総会において，会計専門家によるヴァレの会計についての報告で，「帳簿のでたらめ」さが指

---

15)　マンテルが最後に出席したパリ植字工組合監査委員会におけるアラリーの次の発言も両者の関係を示唆する。「マンテルは委員会には来ていないが，支部には来ている。私が行動する前に忍耐強く待ったのは友情からである」（T.F. N.73.）と。

16)　さきに指摘したとおり，クーフェの側からの働きかけの可能性も否定しえない。しかし，アラリーが同意しなければ，クーフェの常任書記就任はなかったのであり，ここでは，アラリーの事情で辞めたと考えておく。

摘される。これを受けて，最終的には，ヴァレの責任を問う動議で，「誤りは
あるが，金銭的責任は問わない」との提案が，221 対 196 で採択され，この問
題に決着がつけられる（T.F. N.88.）。ここでも，当時のフランスにおいて，最も
組織力を誇っていた組合の一つであるパリ植字工組合の組織運営，とくに会計
管理とその監査が全くずさんであったことが示される。マンテル事件との共通
性は明らかであり，単に個人の資質に還元すべき問題ではなかったのである。

第 2 節　書籍労連，パリ植字工組合における内部抗争と
植字工の階層構造

(1)　革命主義か階級協調か――アルマーヌ派，ユニオニストの基本姿勢

　書籍労連，パリ植字工組合におけるアルマーヌ派，ユニオニストの対立抗争
は，以上見てきたマンテル事件とヴァレ問題をきっかけとはしているが，植字
工を中心とする書籍労働者にとっての労働組合のあり方，その運動方針の相
違，対立を表現するものであった。さらに，そこには，とりわけ植字工内に存
在する階層構造が反映していた。パリ植字工組合内において激しい議論が引き
起こされ，地方支部にも波及し[17)]，書籍労連第 3 回全国大会に集約されるこ
とになる。両派の対立は，まず，革命主義か労使協調かという基本方針，それ
とかかわる書籍労連，パリ植字工組合のあり方をめぐる議論と，次いで，より
具体的な，1884 年に成立した職業組合法，女性労働者の組合加入，アムニスティ
（離脱組合員の復帰承認），労働者生産組合，commandite と呼ばれる労働組織を
めぐる議論に分けることができ，この順で検討する。両派の機関紙の創刊号は，
それなりに基本的方向を示そうとしているが，体系だったものとは言えない。

---

17)　二分派の機関紙は地方からの情報も提供しているが，パリ植字工組合についての
　　情報が多くを占める。書籍労連中央委員会が第 3 回全国大会に向けて事前の意見
　　集約を実施し，また，大会で地方代表が積極的に意見表明をしているとはいえ，そ
　　れぞれの地方組合における議論の全体を明らかにする点では制約がある。本章での
　　検討もパリ中心となる。

両派の機関紙[18]と書籍労連の機関紙における，論説，種々の会合での発言から整理する。

　両派の議論を検討する前に，同じく分派と言っても両派の性格が異なっていたことを指摘しておこう。アルマーヌ派は，社会研究植字工サークル（le Cercle typographique d' études sociales）を組織し，このサークルは，労働党（le Parti ouvrier（Fédération des Travailleurs socialiste de France））に属し，したがって社会主義を公然と標榜していた。Réveil 創刊号によると約 20 人のメンバーがいたとされる。ユニオニストからはサークル派（cerclards）などと呼ばれた。アルマーヌは，1884 年，1885 年の Réveil 紙のほとんどにおいて，巻頭論説[19]を書いており，また自派の集会，書籍労連中央委員会，第 3 回大会，パリ植字工組合総会などで前面に立って発言する。このアルマーヌの下に強く結集した分派であった。本書での呼称として，レヴェイユ派，サークル派も考えられるが，以上からアルマーヌ派とする。これに対抗したのが，ユニオン（L'Union des Cahmbres syndicales ouvrieres de France）に結集することからユニオニストと呼ばれた[20]分派である。Réveil 紙によって，ユニオンのスポークスマンとされた（Re. N.1.）パリ支部委員会のブロワンが，機関紙 Ralliement への寄稿，

---

18)　Réveil 紙は月 2 回刊，Ralliement 紙は月刊。ともに 4 ページ建て。Ralliement 紙の第 7 号第 3 回大会特集のみ 8 ページ。パリ植字工組合総会，同監査委員会での議論の紹介が大きな比重を占める。Réveil 紙ではアルマーヌの論説が中心，ほかにパルロらが寄稿。Ralliement 紙ではブロワンの論説が目立つ。また，Lettre du Cytoyen Coupe-à-Tout à son oncle boniface　と題する 4 つの連作は，アルマーヌ派の甥からユニオニストの叔父への手紙の形をとり，比較的正確に両派の見解を紹介している。第 4 号では，アルマーヌ派サークル主催の集会の宣伝も紹介している。以下に見るように，アルマーヌ派が批判者として登場するのに対して，ユニオニストはこれを分裂策動とし，表面的には融和的姿勢を示していた。

19)　アルマーヌの論説は，具体的な事柄を掘り下げるというより，語彙豊かな煽動文の性格が強い。また，その演説も，聴衆を魅了した（Re. N.35.）が，知識人に忌避されることもあった。例えば，アヴィニョンでの講演において，「即興で 1 時間以上の熱のこもった話をした。いわゆる知的仲間がこの集会に無関心であったのは残念」とされる（T.F. N.93.）。

20)　自称ではなく，アルマーヌ派が unionard と呼んだ（Re. N.34.）。

各種集会での発言などで目立つ。また，ルグランが書籍労連中央委員会監査委員会を拠点に積極的にリードする。しかし，2人ともアルマーヌのようなカリスマ性はなく，パリ組合の古参組合員が中心になった緩やかな組織と言える。アルマーヌ派が，組合組織の現状を批判して登場したのに対して，ユニオニストは，アルマニストが組合に分裂をもたらしたことを批判し（Ra. N.1, N.7.），旧体制の維持を主張する[21]。

　運動方針の基本，組織の根本性格についての自己規定，他者規定を検討しよう。Ralliement 紙に掲載された論説の以下の2つの叙述は，資本との協調が両派の決定的対立点であるとの認識を示す。「パトロンと労働者，資本と労働のユニオンについて，一部にはその可能性を信じない人々がいる。資本の廃止や，資本の労働への従属を夢見る人々は頭がどうかしている。我々の考えを要約すると，資本と労働のユニオンは可能であり，また必要である。両者の争いは，全ての利害関係者にとって致命的である」（Ra. N.8.）。あるいは，「書籍労連機関紙冒頭の中央委員会の欄に，しばしば愚策が載る。もちろんサークル員の。そこではパトロンに対する戦争が宣言され，恐ろしい復讐について語られる。富は盗みによるものとされ，全ての人が人でなしの搾取者であるとされる」。「我々は，誰も罵ることなく，協定，和解，相互理解を目的とする」（Ra. N.10.）[22]。これに対するアルマーヌ派の主張も，この問題が中心的対立点であると考えられていたことを示す。「資本と労働のユニオンを説き，我々をユートピスト，暴力主義者とする人々に対して，我々は，「奴隷根性主義に導くあなた方には決して従わない」と言う」（Re. N.41.）。アルマーヌ自身が，ル・マンでのストライキとロックアウトについて「このロックアウトは，資本家と労働者の同盟を夢見る盲どもに新しい1つの教訓。救いは力とよき意図の労働者の結集にある」（Re. N.42.）とする。また，「アメリカ合衆国の植字工組合が，

21）　第4号では，とりわけアルマーヌに分裂の責任を負わせる（Ra. N.4.）。第3号では「分裂に組合員がうんざりしている」（Ra. N.3.）とも言う。

22）　第3号にも，「賃金の統一，パトロンの廃止」などの革命的綱領を掲げているとの記述を見る（Ra. N.3.）。

……賃金維持のための闘争ではなく，土地，労働手段の占有を目指す闘いを組織」(Re. N.38.) することを評価する[23]。

したがって，まず，ユニオニストを労使協調主義，アルマーヌ派を資本の廃止を目指す革命主義としてよい。ただし，労使，あるいは労資[24]の協調，対決と言ってもそれは明確なずれを伴っていた。ユニオニストの代表的論客ブロワンは Réveil 紙への手紙で，「無政府主義的集産主義者や，ポシビリストの利益を植字工の職業的利益の上に置く人は書籍労連の真の敵である」(Re. N.43.) とする。また，「幾人かの人々が組合を政治的踏み台にしようとしている。組合は，職業的利益を守り，改善するために設立された。大部分のメンバーは政治的活動家と手を切ることを望んでいる」(Ra. N.1.) と[25],[26]。ユニオニストは植字工の利益を第一義とし，資本との協調は，まず直面する印刷業主との協調であった。その意味では，ユニオニストをコルポラティストと規定することができる[27]。これに対してアルマーヌ派は，「職業的闘争と資本主義に対する

---

23)　アルマーヌの次の叙述も同趣旨である。「パトロンに対する闘争，la commandite égalitaire による労働の合理的組織，人間による人間の搾取の終了を目指しながら，労働者による労働者の搾取の終了，これらはユニオニストの仕事ではない」(Re. N.37.)。労使混合委員会を否定する記述も同様である (Re. N.38.)。アルマーヌについては，第5，6章で検討する。

24)　どちらかというと，ユニオニストが労使協調，アルマーヌ派が労資対決と言えるが，厳密に使われてはいない。本書での扱いにおいても厳密に区別する必要はないと考える。

25)　次の叙述も同趣旨である。「我々（ユニオニスト）は，植字工の現実的で明白な利益にとって，可能で有用な改良しか望まない」(Ra. N.3.)。もちろん，彼らが結集するユニオンは全産業を含みうるものであり，正確に言えば，それぞれの産業における労使の協調であり，その総和として全資本と全労働との協調ということになる。ここでは，個別産業での協調を重視したことを強調しておく。

26)　ユニオニストがストライキを全面的に否定しているかどうかは確認できないとしても，肯定的ではなかった。Ralliement 紙にはストライキを避ける手段として労働者生産組合を重視する記述が見られる (Ra. N.5.)。もとからあった彼らの労使協調主義が，この時期にはより鮮明になったと言える。

27)　R. デダムは，むしろクーフェをコルポラティスムの代表とする。Cf. R. DÉDAME,

賃金労働者のより大きな闘争を同時に行う」（Re. N.1.）とする。また，「Réveil
紙発刊の目的は，職業的な利益の追求と，それにかかわる政治経済的利害の追
求である」（Re. N.38.）と[28]。アルマーヌ派は植字工の職業的利害を追求しなが
らも，それを全労働者の運動と結びつけようとしていた。彼らの言う資本との
闘争は，印刷業主を含むとはいえ，総資本を対象とするものであった。

　ここで留意すべきは，アルマーヌ派の革命主義の内容である。ユニオニスト
はしきりにアルマーヌ派の暴力主義を取り上げるが，アルマーヌ自身直ちに暴
力を持ち出しているわけではない。アルマーヌの革命主義を理解する上で，次
の主張が持つ意味は大きい。「書籍労連の強化が必要。それとともに，それ以
上に，全産業労働者の連合（association）が必要。それができれば，資本は闘
いなしに打倒されるであろう」（Re. N.44.）。つまり，植字工の利害を第一とす
るユニオニストのコルポラティスム的傾向に，全労働者の連帯を対置する。そ
れが実現されれば，資本との闘いに暴力も不要であると信じていたようにさえ
読み取れる。また，個別的ストライキを労働者，資本家ともに打撃を与えるも
のとして否定している点も注目される。すなわち，「あちこちで生ずるストラ
イキは両者ともに打撃を与える。勝利と敗北を交互にもたらすだけ」（Re. N.44.）
と。実践的にも，ブザンソンのストライキにかかわって，中央委代表として派
遣されたアルマーヌは，ストライキの収拾を図るためにパトロンとの交渉にあ
たるのである[29],[30]。アルマーヌ派がストライキを煽ったとは言えない。とは

---

　　op. cit. p. 64.　定義の問題でもあるが，ここでは職業（corporation）の枠に閉じこも
　　ろうとするユニオニストをコルポラティストとする。後に見るようにクーフェはプ
　　ロレタリア・ポジティヴィスムに基づいて全労働者の連帯を強調する点では，アル
　　マーヌ派に近い。

28)　また次のようにも言う。「抵抗を，相互扶助だけではなく，経済的無政府をやめ
　　させることの解明にも取り組まねばならない」（Re. N.38.）。

29)　他にも，アジャンのストライキの動きについて，アルマーヌの「認められない」
　　との発言が見られる（T.F. N.88.）。Réveil 紙には，明確にストライキを否定する論説
　　が掲載される（Re. N.45.）。

30)　アルマーヌが「私がいま行っているのは社会主義ではなく組合活動である」（Re.
　　N.25.）とするとき，彼が立場を使い分けているようにも見える。しかし，以下の議

いえ，1885年3月に始まり，7月まで長期にわたったブザンソンのストのみならず，各地でストライキの動きがあった。組合員の中にある資本との対決に向かう潜在的傾向は否定しえず，アルマーヌ派の資本との対決は，やはり，これを源泉としていたと言うべきである[31]。

　ところで，ユニオニストがアルマーヌ派を「革命主義」とするとき，その内容は，「反資本」，「暴力」などのレッテルを除くと，むしろ議会への労働者代表の選出を目指す議会主義批判であった。Ralliement 創刊号で，ブロワンは，パリ植字工組合委員会による労働党大会への代表派遣決定を批判する際に，その決定的理由として，この大会プログラムが，「ブルジョワの候補に対抗する労働者党の候補者の必要性，労働者候補の勝利のための組合間の協定」(Ra. N.1.)を含んでいることを挙げる。同じ号で，パリ植字工組合においてアルマーヌが，「各種選挙でブルジョワ候補に対して労働者の候補を立てる準備をせねばならないと言った」(Ra. N.1.)ことが，コメントなしに当然否定されるべきものとして紹介される。また，アルマーヌ派を批判した次の叙述も彼らの考えを典型的に示す。すなわち，「解明しなければならない別の点は，植字工組合への奇妙な政治的要求の闖入である。組合員を投票家畜と考えている」(Ra. N.3.)と。議会選挙での投票についてユニオニストが拒絶的ともいうべき態度を示していることが注目される。選挙についてユニオニストの積極的発言はほとんどなく，「我々は選挙による改善を考慮しながら，フランス社会の現在の組織に与する」(Ra. N.1.)が唯一であることからすると，政治レヴェルで明確な労資対決を避けようとしていたと考えるべきである。Réveil 紙上で，アルマーヌ派幹部の一人パルロが，「ユニオンは国家と警察の仲介者である」(Ra. N.37.)とする。また，「ユニオン L'Union des Chambres syndicales は，一つの政府お抱

　　会主義でも同様に確認できるように，彼の革命主義は少なくともこの時点では，平
　　和的なものであった。
31)　ブロワンは，アルマーヌ派が「1878年のパリでのストライキの際に妥協の試みを
　　排除した」(Re. N.43.)とする。その根拠は別として，ユニオニストはアルマーヌ派
　　をストライキ主義者と見ていたことを確認できる。

え機関である」(Ra. N.32.) との指摘も見られる。これらが，どのような事実に基づいて言われていたのかは不明であるとはいえ，ユニオニストがブルジョワ政党との対決を回避することが根拠にされていたことは確かである。

ユニオニストが批判したアルマーヌ派の議会主義は，「労働者による労働者の解放」という彼らの基本方針の下に，ブルジョワジーに対抗して，労働者代表を議会に送ることであった。しかし，次のような現実認識も披露される。「普通選挙にもかかわらず，労働者が国民の多数を占めながら，議会代表を持てていない。あきらめるべきではない」(Ra. N.40.) と。また，「フランスの選挙民が選挙権を十分に利用しえていない」(Ra. N.40.) と。さきのアルマーヌの「全フランスの労働者の連合が実現できれば，資本を倒せる」との主張と響きあうものであり，選挙民の多数を占める労働者の自覚によって議会を，ひいては社会を変えることができると考えられていたと言える[32), 33), 34)]。

ユニオニストのコルポラティスムは，書籍労連軽視，パリ植字工組合第一という彼らの組合組織論と結びついていた。書籍労連中央委員会監査委員会は，その3回目の報告において，書籍労連中央委員会の所在地をパリ以外に移すことと，中央委員会と中央委員会監査委員会の毎年の改選を提案する (T.F. N.92.)。これに基づき，第3回大会において，監査委員ルグランは「組合員が増えないのは，パリに中央委員会があるからである」としてリヨン移転を提案する。リヨンの反対もあり，これは圧倒的多数で否決されるが，ルグランは，議論の中

---

32) ただし，「人民の休眠状態」と題する論説では，1848 年，1851 年，1870 年における労働者大衆の動向について批判を加えている。さきの引用とも併せ，アルマーヌ派のエリート主義もうかがえる。フランス人の「追従気質」を批判する論説も興味深い (Re. N.40.)。

33) 少なくとも，この時点での彼らの革命主義は，このようなものであった。ゼネストと結びつけられる「革命主義」の検討は，後に譲らざるをえないが，上のものとそれほど大きな違いはなかったと予想する。

34) 議会代表にかかわる，「我々の目的が達せられた際の改革として，1 年間委任を確立し，議員に 4 年間自由にさせない」(Re. N.40.) との指摘は，断片的ではあるが，彼らの議会主義が直接民主主義的傾向を持ったことを示唆する。

で，書籍労連中央委員会が不要であるとさえ言う（T.F. N.96.）。あるいは，第 3
回大会決定に基づく地方選出中央委員の選挙にあたってのユニオニストの回状
で「完全な自立を行動指針とする」ことがうたわれ，アルマーヌ派はこれを，
書籍労連不要論，「書籍労連と手を切る決意」（Re. N.44.）と受け止めることに
なる。また，Ralliement 紙の書籍労連第 3 回大会向け特集において，「パリ支
部は，書籍労連から利益を得るよりも，失望を味わってきた。パリ支部はいつ
までも書籍労連の雌牛たりえない。書籍労連への加入の可否を問うべき」（Ra.
N.7.）との論説が掲載される。書籍労連機関紙に対しても批判が向けられる。
生産協同組合に必要な貯蓄のために「*Typographie française* の強制的予約の廃
止を求める。読者の要求が無視されており，機関紙編集の利益はほとんどない」
（Ra. N.5.）と。このユニオニストの動きは，書籍労連指導部への彼らの影響力
低下から生じたご都合主義的な面もあった[35]が，根底には，パリ植字工の利
害を優先し，植字工以外の関連工をも組織する全国組織である書籍労連を二義
的に扱う基本姿勢があった[36]。

　パリ組合の名称問題がこの点をより明瞭にする。すなわち，第 3 回大会決定
を受けての 10 月 27 日のパリ組合規約委員会において，クーフェやアルマーヌ
派のパルロによる Fédération des travailleurs du Livre — 21section 案，つまり
パリ植字工組合の名称をフランス書籍労連 21 支部とする案が否決されたので
ある[37]。ルグラン，ブロワンはパリ組合の自立性の観点から旧名称を支持し
た（Ra. N.9.）[38]。これ自体が書籍労連軽視ではあるが，次の 1 委員の発言は，

---

35)　ユニオニストが，書籍労連中央委員会へのパリ植字工組合のオブザーバー参加が
　　取り消されたことに抗議した際に，1885 年 6 月 4 日の中央委員会では，「2 年半だ
　　れも出席していない」（T.F. N.90.）との指摘を受ける。

36)　Ralliement 紙 6 号では，「関連工組合を入れることが不和の原因」とされる（Ra.
　　N.6.）。また，同 7 号では，関連工組合の書籍労連中央委員数が組合員数に比べて多
　　すぎるとされる（Ra. N.7.）。

37)　クーフェによる「パリ植字工組合は書籍労連に属する」との提案も多数で否決さ
　　れた（Re. N.42.）。

38)　アラリーは，「中央委のメンバーであり，労連の支持者ではあるが現状維持に投

問題が単なる名称にとどまるものではないことを示して重要である。すなわち，「労働組合 (la chambre syndicale) は，パトロン組合 (la chambre patronale) との交渉に限定されるべきであり，書籍労連の名を入れてパトロンを怯えさせるべきではない」(Re. N.41.) と。つまり，パリのパトロンとの協調こそが何よりも重視されていたのであり，ここに彼らのコルポラティスムの本質が示される。

　ユニオニストは，書籍労連，パリ植字工組合を所有物のように扱うこともあった。そこに，彼らの組合組織についての姿勢があらわになる。パリ植字工組合の金銭的管理の責任を問われた際に，前代表ヴァレは，「私は書籍労連の設立者であり，いわば父親である。それを食い尽くすなんてことはしない」(Re. N.23.) と開き直る。さらに次のような発言。「植字工たちは，君たち（アルマーヌ派）が赤ん坊の頃に，レジスタンスの名の下で組合のために大きな人的金銭的犠牲を払った」(Ra. N.3.)。「1人の代表の行動に対して我々に連帯責任をかぶせようとする。判決は下っており，たとえ浪費があったとしても我々のお金である」(Ra. N.6.) と。これに対して，アルマーヌ派は次のように反発する。「これまでの組合指導者は，指導権を相続財産権のようにみなしてきた」(Re. N.28.) と。また，8月16日の総会成立を，「我々の組合の金持ちの支配から，貧乏人の支配への転換」であるとし，「前者は，組合を踏み台にし，組合員を，領主が貧農を農奴と見るようにみなした」(Re. N.37.) とする[39]。ここからは，あらためて，マンテル事件やヴァレ問題は，単に，彼らの組合管理，財政管理に対する無能力，無責任にとどまるものではなく，組合に対する彼らの根本姿勢の結果でもあることが確認される。と同時に，組合員内部にある種の階層構造があったことも示唆される。この点については，具体的な問題につ

　票する」(Re. N.41.) とした。アラリーのユニオニストとの近さとともに，パリ植字工組合でのユニオニストの影響力の大きさを示す。

39) 私物化とまでは言わないとしても，次の叙述も，ユニオニストの古参幹部に対するアルマーヌ派の反発を表現している。「労働組織について語る権利を得るためには，年齢制限があるのであろうか。commanditaire のシステムを擁護するためには，60歳を越え，労働審判所委員のやり方に通じていなければならないのであろうか」(Re. N.32.)。

いての両派の立場，見解の検討で一層明らかになる。

(2)　ユニオニストによる周辺労働者の排除，アルマーヌ派による上層労働者批判

1884年職業組合法は，組合役員の名簿提出を条件として労働組合を合法化した。アルマーヌ派は，ストライキに伴う暴力行為に対する刑罰条項，すなわち刑法414，415条を残したこと，外国人の組合役員就任を禁止したこと（Re. N.34.）を主な理由に，「組合を飼いならそうとする法律」（Re. N.30.）であり，「組合（association）の完全な自由とインターナショナルを祝福しうる日まで，1884年法は警察の手段」（Re. N.34.）であるとして，これに従うことを拒否し，さらには，その廃棄を求める[40]。その上で，パリ植字工組合が中央委員候補者リストから外国人を除いたことに抗議する（T.F. N.74.）。ユニオニストは，これに対して，欠陥や不都合を含む可能性はあるが，受け入れた上で修正できるとする（Ra. N.5.）。

この問題にかかわるユニオニストの以下の発言は注目すべきである。ブロワンは，まず，「半世紀以上も労働者グループによって要求され」，「法律の検討中に監査委員会の下に代表団，アラリー，ブロワンらが選ばれ，内務大臣と折衝し，成立すればそれに従うと約束した」（Ra. N.5.）と，成立への強いかかわりを明らかにする。ここには，政府に意見を表明する労働者代表としての自負とそれに対する承認要求がうかがえる。刑事罰の残存については，暴力の否定であり，「まじめな労働者はこの条項を恐れない」（Ra. N.5.）として，アルマーヌ派を暴力主義と結びつけ，法律の受け入れを正当化しようとする。外国人組合役員の排除に関しては，組合から外国人を排除するものではなく，「植字工中には，外国人は8分の1しかいないが，多数を占め直ちに組合を乗っ取ってしまう可能性のある分野もある」（Ra. N.5.）ことを理由に肯定する。しかし，ブロワンは，さらに，「インターナショナルの再構成に巻き込もうとする動き」

---

40)　1885年1月25日パリ組合総会でのアルマーヌの発言（T.F. N.81.）。

への反対に絡めて，「書籍労連は，もっぱらフランス人から構成されるべきである」（Ra. N.6.）とする。ユニオニストの機関紙には，露骨な排外主義，とりわけ反ドイツ主義の言説が多数掲載される[41]。ブロワンの発言は，この潮流を代表するものと，とりあえずは言える。しかし，現実的役割として，外国人労働者の排斥そのものではなく，8分の1を占めるその存在を前提しながら，組合役員，さらには組合から排除して，彼らを周辺労働者化する言説でもあると考えるべきである[42]。

女性労働者問題。これまで，植字工組合は，女性植字工の存在そのものを認めない立場から，女性を雇用する印刷業者を排斥（indexにかけ）して組合員の雇用を認めず，新たに女性を雇用しようとする場合には，組合員の離職をストライキとして認め，スト手当を支払ってきた。にもかかわらず，パリとその近郊では女性植字工は2,000人に上り（T.F. N.81.），また，地方にも女性雇用が波及して頻発するストライキの原因の一つになっていた。ユニオニストは，旧来の方針の維持を主張する。第3回大会に向けた特集の機関紙において次のように言われる。「これらの夢想家は女性を組合に，したがって職業に入れることを勧める。これに反対する40年間の闘いはどうなるのか」（Ra. N.7.）と。また，同じ号で，ブロワンは，「女性を我々の隊列に入れることに反対する。男性を路頭に迷わせ，悲惨を一般化するものである」（Ra. N.7.）と。組合の力だけでは排除しえないことから，国家に対して，印刷業を危険業種に認定させることが求められた（T.F. N.77.）。ユニオニストの議論は，組合員，植字工の中に根強い性別役割分業論に基づいて女性を排斥しようとするものであり，前章で見

---

41) Cf. Ra. N.4, 5, 9, 10. 第3回大会の宴会でプロイセン代表のあいさつを受けたことを，「1870年を忘れたのか，ドイツを倒せ，フランス万歳」とする論説も見られる（Ra. N.8.）。Réveil紙によると，2月3日の監査委員会においてビウールが，愛国心に燃えて，外国人労働者を激しく非難し，彼らから組合員の権利の一部を奪う法律を称賛した（Re. N.24.）。当時のフランス労働組合内に強い排外主義的傾向が存在したことは別途検討の必要がある問題である。

42) 書籍労連第3回大会において，彼自身外国人であるポンピリオは，パリに500人以上の外国人書籍労働者がいるとする（T.F. N.92.）。

たアラリーの論説に依拠している[43]。しかし，現実には，すでに大量存在となった女性労働者を排除することはできず，組合加入を認めないことは，男性労働者と女性労働者の階層構造を容認する役割を果たすことになる。

　アルマーヌ派は，上のユニオニストの主張が，問題を印刷業に限定し，組合活動を職業の枠に閉じ込めることを批判し，全産業に共通する社会問題と捉えるべきであるとする。機関紙 Réveil の代表的見解は以下のとおりである。印刷業における女性問題は植字工の問題であると同時に社会問題でもある。現代社会では，女性の労働が強制されており，ミシンが女性を追い出し，植字工にさせる。これまで女性を排除しえなかったのであるから戦術を変更すべき（Re. N.27.）と[44]。クーフェの友人ブルトンは，この点を共有しながらも，さらに，女性労働そのものを積極的に肯定する。「女性の印刷業への流入は，工業化と女性の教育普及の結果であり，女性には生きる権利がある。これまで問題はエゴイスティックに職業の観点からしか扱われていない。社会的利害の観点から見るべき」（Re. N.36.）と[45]。

---

43)　アラリーを直ちにユニオニストとすることはできないが，女性問題では彼の論説がユニオニストに利用された。パリ植字工組合では，1885年2月22日の総会で女性の受け入れを決定し（T.F. N.82.），880対671で組合員の投票によって確認された（T.F. N.84.）。しかし，地方支部の多くはこれに強く反発した。ナント支部はこの問題での意見の対立から1年もたたないうちに労連を脱退した（T.F. N.78.）。ルーアン支部は反対の手紙（T.F. N.83.）を送り，ヴェルサイユ支部も抗議した（T.F. N.84.）。中央委員会が機関紙に意見発表の欄を設定したがここでも反対意見が多く見られた（T.F. N.90, 91.）。Réveil 紙には，女性が独自の組合を結成すべきとの主張もあった（Re. N.43.）。

44)　労働党大会でアルマーヌが議論を社会問題に引き戻し，女性の権利を守る必要性を訴えた（Re. N.35.）との記事も同様である。第30号では，自由投稿において，男女同一賃金の実現を求め，「我々が彼女たちを受け入れなければ，彼女たちは組合を疑うであろう」（Re. N.30.）と。

45)　ブルトンが積極的アルマーヌ派であったかどうかは不明である。また，このような進歩主義がアルマーヌ派全体にいきわたっていたとも言えない。しかし，さきの引用にも見られるように，工業発展の現実を受け入れざるをえないとされており，ブルトンの主張がこれに親和的であったことから掲載されたのである。「女性が仕

特赦アムニスティ問題。これは，組合に加入したが，組合費が払えなくなって脱退を余儀なくされた元組合員の再加盟を認めようとする問題である。アルマーヌ派は，「組合外の人々を敵とみなすことなく，寛容の精神で迎え入れること。アムニスティに投票したのはその精神から」(Re. N.30.) と，広く，無条件に認めることを提案した [46]。スト破りを加入させるべきではないとのユニオニストに対し，「貧しい人々の卑劣な行為は，彼らに責任があるのではなく，失業時のパンを保証しない我々の組織の欠点である」(Re N.45.) と反論する。ここからも示唆されるように，対立の根底には，比較的豊かな組合員と貧しい組合員の存在があった。直接アムニスティにかかわるものではないが，アルマーヌの以下の叙述がそれを端的に示す。彼は，パリ植字工組合において，「わずか2か月の滞納で総会から締め出す」ことを批判し，「それは，労働者の口から出てはならない，「貧しいものは黙れ」である」(Re. N.45.) とする。また，Réveil 創刊号に，パリ植字工組合規約82条が，役員選挙資格を5年以上の組合員歴とすることが，貧しい組合員を排除するものである（Re. N.1.) との批判を載せることも同様である。これに対し，ユニオニストはとくにストライキ中の脱退を問題とし，条件を付け，受付期間を制限しようとした。次のようにアルマーヌ派を批判する。「アムニスティについてサークル（アルマーヌ派）のやり方は，組合費の滞納のある人々に脱退して改めて入りなおすことで滞納がなくせるとする」(Ra. N.7.) と。結局，アルマーヌ派は，「組合員を増やすのではなくサークルの隊列を増やそうとしている」(Ra. N.6.) とする [47], [48]。外国人組合員問題，女性の組合受け入れ問題と並んで，アルマーヌ派が組合の隊列を可能な限り広げることを追求するのに対して，ユニオニストが，フランス人，

事を選ぶ権利がある」(Re. N.35.) との論説もある。

46) さらに，8月16日のパリ組合総会についての論評（Re. N.37.)。

47) リヨン支部からの情報として，「札付きの組合破りが，リヨンでは受け入れられないので，パリでアムニスティを受け，リヨンに戻って労連手帳を見せびらかす」(Ra. N.2.) を紹介する。

48) この問題でも，パリ植字工組合支部総会で採択され，組合員の投票で承認されたが，地方支部からは反発が見られた。

男性，組合費を払える労働者とその枠を制限しようとしていることを確認でき
る。

　労働者生産組合について。ユニオニストは，次のように，労連中央委員会が
規約に基づいてこの手段を促進しないと批判する。「彼らはこの項目を適用せ
ず。生産組合を試みようとする支部を励まし，和解が不可能な時に，抵抗の手
段として使えるならもっと上手く行っていたであろう。例えば，ブザンソンで
労働者印刷所を設立できていれば，パトロンを譲歩させえた」(Ra. N.5.) と [49]。
また，「生産組合が設立されないだけではなく，労連の先頭に立つ幾人かが，
パリ新印刷所の失敗に拍手するのを見て驚く」(Ra. N.1.) と。これに対して，
第3回大会の議論において，アルマーヌは，「多くの組合員は，生産組合の良
い結果を信じていない。労働者の解放の効果的手段なら発展させねばならない
が経験が少なすぎる」(T.F. N.96.) と，消極的態度を示す。さらに，ここにも
組合員内の階層構造が示唆される。Réveil 紙上に，「貯蓄による生産組合は，
生活の資を稼げない労働者にとって，慰めにもならない」(Re. N.37.) と，貧し
い組合員の視点からの批判が載る。また，危機に陥っているパリ新印刷所の経
営に対する批判は，組合を牛耳ってきたユニオニストを対象にしている。「一
方で，管理職員の過剰から巨額の一般費用が生じ，他方で，賃金の減額がなさ
れている」(Re. N.45.) と。さらに，「新印刷所を経営し，委ねられた蓄えを，
何の咎めもなく貪り食って損失を導いてきたすべての人々」(Re. N.32.) と。ア
ルマーヌは，パリ新印刷所のひどい経営によって，50万フランが消失しており，
組合の金に対する無関心があるとする (Re. N.43.)。

　これまでの検討で散見されてきた植字工間，組合員間の階層構造を当時の印
刷業における労働のあり方に結びつけ，より明瞭にするのが commandite をめ
ぐる対立である [50]。書籍労連機関紙によると commandite は，一種の労働者

---

49)　また，「リヨンを見習って，協同組合を設立せず」(Ra. N.9.) と。

50)　これまでの研究において，この問題はほとんど論じられていない。デダムは最初
　　の大会において，賃金の低下を阻止し，ある人々によれば労働者の状態からの解放
　　のための travail en commandite を発展させる議論がなされたことを紹介する (Cf. R.

集団請負であり，当時，パリにおいて，日刊紙に雇われる 800 人，また，多様な仕事をする 100 人がこの形で雇用されていた。しかし，必ずしも良い結果がもたらされていないことから規則を定める必要が認識され，パリ植字工組合内で議論が重ねられ（T.F. N.3.）[51]，規則案は 1882 年 4 月に承認を得た[52]。しかし，それ以降ほとんど議論とならず，1885 年になって，突然，二分派の争点として浮上する。Réveil 紙上では，アントワープ博覧会への代表派遣投票でアルマーヌが選出されたことが，「commanditaire の原理の勝利である」（Re. N.30.）とされる。また，支部委員会選挙での訴えにおいて，「問題は極めて明瞭であり，出来高組版と le commandite の 2 つのシステムの間での闘いである」（Re. N.31.）と。アルマーヌ派は，総会で承認された規則をユニオニストが廃止しようとしていると非難する[53]。

　アルマーヌ派の言説からは，commandite の内容は措くとして，彼らが何を問題としていたのかを知ることができる。まず，commandite に対置されるのが，出来高組版（la mise en page aux piéce），出来高仕事（le travail fait au piéce）であり，次いで，その担い手が組版工（metteur en page）であることが示される。la commandite と題する論説は，「多くの人が commandite を知らない。1 日に 15 〜 30 フランを稼ぐ組版工の利益を妨げるシステムである」（Re. N.33.）とする。この組版工について，Réveil 紙に掲載された手紙は，明示的である。「1 組版工によってなされ私がその犠牲になった言語道断なことについて抗議するために手紙を書いた。私が働いていた商会では，多くの商会でと同様に，組版

DÉDAME, *op. cit.* p. 60.）。本来であれば訳語を当てるべきではあるが，この内実が明瞭ではないことから本文中では commandite のままとする。

51) 1881 年に，パリ植字工組合において，commandite のための規則を作成する委員会が設置され，10 月 26 日の臨時総会にかけられて議論された。「1 グループ内の 1 個人のあまりにも絶対的な権威，経営者の悪しき意図，連帯の公平な感覚の欠如」がうまくいかない原因であるとされる（T.F. N.3.）。

52) この規則案が職場投票にかけられて，1,194 票で採択されている（T.F. N.12.）。

53) 「我々は，最後の希望を，出来高仕事の代わりに commandite の確立に見出す。……ユニオニストが多数派になれば，総会を減らし，規約を改正するであろう」（Re. N.31.）と。（Re. N.30.）にも同様の記述がある。

工は至高の長である」(Re. N.29.) と。さらに，これが組合支配と結びつけられる。「我々を今日まで指導し，支配してきたのは，出来高組版工や，ウルトラ保守主義の新聞植字工」(Re. N.31.) であると。さらに，別の論説は「多くのパトロンや組版工が，我々の commandite の規則の 1 条項を捻じ曲げて，ひっくり返す」(Re. N.36.) とする。アルマーヌはブロワンの手紙に反論して，「彼は義務的な commandite に対する闘いで，自分自身の利益を気にかけている。彼は，出来高組版工である」(Re. N.43.) と言う[54]。失業 Le Chomage と題する論説における次の指摘も同様である。「組合の中で支配的地位にいるのは，組版工，新聞植字工，図表組工などの賃金の高い，失業の心配のない人々である」(Re. N.26.) と。

　ここで取り上げられている組版工についてパリ植字工組合監査委員会選挙結果を論評する Réveil 紙に興味深い指摘がある。それによると，「ユニオンのスポークスマン」とされるブロワンを先頭に，ユニオニストの当選者に 6 人の請負工 (marchandeurs)，4 人の前請負工を数えるという (Re. N.29.)。また，別の号には，「ユニオンは大部分が請負工から構成されている」(Re. N.33.) との指摘もある。一般的には，marchandeur は独立した請負業者を指す。しかし，アルマーヌがブロワンを出来高組版工としていたこと，上記のように厳しく批判されている組版工が，この論評に全く出てこないことからすると両者が同一視されていたと考えるべきである。つまり，組版工は，企業内請負の担い手であり，それもまた請負工 (machandeur) と呼ばれたと。アルマーヌがたびたび請負を取り上げ，労働者による労働者の搾取として批判すること，パルロが，サークル主催の集会で，出来高請負についてスピーチしていること (Ra. N.4.) とも符合する[55], [56], [57]。

---

54)　Réveil 紙には，「出来高組版工の唯一の目的は，不公平極まる彼らの特権を維持すること」(Re. N.31.) との表現も見られる。

55)　ただし，アルマーヌ派の当選者にも 1 人の前請負工が見られ，クーフェの友人である V. ブルトンが組版工であった (Re. N.34.) との指摘があることなどからすると，アルマーヌ派や，その支持者の全てが下層労働者であったとすべきではない。メトロン辞典によると，アルマーヌその人が特赦でフランスに戻ってから，ある印刷所

ユニオニストの見解を見よう。パリ植字工組合委員会選挙での支持を訴える Ralliement 第2号の En commandite と題する論説は次のとおりである。「この機会に，我々を反 commanditaire と表現しようとする策略を終わらせる。……我々が認めることができないのは，その義務的形式である。……それは至るところで許されている自由な commandite の存在を脅かす。……それはパトロンの拒否に出会い，平等な commandite は支持者を得られないであろう」(Ra. N.2.)と。自由な commandite と，義務的，平等な commandite の，それぞれの詳細は不明であるとはいえ，ユニオニストは commandite そのものには反対ではなく，アルマーヌ派の主張する義務的 commanndite，平等な commandite に反対するというのである [58]。現状維持の主張であり，ここでも労使対立を避けようとしていることが注目される。次の叙述は，組版工による労働者支配，組合支配と結びつけることに対する反論である。すなわち，「Réveil 紙上では，請負工，搾取者，出来高組版工，大食漢，満足者，満腹者，等々のたわごとが言われる。サークル会員（アルマーヌ派）こそ満足者，満腹者である。あなた方は新聞を印刷しており，平均，10フラン／日を稼ぐ。……私は，1875年以来組版工を務めているが，平均収入は，10フラン／日未満である」(Ra. N.3.)と [59]。間接的ながら階層構造を認める記述も見出される。現在の組合内の対

で組版工として，植字工の仕事を再開し，後に独立して印刷業者となっていることにも留意すべきである。Cf. J. MAITRON, *Dictionnaire, op. cit.* p. 131.

56) prote と呼ばれる監督に組合役員の被選挙権があるかどうかの質問（T.F. N.79.）も注目される。prote と組版工の関係も今後の検討課題である。

57) Réveil 創刊号においては，印刷業のみならず他の職業における請負も併せて，労働者による労働者の搾取として批判する（Re. N.1.）。

58) 第3回大会向けの第6号における編集者の見解は，commandite そのものに否定的である。「速度が求められる新聞に適する le travail commandite は，作業場からある数の労働者を排除し，現在の失業状態を悪化させる」（Ra. N.6.）と。すでに，モレは1882年に，実現不可能な la commandite à égalite de saraire に la commandite au prorata を対置して，批判を試みている（T.F. N.17.）。

59) 1882年の書籍労連機関紙上のクーフェの論説によると，「パリの植字工のほとんど3分の1を新聞が雇用する」（T.F. N.28.）。

立は，「仕事，勤勉，職業能力によって相対的に満足な状態を自分に作り出した人々を嘲弄することによって，この職業に憎しみの種を蒔くに十分な動機であろうか。……我々の敵の中に，よき地位を得ていたのに，それを守れなかった人々がいることを知らないわけではない」(Ra. N.7.) と。

　これとかかわって，組合員の総意を確認する手段をめぐる対立が生じていた。職場投票がより多くの組合員の意思表示を可能とする（Ra. N.1, N.2, N.3.）とのユニオニストの主張に対し，アルマーヌ派は，それが組版工や，さらにはパトロンの監視下での投票となるとし，組合員総会，もしくは組合本部での秘密投票を要求するのである（Re. N.32, N.37.）。以上の検討からは，植字の労働過程に基礎を置く植字工の階層構造があり，組版工を中心とする上層労働者による組合支配があったことが明らかとなる。ユニオニストはこの支配構造を維持しようとし，アルマニストはそれを打ち破ろうとしたのである。ただし，この階層構造，支配構造が，労働者間の完全な断絶であるのか，あるいは，連続的なものであるのかは，検討の余地がある。つまり，通常の植字工，すなわち熟練工と，彼らの頂点に立つ組版工の関係，それについての両者の意識である。これを，本章で全面的に取り上げることはできないが，次節で，クーフェのこの問題に対する判断を検討する[60]。

---

60)　フランス労働局による印刷業の徒弟制調査は，植字工間の賃金格差を検討する情報を与えている。また，同じく労働局による賃金と労働日調査も参考になる。Ministére du Commerce, de l'industrie des postes et des téléphones. Direction du travail. Office du Travail. *L'apprentissage industriel. Rapport sur l'apprentissage dans l'impremerie, 1899-1901.* 1902; Ministére du Commerce, de l'industrie et des Colonies. Office du Travail. *Salaires et durée du travail dans l'industrie française. Tome I. Departement de la Seine.* 1893. pp. 91-109; 拙稿「20世紀初頭フランスにおける徒弟制，理念，制度，実態―フランス労働局1899～1903年調査の検討―」『商学論纂』第50巻第1・2号　2009年 参照。

第3節　A. クーフェのアルマーヌ派，ユニオニストに対する位置

さきに指摘したように，1885年4月25日の Réveil 紙は，パリ植字工組合監査委員会選挙結果を踏まえ，50人の当選者に対する短評を掲載する。それによると，621票を得て，35位で当選したクーフェは，「中央委員代表　熱狂的ポジティヴィスト　いつも妥協を支持」(Re. N.29.) とされている。クーフェは，マンテル事件の処理をやり遂げるだけではなく，常任書記として第3回大会の実施にこぎつけ，書籍労連の再建に道筋をつけた。しかし，マンテル事件後に選出された書籍労連中央委員会は，パリ組合選出委員11人のうち5人をアルマーヌ派が占め，ユニオニストとしては，事務局議長となるフェナール，シンパとも言うべきアラリーがいた (T.F. N.75.)。この中央委員会の構成の下で，クーフェはいかにして指導力を発揮しえたのであろうか。両派が対立した主要な問題についての見解，また，中央委員会，第3回大会をはじめ種々の会合における発言，行動から，この時期のクーフェの書籍労連における位置を探り，指導力発揮の条件を検討する[61]。

　パリ植字工組合が，職業組合法に合わせるために，外国人を中央委員会委員候補リストから排除した問題は，クーフェの立場，姿勢を最もよく表すものの一つである。書籍労連機関紙上で，パリ組合の1885年1月25日総会におけるクーフェの発言が，次のように紹介される。「工業の発展が外国の連盟との協働を必然化することを（排除）反対の理由に挙げた。連帯の名で，彼らを我々の仲間に入れる必要があり，義務である。今年の大会でこの問題についての決

---

61)　これまでの研究においては，R. デダムが，この時期に焦点を当てて，アルマーヌとクーフェの同盟関係を指摘する (Cf. R. DÉDAME, *op. cit.* p. 65.)。M. レベリューもそれに近い (Cf. M. REBÉRIOUX, *op. cit.* p. 109.)。他方，2人の対立を強調する見解も有力である。P. ショベ：「クーフェとアルマーヌが「2つの相対立する傾向」の代表である」(P. CHAUVET. *op. cit.* pp. 28-29.)。メトロン辞典：「アルマーヌに抗して改良主義を主張」(J. MAITRON, *Dictionnaire*, 1975. *op. cit.* pp. 143-145.)。M. アルメル：「アルマーヌとクーフェの間で支配権が争われた」(Cf. M. HARMEL, *op. cit.*)。

定がなされるであろう。選挙人は彼らの候補者を選ぶ権利がある」(T.F. N.81.)
と。したがって，まず，クーフェが国際連帯を重視して，アルマーヌ派と同一
歩調をとっていること，第2に，それを主観的な選択にとどめず，工業発展に
よる客観的必然性と捉えていたことを確認できる。しかし，この問題では，一
部のユニオニストが極端な排外主義を表明し，アルマーヌ派が国際主義を掲げ
て，激しい批判を繰り広げており，書籍労連の統一を図る上で極めて難しい状
況にあった。1月6日のパリ支部監査委員会にかかわる記事はこれに対する回
答であった。すなわち，「クーフェは，外国人がリストに留まりうると考えた。
というのは，選挙は労連中央委員会の更新であり，職業組合法の埒外であるか
ら」(T.F. N.79.)と。つまり，まず，1884年職業組合法が各支部，単組にかか
わる問題であり，それに従うかどうかは，各支部の自主性に委ねるとした。そ
の上で，書籍労働者の全国的産業別組織である書籍労連はこの法律とは無関係
であり，書籍労連が担うべき国際連帯の必要性から，外国人もその役員になり
うるとしたのである。これは，二分派の激しい対立の下で，クーフェにとって，
書籍労連の統一を維持するための方策であった[62]。

　女性労働者問題については，1885年2月3日のパリ組合臨時監査委員会に
おいて，アラリーが同一賃金の実現はユートピアであるとしたことに対して，
次のように言う。「この手段の効果に幻想を持つべきではないが，実現された
事実もあり，採用することが有用であろう。増されるべき経験が不十分である。
と言うのは，この問題は全プロレタリアートの統一を要求する」(T.F. N.81.)と。
また，機関紙87号では，「新しい植字機 (Une nouvele Machine à Composer)」
と題する論説を載せ，次のように言う。「19世紀の機械化はモラルの競争をも
たらし，プロレタリアを締めつける。装置の改良や機械化の進展は，全ての工
業で女性雇用なしで済ませるようになるはずが，反対が生じた。プロレタリア

---

62)　クーフェがアルザスの出身であり，プロイセンによる併合から，そこを離れてい
　　ることを考えると，ユニオニストの排外主義に対して同調することなく毅然とした
　　態度を貫いていることは注目すべきである。第一次世界大戦にあたっていち早く対
　　ドイツの戦争を支持したことは周知であるが，決して排外主義者ではなかった。

は女性労働の福祉の増大を信じたが，男性，女性，児童が新しい奴隷となった」
(T.F. N.87.) と。前章において，1883 年 7 月 15 日付の機関紙で，クーフェがア
ラリーの女性労働者問題のパンフレットを批判するのを見た。そこでは，ポジ
ティヴィスムの立場から性別役割分業を肯定しながら，「パンを稼がざるをえ
ない女性」に対する現実的配慮が強調された。また，法律制定を求めるアラリー
に対して，国家介入を否定して，ゆとりのある労働者の娘や妻が貧しい女性に
競争を仕掛けないよう自発的行動を求めることを方針としていた。ここでは，
女性労働が，機械化の必然的結果であり，印刷業に限定されないより広い視点
での問題認識，解決策の模索の必要性を指摘し，また，具体策として，同一賃
金での受け入れを実践に移すことに賛成し，議論を一歩進めている。「奴隷」
との表現も現状批判の強さを示す。全体として，コルポラティスムの限界を突
破しようとするアルマーヌ派の方向にほぼ合致している。ただし，その背景に，
1883 年には，女性労働容認が少数派であったのに対して，とくにパリ植字工
組合内でかつては強硬な受け入れ拒否論者であった古参幹部のロシュローが見
解を変えるなど，容認する意見が強まり，さきの引用に続く 1885 年 2 月 22 日
総会で容認が決定されるという事情があった[63]。地方支部の強い反発は残っ
たが，二分派の争点としては重要度が下がっていたことがクーフェの判断の根
拠となっていたとしておく。

　アムニスティ問題については，1885 年 2 月 19 日の中央委員会において，ア
ルマーヌの「過去を償おうとしている人々を排斥することはできない」(T.F.
N.83.) との発言に賛同を表明している。この問題は，すでに，1883 年 11 月 25
日のパリ植字工組合臨時総会において，アルマーヌが 1878 年のパリのストラ
イキに関するアムニスティを強く主張し，これに対してマンテルが反対し，ア
ルマーヌ派とユニオニストの戦いの前哨戦となっていた。クーフェは，ボスト

---

63)　第 3 回大会では，受け入れが支部の自主性に委ねられ，事実上は認められた (T.F.
　　N.96.)。ただし，ドンブレによると，第 4 回大会では，女性の組合を作ることと併
　　せて，中央委員会の受け入れ案が否定されている。労連全体としては受け入れには
　　時間がかかった。Cf. R. DOMBRET, *op. cit.* p. 20.

ン博への途上から手紙を出し，それが総会で紹介された。それは以下のとおり
であった。「原則として完全なアムニスティに賛成する。しかし，それが多く
の闘いをしてきた人々の間に困難と憤慨を引き起こしていることを知ってい
る。総会が少なくとも部分的，条件付きのアムニスティを採択するよう求める」
(T.F. N.52.) と。クーフェが，この問題でもアルマーヌに同調していること，
同時に，その主要な関心は書籍労連の統一にあり，そのためには妥協を辞さな
かったことが明らかである。

　労働者生産組合については，連盟参加の組合，組合員の中では，労働者生産
組合熱は高く，第2回大会で規約から除いたことが批判され，第3回大会にお
いて，あらためて規約に入れることが採択されている。それにもかかわらずクー
フェは，これまでとおり消極的姿勢を維持している。1884年7月17日の中央
委員会において，「支部からの協同組合印刷所設立の意向と労連の支持要求が
あった場合について，中央委員会はクーフェ提案に基づいて，生産組合設立の
ための資金を提供しうる状況にないことを決定」(T.F. N.68.) したとされるの
である。プロレタリア・ポジティヴィスムの立場とアルマーヌ派の主張が一致
していたことを確認できる。

　アルマーヌ派が強調する commandite に関しては，パリ組合の規約委員会の
議論を紹介する1885年11月10日付の Réveil 紙において，第1条に
commandite の原則を付け加える提案を，クーフェ他2名だけが支持とある (Re.
N.42.)。しかし，どのような根拠から支持したのかは明らかではない。この点
とかかわって，クーフェは1882年に，書籍労連機関紙上の論説「もはや良き
労働者はいない」で，注目すべき叙述を与えている。すなわち，「印刷業にも
カテゴリーがある。組版工，通常の植字工，日給植字工，図表組工，組付け工
等であり，最も重要で数が多いのが出来高植字工である」(T.F. N.28.) と。彼
が主要に問題にしているのは，多数の出来高植字工が低賃金で働かされ，仕事
を覚える機会を奪われていることである。他方で，「新聞は，多くの少年に，
その仕事をきちんと学ばなくとも，1日10～11フラン稼ぐことを可能にする」
(T.F. N.28.) と。ここでは逆に，高収入でありながら，腕を磨く機会の喪失を

指摘する。したがって，労働者間の地位や収入の格差が認められているとして
も，それが直ちに，組版工と通常の植字工との間の断絶をもたらすものとは捉
えられていない。クーフェは，ユニオニストの組合運営を厳しく批判するが，
それを労働現場における組版工の支配と結びつけようとはせず，commandite
によってそれを打ち破るというアルマーヌ派に対しても一歩引いた立場をとっ
ていたと考えておく。

　以上の，個別方針についての検討は，クーフェが，二分派の対立の中で難し
い選択に直面しながら，原則で妥協することはなく，たとえ少数派に立つとし
ても基本的な考えを明瞭に打ち出していること，その上で，多くの点でアル
マーヌ派に近い考えであったことを明らかにする。同時に，クーフェの第一命
題は書籍労連の統一の維持であり，その点では「妥協」的ともとれる発言，行
動をとる。それによって，激しく対立する両分派を書籍労連につなぎ止めたの
であり，この政治力こそが，クーフェの指導力の核心であったと見るべきであ
る。

　直接，組合組織にかかわる問題でもこの力が発揮された。クーフェは組合組
織を守る上では，毅然とした姿勢を貫いた。1885 年 3 月 22 日のパリ組合総会
において，「パリ組合が労連中央委員会に独自に代表を派遣する権利と義務を
持つ」との発言に対して，クーフェが「パリの名誉は労連の設立にあり，その
発言は異常である」(T.F. N.84.) と指摘する場面が見られた。また，パリ支部
監査委員会において，ユニオニストの一幹部フイヤトゥルの「金庫からお金が
消えているのは閑職によるものであり」(Ra. N.6.)，「書籍労連が閑職を作り出
した」(T.F. N.95.) との発言が中央委員会で問題にされ，これに対して厳しい
批判を加えている。ブザンソンのストライキを支援するために 25 サンチーム
の臨時組合費徴収をパリ組合総会で提案し，採択されたにもかかわらず，パリ
組合臨時代表であるボダンが，支払いは義務的ではないとしたのに対して，
「ボダンの権限を越えており，払い込みが義務的である」(T.F. N.88, 89.) と反論
する。また，8 月 21 日のパリ組合臨時監査委員会において，16 日の総会が出
席者少数で無効であるとするユニオニストに対して，「監査委員会は総会の行

動や有効性について議論しえない。……総会ボイコットがあり，突然総会を中止しようとする分派が非難された」(T.F. N.97.) と批判する。さらに，7 月 1 日の機関紙は次のことを伝える。クーフェが，ルグランに対して，Ralliement 紙に労連の帳簿からとられた数値を知らせた中央委員会監査委員会のメンバーはだれかを問い詰めたのに対して，ルグランは知らないと答えた (T.F. N.90.) と。これらの事例からは，前節で検討したこととも併せ，ユニオニストが，組合組織の私物視から，組織を軽んずる傾向があり，クーフェは，ことの大小にかかわらず，組合組織を弱体化しようとするユニオニストの行動を厳しく批判するのを見てとることができる。

　同時に，組織問題とかかわって，クーフェがアルマーヌ派の 2 つの提案に批判的見解を示すことも注目すべきである。すなわち，第 3 回大会後に改選され，アルマーヌ派がパリ選出委員 11 人中 9 人を占めた 1885 年 12 月 3 日の中央委員会において，「頻繁な改選によって事件を防止するために」，半期ごとの事務局の改選を含む中央委員会内規の提案がなされた。これに対してクーフェは反対を表明している (T.F. N.101.)。また，10 月 1 日付 Ralliement 紙は，第 3 回大会におけるサン・テティエンヌ代表の以下の手紙を掲載した。すなわち，「我々の仲間クーフェが少数派を代表して議長の維持を要求していたので成功を信じていなかったが，議長の廃止が決定された」(Ra. N.8.) と。アルマーヌ派が直接民主主義的傾向を持っていたこと，それに対してクーフェが組織弱体化をもたらすものとして批判したのである [64],[65]。同時に，クーフェが中央委

---

64)　ユニオニストは，「(アルマーヌ派の) 隠された目的は，多かれ少なかれ，革命的・コスモポリタン的な社会主義者が，その綱領で展開している民主的平等である」(Ra. N.8.) とする。

65)　アルマーヌ派の組合活動についての姿勢を示すものとして，次の事実は見落とせない。すなわち，組合法をめぐるパリ植字工組合監査委員会における議論で，ユニオニストの多数派による強引な採決に対して，アルマーヌ，パルロ，ジオベが抗議して監査委員を辞任したことである (Re. N.29.)。詳細な事情は不明であるが，組合組織に対するアルマーヌ派の淡泊な姿勢が示唆される。パリ植字工組合委員選挙において，1885 年 2 月の選挙において，15 人中 8 人を当選させたにもかかわらず，6

員会内の少数派とみなされ，ユニオニスト，あるいはそれに近い組合員がアル
マーヌ派との対抗上，その存在に期待していたことも示唆され興味深い。

　クーフェは，組合組織の継続性，強化を第一義として，組織弱体化をもたら
しかねない提案，言動には厳しく対応したが，問題の処理にあたっては慎重で
あった。これを示す2つの記事が注目される。まず，1885年6月25日の
Réveil紙の，前パリ組合代表ヴァレによるマンテルへの巨額貸し付けとかかわ
る，次の記事である。「パリ組合臨時代表ボダンがヴァレを組合本部に呼んだ
際に，会計簿を見る機会を与えた」とするRéveil紙の糾弾記事に対して，ボ
ダンが究明を求めた。これを受けて，アルマーヌがサークルから，ジオベ，マ
ルティオニ，独立の人キレ，ボダンがユニオンのメンバーから，シリア，ティ
エリー，独立の人としてクーフェを選び，委員会が設立された。最終的に，クー
フェが，「ボダンは慎重さを欠いたとしても，有罪ではない。ボダンを糾弾す
る前にもっと調べるべきであった」とし，このクーフェ案が全会一致で採択さ
れた（Re. N.33.)。ここでは，クーフェが，両派から「独立」とみなされていた
ことも確認される。今1つ，3月15日付労連機関紙によると，2月26日の中
央委員会において，ユニオン派の回状に労連議長フェナールが署名した問題を
アルマーヌ派が取り上げた。クーフェはフェナールの出席を求めて事情を聴く
べきとし，アラリーもそれに賛同したが，アルマーヌ提案による非難決議が9
対5で採択された（T.F. N.84.)。パリ組合の中央委オブザーバー問題でも同様
であった。3月26日の中央委員会において，排除案が出されたのに対し，クー
フェはアラリーとともに，規約改正が必要であり，大会までは現状維持を求め
た。結局アルマーヌ派の多数で排除案が採択された（T.F. N.85.)[66]。クーフェ

　　月の選挙では4人になり，ユニオニストの多数派奪回を許したことについての，
　　Réveil紙のコメントも注目される。「投票に遅れた40票が我々から奪われたにもか
　　かわらず，100人を超える新しい仲間が連帯の原理を表明したことは，我々の望み
　　として十分」(Re. N.32.)と。すなわち，強がりの面もあるとしても，組織指導部の
　　掌握よりも，宣伝に重点が置かれている。
66)　6月18日の中央委員会では，ロシュローが，問題を蒸し返してオブザーバーの出
　　席を求めた。アルマーヌが反対し，クーフェは規約に混乱があるが，大会までは規

はアルマーヌ派と対立することを恐れず，たとえ少数であっても，自らの立場
を鮮明にしている。

　アルマーヌ派にかかわったクーフェの直接の言及は，原則性と慎重さという
彼の姿勢を確認するものとして注目される。まず，1884年3月1日付の労連
機関紙において *Le Réveil Typographique* の発刊に寄せた労連議長クーフェの歓
迎の辞である。「Le cercle typographique d'étude sociales の指導下で出される
新しい職業機関紙である。……我々は新しい仲間を歓迎する。獲得するのに極
めて困難な目的に全ての努力を集中するというまじめな願いに動かされている
なら，どのような学派に属そうとも戦いの広い分野に大きな余地がある。印刷
業労働者の統一と，彼らの間にプロレタリアの一般的利益への関心を生じさせ
るという目的に」(T.F. N.58.)。これまで，女性労働問題，外国人労働者問題な
どで見てきたことと併せ，クーフェが，アルマーヌ派の目指す，全プロレタリ
アの運動への合流に共感を持っていたことが明らかである[67]。しかも機関紙
上で，議長の立場からそれを公然と表明したことは注目される。ユニオンへの
再加入問題でも，クーフェはユニオニストを厳しく批判し，アルマーヌ派と共
同歩調をとった (Re. N.36, 37, 40.)。しかし，クーフェは，1885年2月19日の
労連中央委員会において，le Cercle typographique d' études sociales と Réveil
typographique の1周年記念宴会への代表派遣をアルマーヌらが求めたことに
対して，「中央委員会がサークルに服従していると思われる可能性がある」(T.F.
N.83.) として，慎重な姿勢を示した[68]。

　クーフェは以上見たように，組合運動方針上ではアルマーヌ派に近い姿勢を
示し，全印刷労働者の団結，書籍労連の維持，強化を第一命題とし，ユニオニ

　　約に沿って行動すべきとした。ここでも，あらためて10対2でクーフェ案は否決
　　された (T.F. N.90.)。

[67]　クーフェの信奉するプロレタリア・ポジティヴィスムが職業の枠を超える全労働
　　者の境遇の改善という志向を持っていたことと，アルマーヌ派の主張に親和性が
　　あったと言うべきであろう。前章 参照。

[68]　なお，10対3で，クーフェの意に反して代表派遣が決定されている (T.F. N.83.)。

134

ストからの支持も取りつけることによって、多数を擁するわけではない書籍労連中央委員会において[69]、常任書記として指導力を発揮したと言って間違いない。すでに見てきた、文筆能力、組織・管理能力に加え、組合内政治力とも言うべきものを備えていたことがそれを可能にした。そう言えるとすると、アルマーヌないし、アルマーヌ派がなぜ主導権を握ろうとせず、クーフェに常任書記の任務を委ねたのかの問題が残る。この時期、アルマーヌ自身、中央委員として極めて積極的に書籍労連にかかわっている。ストライキ中のブザンソンに中央委員会代表として派遣され、困難なストの収拾にあたり、また、第3回大会においては、会議での発言、提案にとどまらず、会場の下見から、宴会の準備までも引き受けている。パリ植字工組合総会、監査委員会では、ユニオニストの批判をものともせず、先頭に立って弁舌をふるった。クーフェとアルマーヌの対立を強調するこれまでの研究や評伝からするなら、アルマーヌが主導権掌握においてクーフェに敗北したとも考えられる[70]。しかし、以上の検討からすると、両者の見解の相違があらわになったことはたびたびであるとしても、相争った形跡を見出すことはできない。むしろ、デダムの言う「相互信頼」が強く感じられる[71]。ここでは、この点を指摘するにとどめる。

　最後に、クーフェを支えていた一つの決定的要素を確認しておこう。ユニオニストの機関紙第3号にそれを示す興味深い論説を見出すことができる。「独立派（Les Independants）」と題するこの論説は、当時パリ植字工たちの中に、3

---

69)　書籍労連中央委員会メンバーの詳細な検討が必要であるが、3つの機関紙からだけでは十分な情報が得られない。関連工組合代表、地方代表を合わせてクーフェが多数を確保していた可能性はある。ただし、第3回大会の諸決議を見ても、確実な派閥のようなものをクーフェが持たなかったことは事実である。

70)　クーフェの評伝として確立した評価を受ける M. アルメルは「アルマーヌとクーフェの間で支配権が争われ、クーフェが最終的に勝利し」常任書記となったとするが、この間の争いの詳細は与えていない。Cf. M. HARMEL, *op. cit.* p. 3.

71)　「クーフェが革命的、集産主義的イデオロギーを批判しながらも、アルマーヌとの間に、連盟についてのまじめな共感に基づく相互信頼が存在し」、「ユニオニストに対してはっきりと統一することに同意した」。R. DÉDAME, *op. cit.* p. 65.

つの潮流，サークル派（アルマーヌ派），ユニオニスト，独立派があるとする。そして，「独立派には機関紙も事務所もない。しかし，組合員の多数を占めており，このカテゴリーを考慮しなければならない。他方，グループに仕方なく参加している人々がいる。エゴイスティックな無関心が彼らの根底にあり，いつも表面に出てくる。独立派とこの無関心を混同すべきではない。独立派は党派を好まないが熱意を持っていることは疑えない」（Ra. N.3.）と[72]。このようにどちらの派にも属さず，しかし組合への忠誠心の高い多数の植字工の存在がクーフェを支えていた。あるいは，プロレタリア・ポジティヴィスムに属することを除けば，クーフェこそがその代表であったと言うべきであろう。

お わ り に

　A. クーフェは，マンテル事件を処理することによって，フランス書籍労連主導権掌握に決定的とも言える足掛かりを獲得した。それは，同時に，J. アルマーヌと彼が指導する分派との協力によって書籍労連指導部からユニオニストを排除する過程でもあった。これに続く時期は，書籍労連の「産みの親」でもあり，最大の支部でもあるパリ植字工組合の分裂という，ある意味ではマンテル事件以上の困難がもたらされることになる。クーフェが，それをいかに乗り越え，再統一を実現するのか，また，その際，アルマーヌを指導者とする分派との関係はどうなるのか。これが次の検討課題となる。

---

72)　同じく Ralliement 第2号では，サークルに属する若者の手紙の形をとった創作で，サークル派，ユニオニストと並んで「表明する機会を待って，独立にとどまっていると信じている植字工」（Ra. N.2.）との表現がある。Rallement 紙第3号は，スイスの Gutenberg 紙のパリ通信を掲載し，「3つの陣営があり，うち2つが組合を支配していて悲しい」（Ra. N.3.）を引用している。アルマーヌ派とクーフェが手を組んでいると見ていたように読める。

第5章

革命的社会主義労働者党指導者
J. アルマーヌについて

はじめに

　1891 年に結成された革命的社会主義労働者党の領袖 J. アルマーヌは，19 世紀末から 20 世紀初頭フランスの労働運動において，大きな位置を占め，重要な役割を果たした。この時期の労働運動史研究で彼について言及しないものはなく，個人についての研究も積み上げられている。しかし，なおその全体像が描き尽くされているとは言えず，とりわけ，彼の労働運動活動家歴の出発点とも言うべきフランス書籍労連内での活動の解明は残された課題である。1884 年から 1920 年までの長きにわたって書籍労連のトップである常任書記を続け，CGT 内にあって改良派の指導者として重きをなした A. クーフェについての我々の研究にとって，最大の問題の一つは，書籍労連におけるアルマーヌとクーフェの関係である。最終的には 1889 年にアルマーヌが書籍労連から手を引くことでクーフェの主導権が確立することになり，この過程の検討は，アルマーヌの全体像の構成にも貢献すると確信する。本章は，これまでの J. アルマーヌ研究を概括することによって，その準備作業を行う。

第 1 節　日本における J. アルマーヌ像

　1970 年前後に，日本において，革命的サンディカリスムに関心が高まり，それとのかかわりで，アルマーヌにも注目が集まった。代表的なものとして，谷川稔，相良匡俊が，異なる観点からではあるがまとまった叙述を与えている。

138

谷川は,「アルマニスムとサンディカリスム」[1] において,主には革命的社会主義労働者党（POSR）について述べながら,アルマーヌに言及している。彼によると,POSR は,「あらゆる権威主義的社会主義の対極に位置し,極めて分権化された組織を志向する党派であった」[2]。あるいは,「POSR の成立は,いわば労働者主義とも言うべき心性の結実であり,それはまた,多少とも閉鎖的な反インテリ感情を共有する職人や熟練労働者の世界に根差した習俗の反映であった」[3]。POSR を反権威主義,労働者主義によって特徴づけるのである。アルマーヌについては,POSR の主要活動家をなす元コミュナールの一人であるとし,「印刷工組合創設者」を含む簡単な経歴を紹介した後,「アルマーヌはフランス社会主義労働者連合における一方の旗頭としてブルースらインテリ指導者に対抗する労働者フラクションの先頭にあった」とする[4]。すなわち,アルマーヌは,パリ・コンミューンの流れをくむ POSR の労働者主義,反インテリ・反権威主義を体現するとみなされる。両者の関係については,「POSR はアルマニストという異名が一見想起させるところの,アルマーヌをカリスマ的指導者と仰ぐ集権的な党ではなかった」ことが強調される[5]。POSR,アルマーヌについて,1 つの明確なイメージを打ち出したと言える。しかし,アルマーヌ自身の思想,考え方,その全体像には関心が向けられていない。それは谷川の課題ではなかったとしても,上記の POSR との関係を言うには,今少し,突っ込んだ考察が必要であったと考える[6]。

相良は,アルマーヌ派,アルマーヌ個人に関してかなり性格の異なる叙述を

---

1) 谷川稔『フランス社会運動史』1983 年　第 5 章 参照。
2) 谷川　同上書,179 ページ。
3) 同上書,182 ページ。
4) 同上書,177-178 ページ。
5) 同上書,179 ページ。
6) 両者の関係についての谷川の指摘を認めるとしても,なぜアルマニストと呼ばれ続けたのかとの疑問が生ぜざるをえない。また,POSR の特徴が「労働者主義,反インテリ・反権威主義」とされるが,一政治党派の核心としては脆弱なのではないかと考える。

与えている。その前提とされていたのは，当時の運動にあって思想は重視しえ
ないことであった。すなわち，当時，「人と人とを結びつけていたのは思想で
はなく，体験や感情の共通性であった。人々は抽象化されたスローガンによっ
てではなく素朴な感情で動き，かくてリーダーたちにとって必要だったのは行
動，振舞い，そして人柄であり，思想がどうかは，二の次であった」[7]。また，
「今日，反議会主義的傾向のものと解釈される「ゼネ・スト」と議会主義的路
線を示す「権力の征服」，さらにブランキ派のスローガン「人民による直接立法」
が多くの社会主義者の間で黒白平等に使われていたのである」と[8]。全体とし
て，革命派と改良派をはっきり分けることはできないとする[9]。もちろん各党
派の違いを無視してよいとするのではないが，その程度を含め具体的に見るべ
きことを強調する。アルマニスト，POSR に即して言えば，綱領で結集すると
言うよりは，アルマーヌに体現される労働者主義や反権威主義的気分によって
まとまっていたと考えるのである。ここには，反権威主義でありながら，なぜ
アルマニストと呼ばれ続けたのかに対する 1 つの答が与えられている。これと
かかわって，アルマーヌの個性についての把握も興味深い。次の叙述はアル
マーヌが主義主張の人というよりは行動の人であったことをよく表している。
「アルマーヌが気楽にやってきて「直接立法制」，人民が議会を通すことなく直
接に法案を提起し，採択するシステムのことを馬鹿話を混ぜながら，えらく勢
いよく喋った」[10]。さらに「この党派の指導者アルマーヌは印刷工の出身で，
この頃，自分の印刷工場をもっていた。彼は自分の新聞をもち，自分の著書を
刊行し，仲間の原稿を出版することもでき，それが彼をして一党派の領袖たら
しめた由縁でもあった。だが，またそのゆえに彼は仲間から憎まれもした」[11]

---

7)　相良匡俊「フランス左翼出版物の系譜― 1880 年 -1930 年―」『社会運動の人々―
　　転換期パリを生きる』2014 年，231-232 ページ。

8)　相良「社会運動史の方法のために― 1880 年 -1930 年」同上書，122 ページ。

9)　同上論文，154 ページ。

10)　相良「1890 年代のフランス社会主義運動―第 6 区革命的社会主義者連合―」同上
　　書，28 ページ。

11)　相良「フランス左翼出版物の系譜― 1880 年 -1930 年―」同上書，230 ページ。

と。しかし，相良にあっても，アルマーヌ個人，アルマーヌとアルマニストとの関係が全面的に明らかにされるわけではない。

第2節　J.アルマーヌの人物像

　日本におけるJ.アルマーヌ像は，谷川の場合，あくまでも革命的労働組合運動の源流として，相良の場合も，個性認識は若干強いとはいえ，やはり，ゼネストに向かう，ゼネストを担う人々の中にアルマーヌを置くものである。一言で言えばコミュナールからPOSRの領袖としてのアルマーヌであり，当時の労働運動におけるアルマーヌに大きな位置が与えられているにもかかわらず，人物像の全体は出てこない，あるいは問題にされていない。彼らが，依拠していたフランスにおけるアルマーヌについての通説を検討しよう。

　まず，J.メトロン編『フランス労働運動活動家辞典』[12] を見てみよう。冒頭要約は以下のとおりである。「1843年8月25日誕生(略)。1935年6月6日死亡。帝政下の共和主義者。ニュー・カレドニアに流刑されたコミューン戦士。生まれつつあったフランス労働運動の一傾向にその名を記した。運動の統一に長く従事し，1920年に離れた」。本文から表5-1を作成した。大きく分けて，出生から，植字工となり，植字工組合で活動する第1期，コミューンへの参加から9年間にわたる流刑の第2期，労働党加盟と革命的社会主義労働者党の領袖として活動した第3期，それ以降の第4期に分けることができる。

　第1期についての叙述は簡潔である。父親が居酒屋を経営していたが，それもうまく行かず，パリに出てこざるをえない貧しい家庭に育ち，植字工となったこと，早くから組合に入り積極的に活動したことを確認しておこう。

　第2期，コミューンでの活動と流刑には最も多くの叙述が充てられている。名前を上げた1871年の大砲事件や，各地での演説，「いつも赤い帯を締め，小

---

12)　J. MAITRON, *Dictionnaire*, 10, 1973. op. cit, pp. 130-134. 2列組みで，通常の書物とすると本文は 7 ページ分ぐらいにはなるが，短いものであり，以下出所は省略する。

表5-1　アルマーヌ年表

1843年	オート・ガロンヌ県ソーヴテールで誕生 10歳まで村の小学校に通う
1853年	10歳　パリ移住
1861年	18歳　植字工組合員
1862年	パリ植字工の大ストライキに参加，投獄
1870年	59大隊の第11中隊，後，第4中隊伍長
1871年	3月　モンマルトル大砲事件　5月28日　逮捕
1872年	軍事法廷　終身懲役刑　ツーロン
1873年	ニュー・カレドニア流刑
1880年	特赦　1879年設立の労働党に参加　1印刷所で組版工
1881年	パリ市議会議員選挙落選（1887年，1890年，1896年　同様）
1882年	労働党サン・テティエンヌ大会
1885年	クロワッサンの大印刷所で組版工*
1888年	人権協会書記　日刊紙パルティ・ウーヴリエ創刊
1890年	労働党シャテルロー大会（ブルース派とアルマーヌ派に分裂）
1891年	革命的社会主義労働者党（通称アルマニスト）設立大会
1895年	C.G.T. 設立リモージュ大会参加
1896年	インターナショナル・ロンドン大会
1900年	第2回フランス社会主義者組織大会 ゼネスト動議にブリアン，ジョレスとともに署名
1901年	下院議員補欠選挙　当選　（1902年落選）
1902年	フランス社会党トゥール大会参加
1904, 5年	インターナショナル　アムステルダム大会参加
1906年	下院議員選挙当選　（1910年落選）
1911年	新党を支援　短命に終わる
1914年	第一次世界大戦　社会党の国民擁護を支持

注）＊この年に，「サン・ソヴュール街で小印刷所設立，その後長期にわたって経営」とあるが，後に見るように，S.レイノルは，1889年としており，我々が，*Réveil typographique* 紙で確認できるのも同様である。

銃を負い革に，ピストルを帯に提げていた」との叙述は，機敏な，演説家アル
マーヌの人柄を示す。とくに重視されるのは，軍事裁判所での弁明である。ア
ルマーヌは，「政府への攻撃に参加し，不当な逮捕を行い，バリケードを築いた」
ことで，終身懲役刑の判決を下された。それに対して，「とるべき行動は唯一，
脅かされている我々の諸制度，唯一の合法的政府，共和国を守ること」と弁明
したことが指摘される。また，流刑にかかわっては，家族による刑の軽減要求
に対して，「アルマーヌが共和国大統領の人徳に訴えることをいつも拒否した」
ことから，実現されなかったとされる。こうして，不屈の精神を持ったコン
ミューン戦士としてのアルマーヌ像が打ち出される。

　1880 年の特赦後は，植字工の仕事に復帰した後に，労働党に加わる。「フラ
ンス社会主義労働者連盟と，そのパリ地方中央連盟で最も目立った活動家の一
人」であり，1882 年には，ゲーディストの教条主義，中央集権主義に反対した。
1888 年になると，「彼は反ブーランジェ主義の闘いの推進者であり」，「人権協
会の設立に際しては，書記となり」，「新聞パルティ・ウーヴリエの編集者とし
て参加した」とされる。次いで，労働党の分裂に際して，「直ちにアルマーヌ
は，ポール・ブルースの周りに結集する議員や知識人の傾向に抗する，活動家
や手の労働者のリーダーとなった。彼と仲間は，ブルース派を，悪しき妥協に
導く純粋に議会主義的な活動のために，革命的闘争をなおざりにするとして非
難した」と，革命的社会主義労働者党結成の中心になったことが指摘される。

　アルマーヌとこの党に関する，次の叙述は興味深い。「アルマーヌはどんな
特権的な役職にも就かず，極めてつまらないものであっても，あらゆる仕事を引
き受けたが，彼がそれを体現していたので，この党はジャン・アルマーヌの党
であった」と。また，「アルマーヌを動かした階級の厳しい感覚，労働者唯一
主義，政治家への不信は，弁護士，知識人，長としてふるまう全ての人々，社
会主義的民主主義を利用する傾向のあるずる賢い指導者たちに対する猜疑心を
もたらした」と。

　これ以降，アルマーヌは社会主義者の統一に向けて役割を果たしながら，た
びたび，市会議員，下院議員に立候補する。それぞれ 4 回立候補し，市議会で

は当選することはなかったが，下院では 1902 年，1906 年に当選し，5 年間在籍した。「彼は議員になることに貪欲ではなく，選挙活動に大きな期待を持っていなかった。しかし，彼はよき旗手であり，その役割を引き受けた。コンミューンと流刑地の栄光と，よく響く演説は民衆との結びつきを確かなものにした」とされる。

　最後に，アルマーヌの人となりを理解する上で見落とせない以下の叙述を紹介しておこう。「アルマーヌは蛮人でもなく，無知な人でもなかった。職業でのように自学，自習の人であり，決して学ぶことをやめなかった」。「彼はまた，確信的で，活動的な自由思想家であり，組織された自由思想のプロレタリアの多数が，彼の素性や，確信に応えた」。

　以上，メトロン辞典は，アルマーヌの人柄，思想について，簡潔ではあるが，明確な全体像を提示すると言える。同時に，それはいくつかの問題も提起する。まず，コンミューン，反ブーランジストの闘いでは「共和国擁護」が中心課題であり，アルマーヌは共和主義者として闘いの先頭に立った。彼の中で社会主義と共和主義はいかなる関係にあったのか。また，反権威主義でありながらアルマニストと呼ばれ続けたのはなぜか。これらを念頭に置き，同時代の資料 FLAX, JEAN ALLEMANE, *Les Hommes du Jour* 1908.[13) を見よう。

　まず，アルマーヌが，「行動の人」であり，「どんな理論的著作も残さず」，「演説家としても，綱領的言説を述べず」，「その容貌をはっきりさせるのは極めて難しい」とされる。しかし，彼が体現した理念，アルマーヌ主義が存在するとして，労働者大衆による階級闘争を通じた革命，議会活動を革命的行動に従属させることが挙げられる。同時代人にとってもアルマーヌの考え，アルマーヌとアルマニストの関係が不明確とされていたことに注目すべきである。

---

13)　本資料も 2 列組み 2 ページ 1/3，通常の書物で 5 ページ分ほどであり，以下，出所ページは省略する。なお，本記事には A. Delannoy のデッサンがつけられている。この記事の著者 FLax については詳細不明であるが，発行時点において革命主義を標榜していたエルベ主義の立場から書かれており，すでに，忘れ去られようとしていたアルマーヌの革命主義的伝統を評価しようとするものである。

アルマーヌの人柄にかかわる叙述を見よう。コンミューン以前，若いときから，積極的な植字工組合員であったことは，メトロン辞典と共通であるが，2か月間の投獄とかかわった次の叙述は注目される。すなわち，「そこで省察し，はっきりとプロレタリアの運命がどんなものか，それにどのような行動で献身すべきかを知った。共和主義者から社会主義者になった」と。また，コンミューンにおいても，「彼はすでに，社会主義者・共産主義者のスポークスマンであった」と。アルマーヌが漠然とはしていても，早くから社会主義の確固たる自覚を持っていたとされるのである。

流刑からの特赦以来，ブーランジストの時期には，第一線で戦い，小さくない役割を果たし，「彼は，共和国を守るのに最も貢献した人の中に数えられる」とされる。また，「彼の新聞パルティ・ウーヴリエで，ゼネラル・ストライキを煽り続けた」と。さらに，年老いてからも，「毎年，徴兵が始まるときに，パリの様々な地区で集会が持たれるときに，私は，アルマーヌが軍国主義への憎しみ，そして近づく革命への期待を断言するのを聞く」と。著者が意図していたかは別として，ここからは，彼が社会主義者であるとともに熱烈な共和主義者であったことが見て取れる。

この短い記事は，次の叙述で結ばれている。「彼は，街頭と行動の人である」，「理論家でも，学派の長でもなく，単に，民衆の息子，労働者の息子，労働者そのものである」と。アルマーヌは，労働者として，労働者のために闘ったのである。

次に，M. レベリューが書籍労連についての書物の中で，アルマーヌに与えているコラムから，注目すべき指摘を見よう [14]。まず，アルマーヌは書籍労連，パリ植字工組合において，「党と組合を緊密に結合させた後，この結晶化が完成しなかった時，彼は，1888 年から組合の活動家を辞め，共和政擁護と反軍国主義による反ブーランジストの闘いに専念する。この年に自分の新聞パル

---

14) M. REBÉRIOUX, *op. cit.* p. 101. また，ニュー・カレドニア流刑に関して，写真付きの小コラムも設けている。Cf. *ibid.* p. 90.

ティ・ウーヴリエを発行し，また，活動家の多くのグループとかかわりを持つ
小さな印刷所を購入する。このときから組合にとどまりながらも作業場の仲間
ではなかった」と。これは，アルマーヌの「労働者主義」の内容について大き
な問題を提起している。反ブーランジスムの闘い，革命的社会主義労働者党の
活動を重視したことは，アルマーヌの政治的センスを示すものであり，直ちに
労働者主義に反するものではない。しかし，労働組合での活動よりもそちらに
力点を置いた事実は無視しえない。印刷所の購入についても同様であり，印刷
所経営を組合活動よりも重視したのであり，レベリューは「作業場の仲間でな
かった」と言い切るのである。

　さらに，レベリューは次のように言う。「1889 年から，アルマーヌの人生は，
植字工組合にはかかわらなかった。ポシビリスト党の分裂後は，心ならずも革
命的社会主義労働者党，いわゆるアルマニストの旗頭となる。……代議士にも
なったが，気兼ねなくというわけではなかった」[15] と。アルマーヌの労働者主
義，アルマニストとの関係，議会主義との関係について分析はされていないが，
問題提起として受け止めるべきである。

第3節　アルマーヌの労働者主義，共和主義と社会主義

　以上の検討から，アルマーヌの労働者主義の内容，共和主義と社会主義の関
係は，触れられることはあったとしても，十分に検討されてこなかったと言え
る。というよりも，当然視され，問題とされてこなかったのである。M. ウィ
ノックと S. レイノルは，ここに光を当て，通説を批判しようとした[16]。

---

15)　*Ibid.* p. 101.
16)　Michel WINOCK, La scission de Chatellerault et la naissance du parti "allemaniste"
　　(1890-1891). *Le Mouvement social.* N.75. avril-juin 1971; Sian REYNOLDS, Allemane
　　Avant l'allemanisme: jeunesse d'un militant (1843-1880). *Le Mouvement social.* N.126.
　　janvier-mars 1984; Sian REYNOLDS, Allemane, the Allemanists and *Le Parti Ouvrier*:
　　the Problems of a Socialist Newspaper 1888-1900. *European History Quarterly*
　　Volume15 Number 1 January 1985.

　ウィノックの課題は，十分に理解されてこなかったシャテルロー大会におけ
る労働党分裂の解明にあり，それは，イデオロギー的争い，個人的争いではな
く，主に議会主義をめぐる組織問題での対立によるものとする[17]。一般的な
議会，選挙をめぐるアルマニストの方針，ブルース派との対立点に関しては，
谷川，メトロン辞典の指摘と重なるので省略する。注目されるのは，対立が
ブーランジストとの闘争の中で出てきたこと，そこにアルマーヌの「労働者主
義」，社会主義と共和主義の関連を解明する手掛かりが見出せることである。

　当時アルマーヌが属していた労働党（ポシビリスト）は，反ブーランジスト闘
争の先頭に立った。「他の社会主義者の期待や，同意にも反して，ポシビリスト
の最も確信的活動家は共和国の防衛を第一義とした」[18]。アルマーヌはその中
心にいた。「革命主義的傾向の最も支持者の多い弁舌家 J. アルマーヌその人は
次のように述べた。全ての共和主義的フラクションに属する人々は，経済的政
治的争いは後に回して，休戦しなければならず，ビザンツ人の軽率さをまねて
はならない。共和国を見張ろう」[19] と。「アルマーヌは，ご都合主義者の共和
国に対してどのような不満が醸成されようと，共和国，すなわち国家の共和主
義的形態が全ての専制的試みから身を守るものであると信じていた」[20] と。急
進派との提携にも大きな役割を果たした。労働党の中心人物ジョフランの証言
として，「私のところに来て，ブーランジェに反対して急進派，進歩党と一緒
に進む可能性を話したのはアルマーヌである」[21]。ここには，アルマーヌが，
コンミューンでの戦い，流刑の経験の中で培った強い共和主義的信念を持って

17）　ウィノックは次のように言う。この分裂は，いつも十分には理解されてこなかっ
　　　た。例えば，G. ルフランは，イデオロギー的対立よりも，世代，教育，気質のぶつ
　　　かりなどの活動家の性格的な対立に帰着させている。しかし，分裂の二巨頭，ブルー
　　　スとアルマーヌは全く同世代である。1890 年の分裂は，イデオロギー的ではなく，
　　　個人的争いではなく，組織問題である。Cf. M. WINOCK, op. cit. p. 32.

18）　Ibid. p. 53.

19）　Ibid. p. 54.

20）　Ibid.

21）　Ibid.

いたことが示される。

　反ブーランジストの闘争は，まず，アルマーヌとブルースを近づけた。ウィノックによると，アルマーヌとその友人たちが，「人民の友」紙と別れて「パルティ・ウーヴリエ」を創刊したとき[22]，ブルースと彼は近づいていた。2人は共に，反ブーランジスト宣伝全国中央委員会に属し，また，急進派と幾人かのご都合主義者とともに，人権協会の設立の際，2人は委員会に参加した[23]。しかも，それは，下部の党員たちとの対立も辞さないものであった点で注目すべきである。ウィノックは以下のように言う。労働党のこの方針転換は，多くの活動家を不安にさせた。彼らの労働の場，労働組合においては，経営者との接近は厳しく判断された。ブルースは，政府を弱めることでブーランジストの運動を利することになるストライキを，しばしばブーランジストと非難した。党の聴衆は労働者階級の中で減少していった。アルマーヌは，ゲーディスト，ブランキスト，独立派を，ブーランジストの事件と，人権協会を利用して，党に分裂の種をまき，その宣伝を困難にさせたと非難した。7月末に，党の総会は労働党のメンバーの人権協会からの離脱を決定した。そのとき以来，アルマーヌとブルースの政策は極めて評判が悪くなった[24]。したがって，まず，あらためて，アルマーヌの共和主義的信念は下部の党員，労働組合員の気分，感情と対立してでも貫かれねばならないものであったことを確認しよう。

　しかし，ブーランジストとの闘いの勝利が，労働党の2つの傾向，アルマーヌとブルースの対立を露にすることになった。すなわち，ブルースらは急進派との連携によって獲得した議席を守るために，この提携を続けようとし，アルマーヌは革命的路線に戻ろうとした。諸事件の連続は，いよいよアルマーヌとブルースを引き離した。後者は急進派との接近政策に忠実にとどまったが，アルマーヌは，土木労働者のストライキを擁護し，労働運動と切り離されること

22）　この新聞発行はアルマーヌの生涯にとって決定的事件の一つである。詳細は S. レイノルが検討している。

23）　M. WINOCK, op. cit. p. 54.

24）　Cf. ibid. p. 55.

を拒み，反ブーランジスムにとどまりながら，社会闘争についての論説を増や
した[25]。1890年の市議会議員選挙の際に分裂は深まった。一方は，労働の場，
とりわけ労働組合で失ったものの回復を第一とし，全てのブルジョワ政党に対
する革命的目的を明言した。他方は，議員に支持され，ブーランジストとの闘
いが下部の活動家に一時的に認めさせた選挙戦術を，選挙，市議会で継続しよ
うとした[26]。

　これ自体は，これまでの検討とも符合することではあるが，見落とせないの
は，アルマーヌの社会主義と共和主義を両立させる苦心，努力が指摘されるこ
とである。「彼にとって社会主義の闘争の要求に応えながら，共和国を守るた
めに戦うことは厳しいジレンマであった」[27]。アルマーヌは，以下のようにそ
の統一を図ろうとしたとされる。「ブーランジスムは民衆，労働者階級をいよ
いよ締めつける困難から生じた。この災厄をもたらしたのは，ナポレオン伝説
ではありません，ブルジョワ共和主義の諸君。あなた方の金銭欲，支配欲，社
会主義への憎しみからです」と[28]。

　ウィノックは，アルマーヌの人となりを，次のように総括する。「アルマー
ヌが最終的には，ブルースよりも仲間の間で人気を獲得したとするなら，それ
は，彼がよりうまく革命的活動家の資質を代表したからである。旧コンミュー
ン戦士，ニュー・カレドニア流刑，さらに，本当の労働者であった。激しく，
情熱的で，闘争的，ブーランジストの危機の際に見られた政治的センス。……
彼の敵ブルースは，活動家の目には，ブルジョワの出身，知識人，博士と見え
た。彼の選挙での成功，市議会副議長への上昇は損をさせた」[29]と。アルマー

---

25)　Cf. ibid. p. 56.
26)　Cf. ibid. p. 57. アルマーヌの反議会主義は，普通選挙に対する不信感にも支えられ
　　　ていた。「議員たちの普通選挙に対する過大な好みに反対。普通選挙は，その変わ
　　　り身が，ボナパルトを権力に就け，コンミューンを断罪し，ブーランジェに台石を
　　　与えた」(ibid. p. 42.) と。一種のエリート主義が見られ，これも，アルマーヌを単
　　　純な労働者主義とはみなせないことを示唆している。
27)　Ibid. p. 54.
28)　Ibid. p. 55.

ヌについて労働者主義と呼ばれてきたものが簡潔に捉えられている。しかし，
ウィノックはこの点でも留保を忘れない。「しばしば，アルマニスムの特徴の
一つが労働者主義とされる。もちろん，ニュアンスはある。最も輝かしいアル
マニストである L. エルは，知識人，階級から離れたブルジョワと疑われてい
た」[30] と。

　次に，S. レイノルの2つの論文を紹介し，検討しよう。アルマニスト以前
のアルマーヌを扱うものと，アルマーヌと機関紙「パルティ・ウーヴリエ」を
扱うものである。前者はアルマーヌの共和主義と社会主義の関係についてのこ
れまでの検討を補足するものであり，後者は，アルマーヌと知識人との関係，
したがって，彼の労働者主義についての興味深い考察である。

　レイノルが，「アルマニスト以前のアルマーヌ」[31] で強調するのは，アル
マーヌの労働者性と強固な共和主義である。引用しよう。「彼は職の労働者で
あった。全ての同時代人は彼が，植字工であることを知っていた。ゲード，ラ
ファルグ，ヴェラン，ブルース，ジョレス，ミルランなどこの世紀末の社会主
義の指導者の中で，唯一，労働者階級であると宣言しうる人であった」[32]。「彼
は，パリの植字労働者の典型であり，職人と芸術家の間に身を置く，少し猛々
しい良き息子であった。彼はコンミューン以前，植字工であり，フランスに
戻って以降もいつもそうであった」[33]。そして，人一倍積極的で，頑固な性格
であった。若いときにストライキに参加して逮捕され，「判事は寛大さで臨ん
だが，アルマーヌは悔悛せず，2度召喚され，2度放免された後に投獄を命ぜ
られた」。印刷所を締め出され，「あらゆる仕事，掃除夫，荷揚げ人足，的屋を

---

29)　Ibid. p. 51.

30)　Ibid.

31)　出生，パリ移住後の家族，徒弟修業と書籍労働者組合での活動，パリ・コンミュー
　　　ンと流刑についてのレイノルの緻密な実証研究は，高く評価されるべきである。と
　　　りわけ，流刑地からの手紙の分析は，アルマーヌの人格に迫り興味深い。Cf. S.
　　　REYNOLS, Allemane Avant l'allemanisme. op. cit.

32)　Ibid. p. 4.

33)　Ibid. p. 26.

し，橋の下で寝る」ことがあっても屈しなかった[34]。組合の進歩的な核を形成し，革命的グループを形成しようとした[35]。ただし，次の指摘，「世紀末の社会主義の他の全てのリーダーと異なり，労働者教育に重要性を与えた」[36]は，流刑地から甥や，息子に宛てた手紙で，学ぶことを繰り返し強調していることと併せて，アルマーヌが決して反知識主義ではなかったことを示している[37]。

共和主義者としてのアルマーヌについて。「情熱的な共和主義，囚われの身の彼の手紙を読んだ後では，ブーランジスムの敵，最初のドレフュス派の彼をよりよく理解できる」[38]。「若いときには，彼のペンには社会主義の言葉は出てこない。若いときから，プルードンやフーリエを読んではいたが，彼を，1880年の帰国まで特徴づけたのは，むしろ，パリ植字工の組合主義であり，80年代活動家のジャコバン主義であった」[39]。アルマーヌの社会主義と共和主義は次のように結論される。「アルマーヌは，実際，彼の後半生において，直感の社会主義者になる。若いときに共和主義者であり，コンミューン戦士であったように」[40]。

いま1つの論考，「アルマーヌ，アルマニストとパルティ・ウーヴリエ」を検討しよう。レイノルによると「パルティ・ウーヴリエ」紙は，その発行形態を3回変えており，それに従って，3期に分けて考察されている。以下の検討の便宜のために，同紙にかかわる年表として表5-2を掲げる。

34）　Ibid. p. 9.

35）　Cf. ibid. p. 11.

36）　Ibid.

37）「この時代の彼の活動については断片的にしか情報がないが，書籍労連での彼の活動を特徴づけることになる真面目でエネルギッシュなかかわり，あまり抑制されない性急さ，分裂志向気質を示している」(Ibid.)。これは，アルマーヌの人となりに迫るものである。

38）　Ibid. p. 26.

39）　Ibid.

40）　Ibid.

表 5-2　パルティ・ウーヴリエ紙年表

1878 年	「プロレテール」（週刊）創刊
1883 年	「人民の声」創刊
	「プロレテール」を「プロレタリア」に転換
1884 年	4 月〜10 月　アルマーヌ「プロレタリア」経営
1887 年	「人民の声」ポシビリストの手に
1888 年	4 月ポシビリスト「人民の声」退去
	「パルティ・ウーヴリエ」創刊　（第 1 シリーズ）
1889 年	1 月　ブーランジスト　パリの選挙で頂点　直後に失墜
	アルマーヌ印刷所設立
1890 年	1 月　「パルティ・ウーヴリエ」停止
	5 月　日刊「パルティ・ウーヴリエ」（第 2 シリーズ）
	10 月　C シャテルロー大会　アルマニスト分離
	11 月　「パルティ・ウーヴリエ」週刊化　（第 3 シリーズ）
1893 年	人民の直接立法キャンペーン
1894 年	反軍国主義キャンペーン
	12 月 24 日シャルネー反軍国主義論説
1897 年	ドレフュス擁護キャンペーン

起源と第 1 期　「パルティ・ウーヴリエ」1888-1890 年

　フランスにおいて社会主義政党が生まれつつあった 1880 年当時，宣伝は主に演説によっていたが，新聞も重視し始められ，「すべての党は少なくとも週刊紙を持とうとしていた」。しかし，労働者は新聞を定期購読せず，販売部数も少なく宣伝も見込めず，印刷所の確保もむずかしかった。資金不足が原因で，これらの新聞の生存はつかの間，あるいは不規則なもので，1 回限りか，週刊であり，日刊紙はほとんど不可能であった。結局，パリでは，1883 年 J. ヴァール創刊による，日刊紙「人民の声」が唯一社会主義的で大衆的であり，全ての社会主義思想に開かれており，時には 60,000 部を数えた。同紙はヴァールの死後，1885 年から 1887 年 1 月まではゲード派が支配し，その後ポシビリストのチームに置き換わった。1887 年のパリ市議会選挙でポシビリスト 9 人の当選に

貢献したが，その後の内紛で，彼らは 1888 年 4 月に出てゆくことになった [41]。

ところで，フランス労働者社会主義者連盟は，1878 年創刊の週刊党機関紙プロレテールを持っていた。パリで確固たる読者を持ち，1882 年のゲーディストの分離以来，P. ブルースによって指導されたポシビリストと結びついた。1883 年に日刊紙へ転換されたが，6 月 10 日から 7 月 12 日までの運命で，週刊に立ち戻り，名称は「プロレタリア」に変更された。アルマーヌはこの新聞の立ち直りに深くかかわり，最初の 6 か月間，1884 年 4 月から 10 月，経営に携わった [42]。

1888 年 4 月に発刊される「パルティ・ウーヴリエ」について，レイノルは，上に見られる日刊紙発行の困難さにもかかわらず，「日刊紙として 18 か月存続したのはどうしてであろうか」と問い，「答えは，1888 年 4 月に頂点を迎えたブーランジストの危機にある」とする [43]。後に，労働党ポシビリストがブルース派とアルマーヌ派に分裂し，パルティ・ウーヴリエ紙はアルマーヌ派の機関紙とみなされるようになるが，ウィノックも指摘するように，当時はまだ分裂の危機には至っておらず，党機関紙「プロレタリア」も存在した。あえて，アルマーヌが日刊紙を発行した，また発行しえたのはなぜか。レイノルはこれまで立てられなかったこの問題を提起するのである。

「パルティ・ウーヴリエ」紙は，アルマーヌが中心となったポシビリストと急進派との提携の産物であった。1888 年までに急進派は国中を覆ったブーランジスムの波に大いに苦しめられていた。共和国の防衛のためのキャンペーンは，彼らをポシビリスト社会主義者に近づけた [44]。それを橋渡ししたのが，

41) S. REYNOLS, Allemane, the Allemanists and *Le Parti Ouvrier.* op. cit. pp. 46-47. 反ブーランジストの論説が 1887 年，さらに 1888 年に「プロレタリア」紙に現れた。ポシビリストが他の社会主義者と対立してまでも，反ブーランジスムの闘いに突き進んだことが，彼らが「人民の声」の編集部から離れた原因であった。Cf. ibid. pp. 47-48.
42) Cf. ibid. p. 47.
43) Cf. ibid.
44) Cf. ibid. pp. 48-49. 初めて，一社会主義政党がブルジョワ政治家との公の同盟関

新聞貴族と呼ばれる V. シモンであった。彼は，「1885 年に 40,000 部を数えた」「ラディカル」紙を所有し，さらに，公にはされていなかったが，いま 1 つの急進派新聞である「ナシオン」紙も彼の手にあった。シモンのような急進派シンパにとって，ブーランジスム反対の兆候を示し始めたパリの労働者階級に近づく道は，労働者階級の 1 セクションに忠誠を誓う人々によって出されている日刊紙を金銭的に援助することであった」[45]。「「パルティ・ウーヴリエ」紙の金銭的支持者が 1 個人，急進派とのコネクションを持つ V. シモンであったことは当時の人々には，とくに警察には全く秘密ではなかった」[46]。

　次いで，V. シモンとアルマーヌの関係が明らかにされる。「人民の声」紙から離れたポシビリストで，シモンが最も近かったのは，彼の植字室で働いていたアルマーヌであった。パルティ・ウーヴリエ紙の出発の文脈の中で，彼の職業は金銭的援助者とのリンクを提供した。どのような駆け引きがアルマーヌ，シモン，ポシビリスト党のリーダー（彼らがかかわっていたとして）の間でなされたのかは正確にはわからないが，はっきりしているのはこの新聞は，最初から「ラディカル」と同じ部屋で印刷されたことである [47]。

　出発したパルティ・ウーヴリエ紙の内容は，アルマーヌが社会主義を目指しながらも，その前提としてどんな犠牲を払っても共和主義を守らねばならないと考えていたことを明らかにする。それは，彼の第二帝政との闘争，パリ・コミューン，流刑の体験に根差していた。「最初の読者たちは，それが，階級

係に入ったのである。人権協会の背後での最も活動的な 3 人は，V. シモン，A. ランク（旧コミューン戦士で，ガンベッタ主義者），そして J. アルマーヌであった。Cf. ibid. p. 49.

45)　Ibid.

46)　Ibid. p. 48.　不適切な資金を受け取っていたとの非難は，パルティ・ウーヴリエ紙の存続を通じた絶えざる特徴であった。レイノルは，内務省，パナマ会社，フリーメイソンというこれまで指摘されてきた資金源について丁寧に検討している。Cf. ibid. p. 50

47)　Cf. ibid. p. 49.「アルマーヌの印刷業のキャリアは歴史家によってほとんど見過ごされてきた。それが，さもなくば，パズルのようであり，矛盾している彼の政治的キャリアの多くの側面を説明するにもかかわらず」(ibid.)。

闘争よりも反ブーランジスムキャンペーンに向けられていると考えていた」。
「1871年のコンミューンの虐殺者としての将軍の役割を強調して労働者の読者
に向けられた」。「アルマーヌは，彼の世代の，非社会主義的な，第二帝政期の
敵と共有する強い反ブーランジスムに動かされていた。それは，必ずしも若い
党の活動家とは共有されていなかった」[48]。

　1889年1月にパリの選挙で頂点を迎えたブーランジスムの運動は，ブーラ
ンジェが非合法の手段に訴えることを望まなかったことから，終止符を打たれ
た。シモンの資金援助が止まり，1890年1月に，第1期パルティ・ウーヴリ
エ紙は終わりを告げた。

第2期，第3期パルティ・ウーヴリエ　アルマーヌとアルマニスト

　レイノルは，「パルティ・ウーヴリエ」紙の2期，3期を分けて叙述してい
るが，内容的には共通してアルマーヌとアルマニストの関係の分析であり，こ
こでは一括して扱う。「パルティ・ウーヴリエ」の第2シリーズは1890年5月
に，やはり日刊として始まり，その存在は，10月のシャテルロー大会までの
アルマニストの分離の最高潮の時期と一致していた。1890年11月以降，週刊，
時には隔週刊になり，第3シリーズとされる[49]。

　アルマーヌは1889年に，小さな印刷所を設立した[50]。ただし，「パルティ・
ウーヴリエ」の最初のシリーズは，ずっとアルマーヌによってではなく，「ラ

---

48) Ibid. p. 51.
49) Cf. ibid. p. 54. レイノルは，分裂の過程はウィノックによって明らかにされたが，
　　アルマーヌとアルマニストの関係がまだであるとする。「パルティ・ウーヴリエ」
　　の綿密な調査は，アルマーヌの党内における矛盾した，孤立した位置に光を当てる
　　であろう。
50) Cf. ibid. レイノルは詳細な時期を明確にしていないが，パリ植字工組合内のアル
　　マーヌ派の機関紙 *Réveil Typographique* によると遅くとも5月初めである。レイノ
　　ルは，「これは，パリの政治的サークルにおけるアルマーヌの名声を増大させるが，
　　幾人かの印刷工組合員を遠ざけることになった」とする。　アルマーヌが，この印
　　刷所経営をめぐって，植字工組合のアルマーヌ派と対立することについては，次章
　　で検討する。

ディカル」紙の印刷所で刷られており，アルマーヌの印刷所の最初の顧客の一
つは，党の週刊機関紙「プロレタリア」であった。彼の資金は，最初は日刊新
聞の印刷には足りなかった。しかし，1890年に「パルティ・ウーヴリエ」の
第2シリーズが出たときには，彼の印刷所で刷られ，アルマーヌは党の新聞を
独占的に印刷することになる。この時資金はどこから，何のために出たのか。
アルマーヌの印刷所は小さく，不安定なベンチャー企業であり，彼自身にはそ
の資金はなかった。いくらかは，「プロレタリア」紙上での広告で見られたよ
うに，党のメンバーの分担金の形で得られた。しかし，ここでも資金提供者が
おり，それは若い知識人の1グループであった。レイノルは，証拠はより不確
実であり，「党の内部サークルにも厳しい秘密であった」が，得られた断片的
情報から，28歳の著名な哲学・民俗学者L.マリリエ，その友人で高等師範学
校の若いライブラリアンであるL.エル，関与がより不明ながらすでに帝政期
に法律家であったL.サクレであるとする。エルとマリリエは熱心な反ブーラ
ンジストであり，それが，パリで最も有名な反ブーランジストに力を貸させる
ことになったのである[51]。

　編集，執筆の中心もアルマーヌと，上記3人であった。アルマーヌは新聞製
作に必要な資金を提供する若い知識人に編集責任をある程度任せていた。ひと
たび編集に携わると，彼らの政策は，社会主義にかかわるより広い論説を提供
することになった。マリリエの論説は，この新聞の読者である党員の知識を広
げようと意図するものであり，一種のワンマン労働者教育協会であった。エル
は，とりわけ，他の国の社会主義政党との比較に関心を持ち，彼の論説のトー
ンと性質は，普通のパルティ・ウーヴリエの記事よりもアカデミックであっ
た。彼の，選挙主義，フェビアン主義，漸進主義などの見解はアルマーヌや，
党の分裂を引き起こした怒れる活動家の考えよりも，P.ブルースの哲学に近
かった[52]。しかし，ブーランジスムの危機の最終的消滅，労働党の分裂と両
派の対立の激化は，マリリエを去らせ，エルも後景に退き，パルティ・ウーヴ

51）　Cf. ibid. pp. 55-56.
52）　Cf. ibid. pp. 57-58.

リエは週刊化を余儀なくされる[53]。

　第3期，アルマーヌに最も近しかったのは，L.サクレであり，数年間信頼のおける支援者であった。さらに，2人とも若い事務員であった E. ワンディ，H. ヴァシェが新聞に定期的に執筆した。1894 年には，若い学生 M. シャルネー，20 歳の兵役を終えたばかりの A. バラが加わった[54]。レイノルは，アルマーヌが多数の秘蔵子を持ち一種の父親となっているとの警察の報告はなにがしかの真実を伝えているとした上で，次のように言う。これらの若者は労働者階級の幹部とは異なっており，緩やかに，知識人と言える人々によるアルマーヌに忠誠なグループがあった。彼らは新聞と印刷所に集まり，党の委員会やグループからは疑いの目で見られていた。パルティ・ウーヴリエは革命的社会主義労働者党の代弁者であるより，アルマニスト・フラクションのそれであったと[55]。

　パルティ・ウーヴリエの主要なテーマは以下のとおりである。1893 年には人民の直接立法に関する国際的議論ともかかわって，この年の春から，議会的スキャンダルへの攻撃と結びつけて，国民投票のためのエネルギッシュなキャンペーンを始めた。党のメンバーの共感を期待したが得られず，失敗した[56]。1894 年には，反軍国主義キャンペーンを積極的に行った。アナーキストのテーマと見られた反軍国主義は，権力によって厳しく罰せられ，パルティ・ウーヴリエは多くの殉教者を生んだ。M. シャルネー，6 か月の投獄。アルマーヌ自身，常備軍反対の反軍国主義論説を出版したかどで 1 か月の投獄と罰金，娘婿 A. モルランもアルマーヌ不在中の編集と出版で同様の罰[57]。

---

53)　マリリエは 7 月末までは規則的に「パルティ・ウーヴリエ」に書いていたが，それ以降，彼のペンネームは永久に消える。彼は，社会主義サークルから離れ，アカデミックの仕事に戻る。エルはアルマニスト党に残る。ただし，地区（5 区）の積極的メンバーとしてではなく，学生サークルにエネルギーを向けた。L. サクレは，他の 2 人よりも，1890 年の分裂をめぐる闘争に全面的にかかわった（Cf. ibid. p. 58）。

54)　Cf. ibid. p. 61.

55)　Cf. ibid. p. 62.

56)　Cf. ibid. p. 63. この失敗の直接的結果は，多くのペンネームを含む，新聞編集委員への不信の深まりであった。

57)　Cf. ibid. p. 64. この反軍国主義宣伝は一般党員に人気があったが，イニシアティブ

最後に，ドレフュス事件。ドレフュス有罪に疑いを表明した最初との名誉を持つ，1894年12月24日のシャルネーの反軍国主義論説で先鞭をつけ，「パルティ・ウーヴリエ」チームは，他の社会主義者が躊躇しているとき，1897年の事件の初期にあらためて問題を取り上げた。アルマーヌはゲーディストのためらいを責め続け，ブーランジストの時代を呼び戻した[58]。しかし，このキャンペーンも反ブーランジスムと同様の党内対立をもたらした。党の草の根活動家は，最初はゲーディストに従い，傍観者でいようとした。親ドレフュスの立場への敵対は，知識人やブルジョワに強い不信を持つ，極端な労働主義者 P. ファベロに指導されていた。ファベロは億万長者のユダヤ人の将校の味方をするということで，親ドレフュス17人を党から除名するよう要求した[59]。

対立は，新聞のあり方をめぐって表面化することもあった。1890年12月2日アルマーヌの最も厳しい敵対者が，タイトルに付随する不快な噂と，タイトルを保持することがアルマーヌへの従属とみなされることを理由にタイトルを「階級闘争」に変更することを提案した。17日の集会で，タイトルは保持されたが，同時に，新しく選出された編集委員による運営も決定され，1月上旬に党総会は新しい新聞を始める動議を提出した。アルマーヌは強く反発し，パルティ・ウーヴリエに固執した。彼は今や新聞マネジメントの分野である種の熟練を獲得しており，それが彼の利点となり，計画されたライバル紙は日の目を見ず，新聞は週刊で生き残った[60]。

レイノルは，革命的社会主義労働者党，アルマニスト内部の軋轢を指摘する。「1892年の夏に，警察が革命的社会主義労働者党のパリ連合の主要活動家をリストアップしようとしたときに，アルマーヌは全く言及されていない。そこに挙げられている名前はパルティ・ウーヴリエの論説の著者としては現れてこな

はジャーナリストによるもので，パルティ・ウーヴリエのチームによる挑戦的精神でなされ，党の協力した行動によるものではなかった。
58)　Cf. ibid. p. 65.
59)　Cf. ibid.
60)　Cf. ibid. p. 60.

158

い」と。また，「1896 年までには，内情に通じた人々は，党の本当の指導者は，
表には出ない規律を守る書記 J.B. ラボーであると気づいていた。C. ブリュネ
リエールは 1896 年の手紙で，革命的社会主義労働者党をラボーディストの党
と書いた」と[61]。そして，次のように言う。「アルマーヌと最もアクティブな
活動家との間の決定的な違いは，彼がブルジョワ政治家を強く嫌ってはいた
が，知識人に不信を持っていなかったことである。それ以上に，彼の生涯の多
くのエピソードや，書いたものが示すように，彼は知識人を尊敬し，評価して
いた」[62]と。

　しかし，レイノルは分裂を過大視するのも誤りであるという。パルティ・
ウーヴリエは，党の文献や大会報告，集会の掲示や党メンバーの演説を掲載し
続けた。また，アルマーヌは主要演説家としてのキャリアを続け，社会主義者
サミットに参加した。……そして，公式の代表ではないとしても，党のスポー
クスマンとみなし続けられていた」と[63]。

　レイノルは，次のようにまとめる。パルティ・ウーヴリエはその 3 つの時期
に，異なるアイデンティティーを持った。いつの時代にも新聞を発行するグ
ループが異なりながら，編集者，経営者，印刷者，時にはその 3 つを兼ねるア
ルマーヌとの密接な関係がある限りで統一されている。彼の周りで，人々の
チームを変えながら。あるときは，新聞貴族に短期間，政治的動機で資金援助
を受け，編集方針にかかわられ，また，あるときは，2 人のあるいはグループ
の理想主義的知識人のそれを受けた[64]。

---

61) Cf. ibid. p. 62.
62) Ibid. p. 59.
63) Ibid. p. 62. 次のような指摘もある。ポシビリスト党において，2 つの陣営間で緊
　張が高まっていた 1890 年の春と夏の間，指導部支持の記事が週刊紙プロレタリアに，
　指導部批判が日刊紙パルティ・ウーヴリエに現れた。指導部，反指導部に対して，
　その立場が極めてあいまいであったアルマーヌは両方の新聞を印刷し続けた（Cf.
　ibid. pp. 54-55）。さらに，1892 年に関して，「党と全く関係のない折衷主義の出版
　を行い，もちろん党大会報告や，その他の POSR のための印刷をしていた」と（Cf.
　ibid. p. 61.）。
64) Cf. ibid. pp. 65-66.

　パルティ・ウーヴリエは，部分的には，革命的社会主義労働者党，アルマニストの機関紙の性格を持ちながらも，あくまでも，アルマーヌ個人の新聞であり，その編集，経営も，第 1 期は，ブルジョワ急進派との提携に依拠し，第 2，3 期は，アルマーヌと彼を取り巻く若い知識人によるものであった。これを，詳細に解明したことは S. レイノルの成果である。同時に，この解明を通じて，アルマーヌにおける共和主義と社会主義，労働者主義と知識人重視の葛藤，それを強烈な個性の中に統一したアルマーヌの人間像を示すことに成功している。

お わ り に

　労働者主義を体現しながら，共和政擁護の闘いにも先頭を切った J. アルマーヌは，19 世紀末から 20 世初頭にかけてのフランス労働運動における輝く星の一つである。その原点である，パリ植字工組合，フランス書籍労連におけるアルマーヌの活動を解明することが次章の課題である。

第6章

フランス書籍労連，パリ植字工組合における
J. アルマーヌ

は じ め に

　革命的社会主義労働者党，通称アルマーヌ派を率いて，19世紀末フランスにおける労働運動，労働組合運動に大きな役割を果たしたJ. アルマーヌの活動の原点は，パリ植字工組合，フランス書籍労連にある。しかし，アルマーヌについての研究，言及の多くは，労働党内でのブルース派との対抗，アルマーヌ派の結成と革命的労働組合主義への影響にかかわるものである。また，書籍労連，植字工組合に関する研究においても，アルマーヌの活動の実態，とりわけ，A. クーフェとの主導権争いは未解明なままである。本章は，流刑から戻って以降，1883年に le Cercle typographique d'études sociales を結成し，1884年の *Réveil typographique* 発刊の中心となり，本格的にパリ植字工組合にかかわり，1884年末から1889年末まで書籍労連中央委員として積極的に活動しながら，クーフェとの主導権争いに敗れて退くまでを跡づけることによって，この課題に応えようとするものである。それは，革命的労働組合主義とのかかわりで言われる，アルマーヌの「反権威主義」，「労働者性」の検討による，アルマーヌ像の再構成につながるものでもある。さらに，アルマーヌの退場は，書籍労連におけるクーフェの主導権の最終的な確立であり，本章をもって，これまでの我々のA. クーフェ研究をとりあえず締め括るものとしたい。

　検討の素材，資料はこれまでと同様，書籍労連機関紙 *La Typographie française*，サークル派機関紙 *Le Réveil typographique*，ユニオニスト機関紙 *Le Ralliement typographique* である。本章を構成する3つの節ではアルマーヌと

クーフェの協調によるユニオニストとの闘い，ユニオニストのパリ植字工組合
からの脱退に伴うアルマーヌとクーフェの主導権争いの顕在化，Prolétariat 印
刷所設立がもたらすアルマーヌの書籍労連，パリ植字工組合からの退場を考察
する。なお，第 2 節・第 3 節は，それぞれ，「独立派」について，サークル派
と Réveil 紙についての検討を含むことになる。

第 1 節　アルマーヌとクーフェの協調によるユニオニストとの闘い

　1839 年に始まるパリ植字工組合が中心となって，1881 年に設立されたフラ
ンス書籍労連は，パリ組合の古くからの幹部を中心に運営されてきた。ところ
が，1884 年 5 月に，設立以来の唯一の有給常任書記 J. マンテルが組織運営，
財産管理をめぐって解任される事件が生じた。アルマーヌの指導の下，前年に
設立された植字工社会研究サークルは，5 月 25 日に Réveil 紙を発刊して，書
籍労連の運営，それを担った役員たちを厳しく批判した。これに対抗して，旧
来の幹部を中心に翌 1885 年 5 月 1 日に Ralliement 紙が発刊され，植字工組合，
書籍労連内に明確な二分派が形成されて激しい対立，抗争が生ずる [1]。1884
年末の書籍労連中央委員会委員選挙において，11 人中，J. アルマーヌを含む 5
人が選出されたサークル派は，労連指導部で影響力を強め，アルマーヌはこれ
以降中央委員として積極的に活動することになる。他方，パリ植字工組合は一
時的にサークル派が組合委員会の多数を握るが，ユニオニストに奪回された。
この間の経過，両派の対立の争点については，すでに第 4 章において検討した。
本節では 1886 年における両派の対立の激化，結局ユニオニストによるパリ組

----

1)　1886 年 7 月 1 日付 Ralliement 紙における F. ガルセの論説 Lutte! は，この経過を
　　次のように述べている。「1884 年 2 月 13 日に，炯眼のある幾人かが，サークルの革
　　命主義的主張に抗することを決定したグループの結成を目指す回状をパリの植字工
　　に配布した。3 日後に L'Union typographique が設立され，400 人の仲間が加入した」
　　（Ra. N.17.）と。ユニオン派の形成はあくまでもサークル派への対抗からであったこ
　　とを確認できる。

合分裂に至る経過，そこにおけるアルマーヌとクーフェの協調と対立を検討する。

　J. アルマーヌは，1884 年末に，書籍労連中央委員に選出されて以来，1885 年を通じて，公用による場合を除いて，ほとんどの中央委員会に出席し，また，パリ植字工組合集会にも積極的に参加した。中央委員会代表としてストの指導のためブザンソンに派遣され，アルジェ労働大会出席を利用して周辺での組織活動を行い，パリ植字工組合から選出されてアントワープ国際大会に出席した。さらに，9 月の書籍労連第 3 回大会では運営委員として活躍した。1886 年から 1987 年にかけても，書籍労連第 4 回大会への積極参加等，同様の活動が続いた。ユニオニストとの闘争にかかわる活動を取り上げる前に，書籍労連代表としての地方派遣から，アルマーヌの書籍労連中央委員会における位置を検討しておこう。表 6-1 に，この 2 年間の実績を掲げる。アルマーヌについて，1886 年 3 月ナントを含む西部地方，8 月ブルターニュ，9 月ランスを中心とする東部地方，1887 年に入って，1 月には，リール支部総会で反中央委員会決定がなされたことへの対応のためにリール派遣，5 月アルジェリア全域からマルセイユでの宣伝活動を確認できる。表 6-1 が示すとおり，地方派遣は，ごく一部を除いて，アルマーヌと，A. クーフェに限られ，アルマーヌは，書籍労連中央委員会常任書記と並んで，文字どおり書籍労連の顔としての役割を果たしていたのである [2], [3]。ただし，アルマーヌの場合，西部地方派遣を除くと，フランス労働党の活動と並行したものであり，ここからはどちらの活動に重点が置かれていたのかを判断できない。また，これが，書籍労連の旅費を利用して，労働党の活動をしているとのユニオニストによる非難を呼ぶことにもつながった。

---

2)　アランソンの植字学校に関して公的扶助の代表との交渉に 2 人で臨むこともあった（T.F. N.115.）。
3)　ただし，書籍労連機関紙における論説について見ると，クーフェのものが頻繁に掲載されているのに対して，アルマーヌのそれはごく少ない。

表6-1　書籍労連中央委員会代表派遣

	A. クーフェ	J. アルマーヌ	その他
1886年	2月　アラス	3月　西部地方	
	5月　ブロワ, ボルドー	8月　ブルターニュ	
		9月　東部地方	ジオベ　ロンドン大会
1887年	1月　アブヴィル	1月　リール	リコム　クレルモン・フェラン
		5月　アルジェリア	
	8月　製紙工組合総会		
	10月　リヨン	10月　(労働党大会)	ジオベ　ヴァランシエンヌ

注) T.F. N.106., N.109., N.120., N.121., N.125., N.127., N.128., N.137., N.143., N.145., N.146. より。

　ところで, これらの地方派遣については, 労連中央委員会で報告がなされ, より詳細な報告書が機関紙に掲載された。それらは, アルマーヌの人となりや活動家としての資質を示すものとして貴重である。とりわけ, 1886年の西部地方派遣報告からは, 通常, コミュナールとしての圧倒的な評判, また, 講演における即興性, 熱弁が指摘されるのに対して, 極めて慎重な組織活動を行う姿が見て取れる。簡単に紹介しておこう。この派遣は, ブレストを中心とする書籍労連の活動に限定されたものであった。3月18日夜にパリを発ち, 21日にブレスト, 23日にサン・ブリューで集会参加, 講演。これらは, 比較的容易であった。24日にはラヴァルで, 到着予定を知らせる電報が未着というアクシデントにもめげず, 労連代表の資格を隠しながら, 2つの主要印刷所を訪問し, 現地の仲間とともに将来のために「組合の芽を形成する準備」を行った。「ラヴァルの状況につらい思いをしながらも」, 同日, ナントに着いた。そこでは, 「勘違いに基づく不安によって, 書籍労連からの離脱が生じており」, これと, 書籍労連への「敵対」を克服しなければならなかった。支部集会において, 「任務は困難であったが, 成功を確信し」, 粘り強く訴えを続け, 「53対26で書籍労連復帰の決定」を勝ち取った。ナントの例に倣って分離主義者が策動していたアンジェルへの訪問も成功した。パリへの帰りに, サン・クルーで集会を持ち組織化を試みる予定であったが, 疲れと失声症のため延期したと

されるほど，この西部派遣は激務であった[4]。9月の東部地方派遣報告も精力的な講演，組織活動を示している[5]。アルマーヌの組合活動家としての資質の高さを確認できる。

　すでに検討してきたように，1884年のマンテル事件が引き起こした，旧組合幹部に対する一般組合員の不満，不信は，アルマーヌ率いるサークル派の伸長，ユニオニスト旧幹部との対立となった。後者は，なお，書籍労連傘下の最大組合であるパリ支部（パリ植字工組合）委員会を掌握し，とりわけ，監査委員会を拠点に，サークル派の影響力が強まった書籍労連中央委員会との対決姿勢を強めた。この対立は，1886年に入って一層激しくなり，最終的には，サークル派がパリ植字工組合，相互扶助組合における主導権を掌握し，ユニオニストが別組合を結成してパリ組合の分裂に至る。この経過と，そこでのアルマーヌの役割を検討しよう。書籍労連機関紙から，この間の主要事件を表6-2に整理しておく。

　サークル派とユニオニストの対立が決定的になったのは，5月末に始まり，8月まで続いたパリの1商会でのストライキをめぐってである。しかし，年初からその前哨戦とも言うべきものが繰り広げられていた。校正工組合とパリ植字工組合の間の紛争である。3月20日の労連中央委員会において，校正工組合選出の中央委員セリエが以下の問題を提起した。すなわち，パリ植字工組合と3年前に結成された校正工組合との間に，植字工組合員が校正工の仕事をする場合，後者の組合に入るとの協定が結ばれた。ところが，最近，ユニオニストが多数派を奪い返したパリ植字工組合において，規約が改正され，上記の場合，校正工の仕事をする植字工は，植字工組合に残り，校正工組合に入らなくともよいとした。校正工組合は，これが特定の地域で，特定の仕事をする組合員は，その職業の組合に入らねばならないとの労連規約に反するので，パリ組合に新規約の廃棄を求める（T.F. N.108）と。

　これに対して，パリ植字工組合は，次の監査委員会決定に見られるように

---

4)　Cf. T.F. N.109.

5)　Cf. T.F. N.124.

166

表 6-2　書籍労連に関する 1886, 1887 年の主な出来事

1886 年	
1 月	ユニオニスト パリ植字工組合委員選挙勝利
	サークル派 15 人中 1 人ラバリエル
3 月	パリ植字工組合と校正工組合の間の紛争
5 月	パリ Mouillot 商会でのストライキ
7 月	パリ植字工組合員の労連加盟を任意とする投票
	サークル派　パリ植字工組合委員選挙勝利
8 月	パリ Mouillot 商会でのストライキ収束，敗北
9 月	l'Officiel の植字工のパリ組合脱退，新組合結成
11 月	サークル派幹部パルロの死亡
	パリ分離組合結成
12 月	パリ相互扶助組合臨時総会
1887 年	
1 月	パリ支部組合委員選挙　全てサークル派の候補が当選
3 月	パリ相互扶助組合委員選挙　ユニオニスト敗北
7 月	パリ支部組合委員選挙　サークルの候補者（15 人中 14 人）が当選
	パリ相互扶助組合代表選挙　マンジェオ（中間派）当選
9 月	書籍労連第 4 回大会
	第 4 回大会地方代表による，パリ支部の 2 グループに対する和解の働きかけ

真っ向から対決した。「44 人からなる校正工組合は――校正工は数百人もいる――，新規約によって廃止された数年来の協定の名で，一時的に植字をやめ，校正の仕事をする場合，植字工にこの校正工組合に入ることを強制しようとした」（Ra. N15.）と。さらに，パリ植字工組合は支部の自立性を盾にとって，労連中央委員会の事情聴取のための招集にも応じず，問題は，校正工と植字工組合の対立を超えて，書籍労連中央委員会と，パリ植字工組合の対立に発展したのである。パリ植字工組合によれば，校正工組合は，ごく少数の組合員しか擁していない，取るに足らない組合であるにもかかわらず，書籍労連は，中央委員会に 2 人，事務局に 1 人の委員を受け入れている。したがって，このような中央委員会の指示に従う必要性を認めず，むしろ，校正工を含む関連工組合の労連への代表権の剥奪，さらには中央委員会の廃止までをも求めると（Ra.

N.16.) [6], [7]。

　書籍労連中央委員会は，4月中に3度の委員会を開催して対応を検討し，最終的に，4月24日の臨時中央委員会で，セリエ提案，「パリ植字工組合は，労連規約に合致するよう組合規約第12条を改正する」を採択した（T.F. N.111.)。しかし，それは，17対10と中央委員会を二分するものであり，アルマーヌ，パルロを含むサークル派が，校正工組合のセリエを積極的に支持した結果である。これに対して，少数派となった労連常任書記クーフェは，慎重論を貫いていた。その論拠は，労連規約がこのような事態に対応しておらず，検討の余地はあること，ただし，問題は以前から存在していたのであり，まだ，言われている利益が損なわれているわけではなく，事態の深刻化に驚く，というものであった（T.F. N.111.) [8]。クーフェが，パリ支部との間に，なお，和解の可能性を見ていたのに対して，アルマーヌは，対立を煽る意図を持っていたかどうかは別としても，激化してもやむをえずとし，これをきっかけに組合指導部を奪い返そうとしていたと言ってよい。

　後になってではあるが，ユニオニストは，サークル派がセリエをそそのかして利用したとしている [9]。それだけではない，サークル派の中にも異なる認識

---

6)　ユニオニストの中心人物ルグランからルーアン支部代表グルネ氏あての手紙による。「関連工組合は，1，2の例外を除いて，その職業を代表していない。彼らは取るに足らない少数である」（Ra. N.16.)。「パリ植字工組合（3月2,213人）は労連の組合員の3分の1を占めているが，2票しか持たない。約300人の関連工組合諸支部は5票を持つ。組合員数に応じた投票権を要求する」（Ra. N.16.)。

7)　フランス書籍労連内のパリ植字工組合と，校正工組合を含む関連工組合との関係，1885年の書籍労連第3回大会における，ユニオニストによる，中央委員会のパリ以外の都市への移転提案，中央委員会不要論の展開については，第4章 参照。

8)　Réveil 紙5月1日付には，「規約12条を廃止しなくとも協定を維持するのは容易」とする，労連中央委員会のクーフェと，デクルワ連名の手紙にもかかわらず，パリ組合監査委員会は道理を聞かず，2人の努力が無駄になったとの記事が掲載される（Re. N.54.)。

9)　L. B. Marchenaud による論説 La pharange alerté 参照。「ピエロンにそそのかされたセリエが発見され，長く存在していた中央委員会とパリ支部の争いが極端になった」（Ra. N.29.)。

があった。重要な手掛かりを与えるのは，サークル派の機関紙 Réveil に掲載
された V. ブルトンの以下の論説である。まず，校正工の実態が次のように言
われる。「現在，かわるがわる校正工であったり，植字工であったりしている。
小さなところでは試し刷りを読むのは植字工である。地方では多くそうであ
り，特別な校正工を雇うことはできない。……パリでも組合結成にかかわろう
とする校正工は少数であり，彼らは，元教師，元弁護士，科学者，事務員，バ
カロレア浪人等，不均質である。組合員的感覚を持たず，「職」への帰属意識
が欠如している」と。そして，2 つの組合は何の役にも立たず，「私には校正
工組合があったことが間違いであったと思われる」として，「両組合の合同を
提唱」する（Re. N.53.）。これは，対立するユニオニストの機関紙 Ralliement に
おける次のような記事と照応していた。「校正工には，失業中の教師，舎監など」
いろいろな人が入っている。他方，「教養のある植字工は，いつも最良の校正
工である」，「私は植字工ではあるが，校正工，鋳造工になり，全ての関連工組
合に入ることができる」（Ra. N.16.）と[10]。もちろん，ブルトンがサークル派内
で占めていた位置については検討の必要があるとしても，Réveil 紙に多くの論
説を書いていた J. H. もまた，「中央委員会に対して，パリ支部の新しい規約に
ついての十分な検討の時間を与えなかった校正工の忍耐力のなさが事件を加速
した」（Re. N.54.）と指摘している。このようなサークル派内での異論，慎重論
を知りながら，しかも，書籍労連中央委員会を二分してまでも，アルマーヌが
校正工組合を支持した事実は見落とせない[11]。

---

10)　さきに見たルグランも同じ手紙で次のように言う。「校正工組合とパリ植字工組
　　合の争いは，中央委の頑固な多数派にあおられてより大きくなった」（Ra. N.16.）と。
　　また，Ralliement 紙 6 月 1 日付の 1 論説では，「残っている幾人かのメンバー——
　　クーフェがその 1 人——の見解にもかかわらず，中央委員会は組合に規約改正を命
　　ずる」（Ra. N.29.）として，労連中央委員会内での対立を指摘する。

11)　この問題は，当時のフランスにおける労働組合のあり方について重要な示唆を与
　　えるものとして注目される。フランス書籍労連は，関連工の独自の組合形成を奨励
　　し，参加組合に中央委員を割り当て，当初の植字工，および関連工連盟から，書籍
　　労働者連盟になった。しかし，校正工と植字工は画然と区別された職種ではなく，

　書籍労連中央委員会とパリ植字工組合の対立が頂点に達するとともに，上記事件と同様，労連中央委員会内部の見解の相違が現れるパリの1商会でのストライキについて検討しよう。経過は次のとおりである。まず，5月25日に，パリMouillot商会のパリ近郊Issy印刷所で，植字工に対して賃金切り下げが通告された。パリ植字工組合委員会は，この報告を受け，必要ならストライキを打つことを決定し，翌日から実行された。次の日，同商会のパリ印刷所が連帯ストに入った。これをもとに，パリ植字工組合委員会は，書籍労連中央委員会にストの承認，スト手当の支給を求めた。これに対して，労連中央委員会は，近郊Issy印刷所では，賃金切り下げ，少なくとも，その脅威があり，ストライキは規約にかなっているが，パリ印刷所の連帯ストは，事前に中央委員会に諮られる必要があり，正式には認められず，募金によって支援するとした（T.F. N.113.）。パリ植字工組合委員会は，書籍労連に対するスト支援要求と，介入拒否の間で動揺を繰り返し，ストライキの収拾もできなくなった[12]。最終的には，書籍労連中央委員会が招集するパリ組合員の臨時総会でストライキが収拾され，「200人がポストを失い，1878年と比較しうるほどの損失を被る」（T.F. N.118.）ことになった。また，このストライキ支援のために全国の組合に課せられた臨時組合費負担は，書籍労連傘下の多くの支部を消失させることにもなった（T.F. N.119.）。この間，パリ組合委員会はストライキを指導できなくなっただけでなく，パリ組合員の書籍労連加盟を任意とする提案を組合員投票にかけて否決され，事実上の不信任状態に追い込まれ，7月の組合委員選挙で，サークル派に完敗した[13]。

　　上の事例からも明らかなように，植字工は自由に校正の仕事をした。職としての植字工の優位が存在したのであり，組合もこの原理の上に成り立っていたのである。

12)　書籍労連によるスト承認，支援を求めて，5月27日臨時中央委員会に出席したブロワンは，「救済の相互性を受け入れるが支配されたくない」として，組合委員会の議論に中央委員が参加することを拒否した。それでは，支援を与えられないとされ，一時中座して，組合委員会に諮った後，「中央委員会との一致を受け入れ，支援を要請する」（T.F. N.113.）とした。

13)　投票結果は以下のとおりであった。総数1,675，反対917，賛成666，白票92。「パ

　この経過を見る限り，パリ組合委員会の無能さ，組合指導のずさんさが目立ち，それが組合委員選挙での敗北をもたらしたことは否定しえない。しかし，この事件の全貌と，そこでのアルマーヌの役割を解明する上では，いま少し検討が必要である。まず，確認されねばならないのは，この Mouillot 商会がサークル派の拠点であったことである。労連機関紙 6 月 16 日付，「パリ組合は，首都で最良のものの一つである商会を失った」（T.F. N.113.）。2 つの分派の機関紙はより明瞭である。サークル派の記事は「Mouillot 商会は commandite の考えの強固な場。これを倒すためにスト指令がなされた」（Re. N.58.）[14]。ユニオニストの記事は「皆が知っているように，ヴォルテール河岸の印刷所は，サークルの影響力が強い地区にあり，そのメンバーの多くがそこにいる。この多数は，組合の代表を任命し，Issy 印刷所に連帯を宣言する指令を与えたストライキの投票に加わった。投票は何の疑いも残すものではなかったので，譲歩せざるをえなかった」（Ra. N.20.）[15]。

　Ralliement 紙 10 月 1 日付の「なぜ，サークル員はこの商会を失うリスクを犯したのか。彼らの地区，全くの自由，彼ら自身が雇用，宝の国とうたっている商会を」（Ra. N.20.）との指摘はそれなりに説得力を持つ[16]。また，サークル派

　　リの仲間は労連精神を示した」と歓迎されており，パリ組合委員会の提案の無謀さが明らかではあるが，賛成票も少なくなく，ユニオニストに対する根強い支持層がいたことも示される（T.F. N.116.）。

14)　さらに，Réveil. 12 月 15 日付「Mouillot ストによってユニオン派の組版工を困らせる la commandites de labeur がつぶされた」（Re. N.69.）。

15)　5 月 26 日夜の連帯スト投票に関して，「連帯に賛成した人の中に，全て戦闘的サークル員である D.（現議長），E., G., A. など見出す」。「これらの代表の投票が，高らかに連帯を主張。支部委員会は本質的には和解的感情にもかかわらず，パリのストライキを決定する辛い必要性に迫られた」（Ra. N.20.）。

16)　さらに，Ralliement 紙 11 月 1 日ユニオニスト幹部 ビウールは「労連規約では，中央委員会は Mouillot 商会のストライキを認めない権利を持っていた。パリのストライキを認めないと宣言をする義務があったのでは？　そうすれば，パリ組合委員会は，組合員を商会に戻すことを強制されたはず。にもかかわらず，全ての責任はパリ組合委員会に負わされた」（Ra. N.21.）。

の幹部とみなすべき，Réveil 紙の編集責任者ラバリエルがパリ植字工組合委員
会に席を占め，ストライキに賛成したことも見落とせない。彼は，スト収拾の
ための 8 月 29 日総会において，以下の苦しい発言をしている。「Issy のストを
承認し，次いでパリ Monteur 印刷所のスト投票に引きずり込まれた。中央委員
会と支部委員会の分裂の際に辞任しなかったことを悔やむ」(Re. N.62.) と [17]。
ユニオニストは，一連の事態がサークル派の陰謀であったとの主張を続け，事
実経過をめぐっても，やり取りが続いた。ここで，その当否を検討することは
できないが，アルマーヌがこのストライキ事件にどのように対処したかを検討
する上では確認しておくべきことである。

　書籍労連中央委員会において，アルマーヌは，パリ組合指導部との強い対決
姿勢を取り続け，パリ組合との対立をできるだけ抑えようと慎重論を堅持する
クーフェと対立した。アルマーヌは 6 月 5 日の中央委員会において，「近郊印
刷所のストライキのみを認め，パリ印刷所については支部負担とする」とのセ
リエ提案を支持した。それは，サークル派幹部ナンバー 2 のパルロなどとも対
立した上であり，16 対 3 で否決された (T.F. N.113.) ことは注目すべきである [18]。
また，ストライキ委員委員会が，当初は中央委員会の 2 人の参加を認めていた
のに，パリ組合監査委員会によって 1 人に減らすとされた際に，6 月 3 日の臨
時中央委員会において，クーフェは，1 人でも派遣すべきとしたのに対し，ア
ルマーヌは強く受け入れられないとし，反対 1，棄権 1 を除いて，「1 人も送ら
ないこと」が採択された (T.F. N.113.) [19]。さらに，6 月 7 日の臨時中央委員会
において，クーフェは一部だけでも職場復帰という収拾案を提案したが，アル
マーヌらの反対でストが継続された (T.F. N.113.)。したがって，アルマーヌは，

---

17)　Cf. T.F. N.119.
18)　パリスト支援は保留するとのパルロ案が 16 対 3 で可決された (T.F. N.113.)。
19)　クーフェは 6 月 12 日の臨時中央委員会において，次のように述べてその主張を
　　正当化している。「私だけが，1 代表をストライキ委員会に送ることに賛成した。ア
　　ルマーヌの現在の提案は，様々な出来事とともにその正しさを示している。中央委
　　員会決定は 2 つの委員会の行動を麻痺させた」(T.F. N.114.) と。

校正工組合問題と同様，パリ支部との対立の深まりを，全く恐れていなかった。むしろ，それを通じた，サークル派によるパリ組合指導部掌握が，アルマーヌの意図であった可能性も否定しえない。

最終的なパリ組合の分裂は，官報（Journal Officiel）の印刷を政府の委託で請け負っていた労働者生産組合（株式会社経営）にかかわる問題から生じた。この生産組合は，1880 年設立当初，労働組合が合法化されておらず，法人格を持ちえなかったために，パリ組合の金銭的支援の下，22 人の組合員に株式会社結成を認めたことが出発点であった [20]。パリ組合委員会を掌握したサークル派が，「労働と利益をこの印刷所の全ての労働者の間で平等に分配」しようとしたことから，株主の労働者と対立し，後者が組合を離脱し，新組合 Alliance typographique を結成した [21]。さらに，ユニオニストが掌握する相互扶助組合に対しても，サークル派が，労働組合と相互扶助組合の分離を主張して攻勢をかけ，管理委員選挙に勝利した [22] ことから，ユニオニストが全体としてパリ組合を脱退し，上記 Alliance と合流して新組合を結成したのである [23]。労連機関紙 1887 年 1 月 1 日付においては，パリ支部 [24] の報告として「パリでの

---

20) 労連機関紙 10 月 16 日付論説 La question de l'Officiel「最初はうまくゆく。委員会が作業場の労働を公正な仕方で規制しようとしたときに，株主は抵抗し，組合の後見から逃れようとする。組合は，労働と利益をこの印刷所の全ての労働者の間で平等に分けようとし，株主は，利益の最大限を独占しようとする」(T.F. N.121.)。

21) Cf. T.F. N.121., T.F. N.122., T.F. N.132., Ra. N.21., N.22., Re. N.67.

22) 12 月 19 日に，パリ相互扶助組合の臨時総会が開催され，議長アラリー，ビウール（ユニオニスト）らと，サークル主義者の対立で混乱し，アラリー退席後にマンジェオ議長の下で続行した。アルマーヌがこの流れを主導した（T.F. N.126.）。その後，1887 年 3 月に，相互扶助組合委員選挙が行われ，サークル派が勝利した（T.F. N.132.）。12 月 19 日総会についてのユニオニストの見解については，Cf. Ra. N.24. サークル派については，Cf. Re. N.69.

23) ユニオニスト側からの，分裂の要因には，監査委員会の廃止を含むパリ組合の規約改正もあった。Cf. Ra. N.21., N.22.

24) サークル派がパリ植字工組合の主導権を掌握して以降，書籍労連パリ支部としての性格が強まったことから，以下，パリ支部と表示する。

分離騒動について，200 人がパリ組合を出たが，2,000 人はパリ組合に忠誠」
(T.F. N.126.) とする。しかし，次号では，1 月 9 日パリ支部総会において，組
合退会者 405 人を確認している（T.F. N.127.)。サークル派の楽観にもかかわら
ず，分裂は大規模になり，パリ組合，書籍労連全体に大きな打撃となった。

　この一連の流れには，ユニオニストに対するサークル派の強い対決姿勢が見
られ，そこに，アルマーヌの明示的，あるいは，言外の指導があったことは否
定しえない。それはまた，パリ組合との対立を和らげ，あくまでも分裂を避け
ようとしたクーフェの抵抗を押し切ってなされたのである[25]。

第2節　書籍労連におけるアルマーヌとクーフェの主導権争い

　前節での検討は，1886 年において，アルマーヌとクーフェは対立しながらも
協力してユニオニストと闘ったことを示している。しかし，1888 年 1 月の書
籍労連中央委員会代表選挙，および，代表の任期をめぐる議論において，この
対立が頂点を迎え，1889 年末にアルマーヌの退場となる。とはいえ，アルマー
ヌとクーフェの直接的対立の場面は，3 つの機関紙において，それほど頻繁に
見出されるわけではない。また，アルマーヌが，最終的に書籍労連，パリ植字
工組合を離れるのは，むしろ，サークル派内での対立からであった。この問題
については，次節で検討することとし，本節では，アルマーヌが率いるサーク
ル派とクーフェ，ないし彼を代表とする独立派との争いについて検討する。そ
の際，次の点に留意されねばならない。まず，サークル派については，すでに
見てきたように，パリを中心に，フランスの植字工の中に，フランス労働党の
下部組織としてサークルが存在し，所属メンバーも推定することができる。ま
た，建前はともかく，アルマーヌの主導性はだれの目にも明らかであり，サー

---

25)　6 月 26 日臨時中央委員会における，次の経過も，クーフェの姿勢をよく示す。パ
　　リ組合の回状を機関紙に掲載する要求に関して，「機関紙が中央委員会のもので，
　　労連のものではないと思われるので掲載すべき」と。これは多くの委員の反対にあ
　　い，掲載拒否が採択された（T.F. N.115.)。

クル員によるクーフェ批判は，ほぼ，アルマーヌによるそれと同一視することができる。これに対して，公式には独立派という組織はなく，したがって，クーフェとの関係も明確ではない。クーフェがアルマーヌ，サークル派と対抗するにあたり，全く個人的に行動し，また，偶然に依拠していたとは考えられず，何らかの組織活動があったはずであるがその実態は不明である[26]。この点の検討は，対立そのものの解明の準備作業であるだけでなく，両者の対立の重要な一面を明らかにするものでもある。

　独立派が正式な組織ではなく，基本的に他称であり，*Typographie française* で取り上げられないのは，書籍労連の公式機関紙という性格上当然である[27]。2つの分派の機関紙について見ると，独立派についての言及は，サークル派のRéveil紙では，1889年末の労連中央委員の選挙にかかわる一連のものを除くと，1886年末の2つのみである。まず，11月10日付，E. V. による論説L'Accordでの10月30日パリ支部臨時総会における規約の議論にかかわる以下の叙述。「我々は独立している，どのようなグループにも従属しておらず，我々の決定によって分離は終わるはず（と彼らは言った）」。「婉曲表現，デュガやクーフェによって展開される演説の巧緻さにもかかわらず，66条についての議論の中で，以下の原理は守られた。すなわち総会が最高決定機関であると認められた」(Re. N.66.)。E. V. はRéveil紙の経営面での責任者で，後に，アルマーヌとともに印刷所を設立することになるE. ヴュイユであるとみなせるので，これはサークル派全体の認識としてよい。クーフェ以外にデュガの名前が挙げられ，組織としての独立派が確認されている。いま1つは，12月10日付，地方の1同志からの手紙への回答で，「この通信者は，次の選挙が戦いの場ということを知らない。3つのリストが言われている。サークル（現委員会），ユ

---

26) なお，クーフェが所属していたプロレタリア・ポジティヴィスト・サークルは，極めて狭い組織であり，植字工の独立派に属する人々とは無関係と考える。第2章参照。

27) 唯一，独立派への言及とも言えなくはないのは，後に取り上げる，2月16日付における1月16日中央委員会での1委員リコムによる発言である（T.F. N.105.）。

ニオン，独立派。独立派がユニオンを利するなら在方がないが，そうはならな
いであろう」(Re. N.68.) と。ここでも，独立派の存在が確認される。これ以
降，1889 年末まで，独立派への言及がないのは，サークル派が，批判の対象
としてクーフェ個人は重視しながらも，組織としての独立派を軽視していたこ
とによるものであろう。

　多くの言及が見られる，ユニオニストの機関紙 Ralliement を検討しよう [28]。
1886 年 9 月 1 日付に，「独立派と全てのパリ組合員への訴え」[29] との興味深い
記事が見られる。「我々は，独立派（indépendants）を宣言する人々に訴える。
その幾人かは，パリ組合委員会と中央委員会に席を占める。我々は，我々が戦
う相手と，彼らを混同しない。正当性が侵されたのであるから我々を助けてほ
しい。……全ての社会秩序の敵であり，我々を分裂させようとしているセクト
の少数派の策動に抗するために我々と協力してほしい」(Ra. N.19.) と。いつ，
どこでの事実を指すかは確認できないが，「独立派を宣言する人々」との表現
には，7 月のパリ組合委員選挙で敗北を喫した直後，彼らに期待を寄せるユニ
オニストの心情が鮮明である。しかし，それは失望に変わる。パリ組合の規約
改正にかかわる，11 月，12 月の A travers Règlements et Assemblées とする連
続論説では，独立派が，総会と組合員投票に関する，些細なサークル派の譲歩
に満足したとし，「偽独立主義者（pseudo-indépendants）」(Ra. N.21.) と罵ってい
る。さらに，独立派が組合規約を離れ，「女性や徒弟を組合に入れることを主
張する，アナーキストの労働者党への追従者であるのか」(Ra. N.22.) と [30]。す
でに分離派組合が結成され，ユニオニストは独立派との提携に見切りをつけた
のである。それはともかく，「偽独立派」として，ベルナール，デュガそして
クーフェの名が挙げられている（Ra. N.22.）ことが見逃せない。特定の人間集団
としての独立派がより明確に想定されている。1887 年 10 月の書籍労連全国大

---

28)　Ralliement 紙は，すでに 1885 年に，「独立派」と題する論説を掲げている（Ra.
　　N.3.）。この点については，第 3 章 参照。
29)　署名はないが，内容からして，ユニオニストの公式の見解と考えられる。
30)　署名はイニシャル Y. で，筆者の特定はできない。

会についての特集号においても同様の認識が表明される。すなわち，クーフェが労働組合法をめぐって，アルマーヌを批判しているが，「このような人（アルマーヌ）に服従しているとき，独立派というのは不可能。独立派は獲得した地位を守ることに懸命。指導者の目的を隠すのに役立っているだけ」(Ra. N.33.)と。ただし，次の号での「代表ル・ジュンヌ（独立派）は，サークル主義者ベルナールに置き換えられた」(Ra. N.35.)との指摘[31]は，ベルナールを独立派としたさきのものと矛盾しており，ユニオニストによる独立派組織の認識が定まっていないと言える。

1888年，1889年においても，提携を期待しつつ，それが実現されないことに失望するという，ユニオニストの独立派に対する言及の基本的構造は変わらない。1888年2月1日付，1887年末の中央委員選挙に関する論評。「前号で，独立派を自称する党派が，パリでの闘争をほとんど放棄して，地方で反撃しようとしていると言った」。「卑劣なパリサークル主義者よりもましな自称独立派が多数を占める」(Ra. N.38.)。独立派を「党派（parti）」とする表現は初めてである。こうして，サークル派との分裂を評価しようとする。しかし，続けて，自称独立派はアルマーヌに屈服するのか，と不信感を表明する (Ra. N.38.)。また，7月1日付では，「独立派を自称する人々の長であるクーフェは，隠れたサークル主義者でしかない。独立派が和解に到達したいというなら，我々の組合本部に来るべき」と (Ra. N.43.)。1889年3月20日付では，「我々の代表はパトロン代表と話し合い，混合委員会を提案。独立派がこれを評価し，我々との融合に向かうことを期待する」(Ra. N.51.) と[32),33)]。

---

31) パリ組合代表と考えられる。Réveil 紙も，ベルナール（H.）を，パリ組合委のサークル派候補としている (Re. N.43.)。

32) アルマーヌ，サークル派についての次の叙述も見落とせない。「指導者（アルマーヌ）は欠席。市議会か下院の立候補に熱。代わりに副官ラバリエルが演壇を占拠。何もかもぶち壊し。サークルが場の主人であり，自称独立派の弱さのおかげでそれを続ける見込み」(Ra. N.41.)。

33) 1888年11月5日付も同趣旨。「独立派は，我々が総会を制限していると抗議し，年4回を義務づけた。監査委員会廃止の共犯者になった。独立派は満足し，丸裸に

　1888年5月1日付，パリ支部主催の集会についての論評は，Ralliement 紙における独立派に関する記述で最も重要なものである。すなわち，まず，「200人ほどが，いわゆる独立派のグロッセ，ボリー，クーフェ，メレージュ等の愚論を聴く。彼らは rue de Bailleul（分離派組合）の組合員との合意が必要であると示そうとする」。なお「愚論」とはしながらも，独立派が，ユニオニスト分離派との提携に傾いていることを評価している。それとともに，さきに挙げたデュガヤル・ジュンヌに加え，クーフェ以外に独立派の指導者層とも言える3人のメンバーを指摘することが注目される。さらに，その一人，「ボリーによると，la rue de Savoie の組合（パリ支部）には，500人の独立派と，500人の無関心層と，200人のサークル主義者がいる。したがって事実上3つの組合がある」との紹介は，間接的ながら独立派自身によるパリ組合における力関係についての認識を示すものである（Ra. N.41.）。これまで，「独立派」を他称であるとしてきた。ユニオニストの叙述には，独立派の「宣言」，「自称」，「党派」などが見られたが，なお，根拠が示されたものではなかった。ここでは，独立派の一人が，公然と自らを名乗り，その存在を誇示している。パリ組合の再統合問題とかかわり，曖昧であった独立派の輪郭が明瞭になりつつあると言える[34]。

　サークル派と独立派，アルマーヌとクーフェは，具体的な問題で見解を異にし，ぶつかることもあったが，それは，上記 Ralliement 紙の検討からも推察されるように，ユニオニストの期待に反して，決定的なものとはならなかった[35]。

　　されるがままになっているのか」（Ra. N.47.）と。また，1889年1月5日付。「すでに述べたように中央委員会には容赦なく戦いあう2つのグループがある」（Ra. N.49.）と。

34)　ただし，この時点でもまだ，「選挙でなぜ無関心層と手を組んでサークル主義者を落とさないのか。なぜ，自分の考えを実行に移さないのか」（Ra. N.41.）との批判が主となっている。

35)　この時期に対立した問題としては，クーフェが派遣されたロンドン国際大会，機関紙，一般に組合活動と政治活動の関係，労働党への代表派遣の可否などがあった。また，サークル派によるクーフェ攻撃の最大のものは，J. フェリーに関するポジティヴィストの見解表明批判があった（Re. N.94.）が，これも不発に終わった。

その対立，抗争は，結局は，書籍労連中央委員選挙，中央委員会代表[36]選挙と，代表任期をめぐる議論に集約されることになる。労連中央委員選挙と中央委員会代表選挙結果を表6-3，表6-4に掲げ，それに基づいて考察を加えよう。

この間，書籍労連中央委員会委員選挙は，1885年末，1887年末，1888年末の3回，また，中央委員会内での役員選挙は，1886年1回，1887年2回，

表6-3　書籍労連中央委員会委員選挙結果

1885年末パリ植字工組合選出　T.F. N.100., Re. N.43.
アラリー752票　アルマーヌ717票　クーフェ698票　ジオベ675票　以下省略
サークル派が11人中9人を占める
1887年末パリ植字工組合選出　T.F. N.148.
クーフェ687票　ジオベ657票　アルマーヌ651票　以下省略
サークル派　11人中9人
1889年末全支部投票　T.F. N.198.
中央委員選挙結果　独立派21人　サークル派4人
サークル派内で辞任するか，留まるかの議論　留まるに決定　Re. N.142.

表6-4　書籍労連中央委員会代表選挙

1886年	1月7日中央委員会	クーフェ27票（28票中）
1886年	7月3日中央委員会	クーフェ（無投票?）[1]
1887年	2月16日中央委員会	クーフェ14票　白票2
1887年	7月2日中央委員会	クーフェ15票　ジオベ1票
1888年	1月7日中央委員会	クーフェ18票　パルロ11票[2]
1889年	年初中央委員会	クーフェ13票　パルロ3票　白票4[3]

注）1）1886年7月16日付T.F. N.115.が，7月3日の中央委員会に関して，事務局構成として「代表書記クーフェ　財政エンシエル　会計A.ルフェーブル　新聞ジオベ」を挙げるのみである。
　　2）1888年2月1日付T.F. N.152.
　　3）1889年2月1日付T.F. N.176.　秘密投票

36）　中央委員会報告における用語として，1886年7月3日付では代表書記（secrétaire délégué）（T.F. N.115.），1888年1月7日付では代表（délégué）（T.F. N.152.）が使われている。これまでは，常任書記とし，また，実態は変わらないが，ここでは代表と表記する。

1888 年 1 回, 1889 年 1 回である。まず, 1885 年末中央委員選挙とそれに基づく, 1886 年 1 月代表選挙を検討しよう。この中央委員選挙は, それまでパリ植字工組合 11 人, 関連工組合 8 人, 計 19 人をあらため, 地方選出 15 人を加えて計 34 人とするものであった。パリ植字工組合選出委員は, サークル派候補が 11 人中 9 人を占めた (T.F. N.100., Re. N.43.)。地方選出委員については, Réveil 紙, Ralliement 紙ともに言及がなく, 1 月 16 日中央委員会での一委員リコムによる次の発言が唯一の手掛かりである。すなわち, 「最近の投票が中央委に送り込んだ, 全てのグループから独立した人の数は, 地方が, 代表は専ら労連の利害のみに従うことを要求していることを示す」(T.F. N.105.) と。正確な数は不明ながら, 労連中央委員会における勢力関係が示唆される。

　代表選考の経過は次のとおりである。まず, 1886 年 1 月 7 日中央委員会で, セリエが「1 人の人間が 1 つの役を継続することの危険性」を根拠に, 役員の任期を 6 か月とする提案を行った。クーフェは, 「仕事に慣れたときに解任されることになり, イニシアティブの破壊につながる。マンテル事件は任期の問題ではなくコントロールの欠如によるもの」と反対を表明した。これに対して, サークル派のパルロ, エンシェルが, 「任務を果たしていれば再選される」として 6 か月案を支持し, 結局, 20 対 8 で採択された (T.F. N.104.)。地方選出委員の委員会出席が困難であったことを考慮しても, サークル派の影響力の強さが明らかである。ただし, 代表については, これも, サークル派の中央委員であるジオベが, 「任務を果たしたとして, クーフェの継続を提案」し, 28 票中 27 票, 白票 1 で, 引き続きクーフェが選出された (T.F. N.104.)。これに関して, Réveil 紙も, Ralliement 紙も全く論評していない。6 か月後の改選については, 労連機関紙にも記載が見られず, これは, パリの大ストライキ争動の最中で, 代表選挙どころではなかったことによると考えられる。しかし, 1887 年の 2 回の選挙については, 労連機関紙によれば, 表 6-4 のとおりであり, ほとんど無投票に近い状態でクーフェが選出されていて, これについても経過は不明である。とりあえず, この間の代表選挙において, 大きな影響力を持ちながらもサークル派が候補を立てなかった事実を確認しておく。

　サークル派が代表選挙で唯一対立候補を立てたと言ってよいのは，1887年末の中央委員選挙の結果を踏まえた1888年1月7日の中央委員会においてであった。財政担当として，中間派のコルドヴァが26票，白票1で選出された後，代表選挙に関して，若干の議論があった。「多くの委員を代表して」，サークル派のフロニーが「クーフェを評価しながら，民主主義の観点から交代を要求」した。クーフェは「今こそ経験が必要であり，障害になるなら言われなくとも辞める」と強く反論し，2人の委員も反対を表明した。最終的にアルマーヌがフロニーに賛成しパイヨを推薦した。結果は表6-4に示すとおりクーフェ18票に対してパイヨ11票と，サークル派の敗北となった（T.F. N.152.）。続く1月21日中央委員会において，6か月ごとの役職の交代について激しい議論が交わされた。代表任期に関してクーフェ支持を表明したデクルワによる「6か月では短すぎるので2年を提案する」との発言が発端であった。これに対して，アルマーヌが直ちに反論した。「（提案には）代表の特権を見る。全ての役員は同格でなくてはならない。現代表に何の問題もないが，過去の問題は6か月ごとの改選があれば防げた」と。クーフェは「代表職が成果と献身を持ってなされるには安定が必要。短期間での選挙は刺激を与えるものではない。アルマーヌの言及する事件は短期間の選挙でも起こりうる。警戒の不足と信頼しすぎから生じた」と持論を繰り返すにとどまらず，次のようにサークル派に対する攻撃的な発言を行った。すなわち，「半期ごとの選挙は深刻な問題を引き起こす。とりわけ植字工に無縁な利害に関心を持つ何らかの党派が，代表を置き換えるための策動をする場合には」と。そこでコルドヴァの「全ての役職の1年任期」提案が出され，サークル派は強く反論した。記名投票の結果，アルマーヌ案が14対9で否決され，コルドヴァ案が17対6で採択されたのである（T.F. N.153.）。

　以上，代表選挙ではサークル派が攻勢に出ているように見えるが，役員の任期に関する議論は，1886年のそれとは異なり，独立派のイニシアティブによるものであり，サークル派は明らかに受け身に立たされている。さらに，コルドヴァの「1年案」も準備されていたと考えるのが自然であり，サークル派は

アルマーヌ案9票から，6票に切り崩されている。独立派，クーフェの思惑どおりに進んだとさえ言える[37]。1887年末中央委員選挙と1888年初頭の書籍労連中央委員会は，アルマーヌとクーフェ，サークル派と独立派の争いの帰趨を定めることになった。重要な手掛かりを提供する Réveil 紙の2つの記事を中心にさらに検討を加えよう。

まず，11月25日付，編集局による選挙結果についての表明である。すなわち，パリ支部での投票においてユニオニストの策動にもかかわらず，投票者の数は相対的に多く，投票結果は，植字工たちがその義務を果たしたことを示しているとし，「今回，我々は，慎重さを守り，活動家が完全に介入しない選挙を経験した。それは，どこに植字工の多数派が有るかを見ることを可能にした」(Re. N.91.) と。次いで，1888年1月10日付は，アルマーヌによる巻頭論説 Élections provincials を掲げる。アルマーヌは，パリでの選挙に関して，編集局表明と同様，積極的宣伝を慎みながら良い結果が得られたが，地方についても同様の態度をとったところ，「独立派」を喜ばせることになったとする。彼は，「独立派」を敵とみなさざるをえないとし，「戦争の準備をしていた」とさえ言う。選挙結果がサークルにとって新しい試練ではあるとしても Réveil 紙は将来に絶望せず，賃労働の廃止に向かって前進すると決意を述べる（Re. N.94.）。

パリでの中央委員選挙について，前回の1885年末選挙においては，サークルの総会決定に基づき，Réveil 紙にサークル派候補の11人のリストが掲載され9人当選の結果が発表された（Re. N.41, 42, 43.）。これに対して，1887年末選挙では，編集局，アルマーヌともに，積極的運動をしなかったとするように，Réveil 紙に候補者リストは見当たらない。これが何を意味するかはともかく，サークル派の当選人数は，種々の記事から判断して，少なくとも11人中9人であり，「多数派」を獲得したことが確認できる[38]。問題は，地方選の結果が

---

37) 地方選出中央委員であるコルドヴァは独立派と言うよりは，中間派と言うべきである。投票において，クーフェが「1年案」に反対票を投じていることもかえって事前の準備を感じさせる。

サークル派によって1月7日以前に認識されていたかどうかである。アルマーヌの論説が，1月10日付できわどいが，論調からすると1月7日の中央委員会での代表選を反映しており，そこで初めて地方選の結果を知ったように読める。とすると，サークル派は，パリでの投票結果だけをもとに，勝てると判断して代表選に臨んだことになり，それも自然な推測である。Ralliement 紙，1888年1月1日付 N.37. Pauvre Fédération! は，地方支部による中央委員選挙候補者名を提出したのは，大部分が自称「独立派」である（Ra. N.37.）としているが，まだ結果を確認しているわけではない[39]。サークル派が，地方選について結果を知った上でならばもちろんのこと，知らないまま，初めて代表選に候補を立てて闘ったとすると，楽観的，さらに言えばずさんと言わざるをえない。ここには，サークル派の組織活動の弱点が浮かび上がることになる。

　すでに見てきたように，サークル派は書籍労連代表を含む全ての役員の任期を6か月とすることを一貫して主張してきた。Réveil 紙1887年8月10日付は，これを理論づける編集局の論説 A nos syndics を掲載する。相互扶助組合代表選挙結果を踏まえ，以下のように言う。「パリの植字工は3度にわたって Réveil の候補者に相互扶助組合の管理を委ねた。1人に委ねるのは危険。代表の役割は，組合委員会によって決定された手段の執行に限定されるべき。古い管理のやり方をあらためて，新しいそれに代えるべき。全ての委員がその委任を果たせるような管理組織の研究に直ちに取り掛かるべき」（Re. N.84.）と。これと符合するように，様々な組織における監視委員会（Comité de vigilance）を提案し，

---

38) サークル派の当選者として，1885年末の候補者リストと重なるジオベ，アルマーヌ，パイヨ，ドシャンクール，ポンピリオ，ルフェーブルと監査委員候補モーランを合わせて7人（Re. N.43.），1889年末選挙結果からフロニー，プティの2人（Re. N.142.），計9人を確認できる。上記代表任期アルマーヌ案の支持9人と合致する。それ以外の当選者は，クーフェとベレーであり，後者については所属不明である。

39) パリの選挙については，1,496人中845人，半分しか投票していないのにアルマーヌ派の機関紙はたいしたものとしているとし，委員の多くが外国人であり，労働組合法に違反していると言う（Ra. N.37.）。

組織する。すなわち，労働党市会議員団を監視する委員会，労働審判所委員を監視する委員会，労働取引所代表監視委員会など (Re. N.81, 82.)。また，規約によるとサークル内においては役員を四半期ごとに改選することになっている[40]。ここには，サークル派，アルマーヌ主義の根本原理とも言うべき反権威主義が貫かれている。この原理の評価は措くとして[41]，書籍労連においては，次のことにつながった。まず，「代表」の役割の軽視である。すでに見てきたように，中央委員会の議論においては，サークル派はいつも多数を占めており，6か月任期さえ維持していれば，あえて，代表をサークル員にするまでもないと判断していたと考えられる。いま1つは，クーフェ，独立派の軽視である。結果から見れば，クーフェは，一貫して代表の地位を堅持し，中央委員選出方法の変更など，着々と手を打ち，6か月任期制を覆すことにも成功している。サークル派，アルマーヌは，このようなクーフェに全く無警戒であったように見えるのである。

　1887年末の中央委員選挙と，それを受けた1888年初頭の代表選挙，代表任期1年化は，サークル派に抗して労連中央委員会におけるクーフェの地位を確立した。しかしながら，アルマーヌが書籍労連を離れるのは，1889年になってからであり，サークル派が影響力を決定的に失うのも，1889年末中央委員選挙によってであった。簡単に，1888年の状況を確認しておこう。労連機関紙によると，クーフェが，2月アルジェ，5月ナンシー，10月サントルに紛争解決と組織化のために代表として派遣され，また，年末にロンドン国際労働者大会に派遣されている[42]のに対して，アルマーヌは，4月にヴェルサイユで

---

40)　役員として書記，書記補，会計が挙げられている (Re. N.101.)。

41)　ある種の理想論のように見え，そのような評価もある。しかし，現実的に見ると，このような監視委員会や，また役員の権威を制限することが，アルマーヌの影響力を発揮し，維持することにつながった可能性を否定できない。書籍労連中央委員会においても，アルマーヌは，クーフェと並んで代表的な役割を果たしているが，自ら代表になろうとはせず，また，クーフェに対抗できる候補も養成していない。1886年11月に，ナンバー2とも言うべきパルロが急逝したことが，サークル派にとって痛手であったとしても。

42)　Cf. T.F. N.156, 160, 171, 173.

講演し，6月サン・テティエンヌ，リヨン，9月リモージュ，ニオールに中央委員会代表として派遣されている[43]。クーフェの比重が大きくなっていることは間違いないとしても，この年は，アルマーヌがパルティ・ウーヴリエ紙を発刊して，反ブーランジスムの先頭に立っており，その間にも書籍労連の顔としての役割を果たしていることは確認されねばならない。また，年末の労働審判所委員の選挙にあたっては，サークル派の幹部パイヨがパリ組合，書籍労連の推薦を受け，ユニオニストの推薦候補を破って当選し，アルマーヌはこの運動でも中心的役割を果たしている[44]。

Réveil 紙では，すでに指摘したように，1888年1月10日付，1月25日付が連続して，E. V. 名で，J. フェリー下院議員襲撃事件についてのポジティヴィストの手紙にかかわって，クーフェ批判を掲載した。「中央委員選挙の前に公表されていれば，687票の3分の2を減らしたであろう」（Re. N.94.）と，厳しい言葉が使われたが，それ以上の展開はなかった[45]。その後も，パリ組合での新規加入の増大，パイヨの労働審判所委員の当選など，ユニオニストとの闘争の記事が見落とせない[46]。事実上は独立派との共闘が維持されたのである。

第3節　サークル派，Réveil 紙とアルマーヌ

アルマーヌの書籍労連からの離脱は，直接にはサークル派内の対立から生じた。アルマーヌとサークル，Réveil 紙との関係を検討し，その上で，事件そのものを考察しよう。Réveil 紙は，フランス労働党に所属する社会研究植字工サークル Cercle typographique d'études sociales の機関紙である。しかし，こ

---

43) Cf. T.F. N.159, 162, 169. ニオール派遣は，リモージュにいたアルマーヌに紛争解決が依頼されたもの。

44) Cf. T.F. N.167, 168, 173.

45) 年末のロンドン大会におけるクーフェの行動への批判がなされたが，対立をあおる性格のものではなかった（Re. N.118.）。

46) Cf. Re. N.96, 100, 117.

のサークルがいかなる組織であったのかは，これまで全く明らかにされていない。我々は，第3章で，その基本路線について検討した。ここでは，断片的ながら，Réveil 紙から得られる手掛かりをもとに，サークルの会合，組織員，機関紙読者等を通じて，その組織としての実態を再構成したい。Réveil 紙 1888年4月25日付は，社会研究植字工サークルの規約，原理の宣言を掲載している（Re. N.101.）[47]。この規約は，書記，書記補，会計の四半期ごとの改選を定めているにもかかわらず，彼らが構成するはずである役員会の規定は見当たらず，役員会についての記載も，例外的にそれらしきものがあるだけである（Re. N.54.）[48]。上記規約には，総会の規定はなく，散見される「総会報告」中に，「アルマーヌが毎月開催を要求した」（Re. N.72.），「アルマーヌの意見に従って月2回に決定した」（Re. N.115.）との記述が見られるだけである。上記役員の四半期ごとの改選規定と合わせてみても，月1回程度，定期的に総会を開いていたはずではあるが，Réveil 紙上での掲載は，極めて不定期であり，内容も不統一である[49]。1885年から1888年にかけて4年間で計11回の「総会報告」が掲載されており，その概要を表6-5に整理しておく。

---

47)　Cercle Typographique d'étude sociales. status, déclaration de principals. Re. N.46. この時期に，あらためて規約や，主要宣言が掲げられた理由は不明である。初期の Réveil 紙に掲載されていた可能性はあるが，我々が規約を見出すのはこの号のみである。

48)　5月5日の séance（会議）で，5月19日総会を決定し，議題を定めたとある（Re. N.54.）。ここからすると，この séance は，役員会であるということになる。それ以外には同種記述を見出せない。

49)　労連機関紙は，中央委員会については，必ず，漏らさず議事録概要を掲載している。若干の変容はあるとしてもほぼ統一された形式でなされており，機関紙を通じた組織運営の方針が明瞭である。これと比較すると，サークル— Réveil 紙は，その程度が低い。もちろん，労連が地方組織の統合を課題としており，サークルは地方に構成員がいるとしても，パリを中心とし，直接的な意思疎通の可能な組織であったことも，両者の性格の違いをもたらしていると考えられる。相良匡俊によれば，当時，労働運動においてはなお，直接的な人間関係が支配的であり，理論・出版物を通じた組織が重要性を増すのは世紀転換期である。その点では，労連機関紙や Réveil 紙，さらに Ralliement 紙は先駆的なものであった。相良　前掲書 参照。

表6-5　サークル総会概要

N.24.	1885年1月18日	パリ組合役員選挙候補者の決定
		次のパリ組合総会での議論のためにアムネスティについてアルマーヌによる方針説明
N.41.	1885年10月25日	労連中央委員選挙候補者決定，労働審判所委員選挙
N.45.	1886年1月3日	パリ組合委員候補者決定
N.55.	1886年5月19日	労働党の集会 Congrés fédérative du Centre に関して
N.56.	1886年6月16日	上記集会に関する準備報告，参加者決定
N.72.	1887年2月6日	印刷所を公的部門にすることが植字工にとって有用とのアルマーヌの講演
		ヴュイユによる財政報告
N.81.	1887年6月5日	労働党監視委員会設立に関する議論　アルマーヌ案採択
		第2議題　アルジェリア各地でのアルマーヌの活動とその成果
N.83.	1887年7月17日	労働党地方集会代表にアルマーヌら3人の選出
N.86.	1887年9月4日	労働審判所委員による監視委員会への報告
		アルマーヌ　労働党大会報告
N.110.	1888年9月2日	規約　グループを形成する最少人数　アルマーヌ案採択
N.115.	1888年11月25日	ヴュイユが週1回の集会を提案　アルマーヌの議論に従って，月2回を決定

　上記規約は，週20サンチームの会費を規定している。しかし，サークルが労働党に所属し，権力との関係で公表することを憚ったのか，直接会員数に言及した記述を Réveil 紙上に見出すことはできない。構成員について，最も重要な情報として，書籍労連中央委員会委員候補者リスト，パリ組合委員候補者リストを取り上げる。1885年1月から1887年1月について表6-6に整理する。それ以降1887年から1888年にかけて若干の変化はあるがほぼ同様であり，省略する。パリ組合委員候補者とパリ支部選出労連中央委員会委員候補者は重なりがなく，合わせて中核的な構成員として，パリに25人余りと見ることができる。地方支部選出書籍労連中央委員会委員候補者リスト（Re. N.44.）は，パリ外へのサークルの広がりを確認できる唯一のものである。詳細は不明であり，サークル員が各地に1人ずつとは考えにくいが，最少14人である。これ以外に，パリ組合監査委員会委員候補者リストとして，ベルナール，フロニー，パルロ

表6-6　書籍労連中央委員会委員候補者リスト，パリ組合委員候補者リスト

N.23.	パリ組合委員候補者リスト	フロニー，ラバリエル他11人
N.31.	パリ組合委員候補者リスト	フロニー，ラバリエル，パルロ他15人
N.41.	書籍労連中央委員会委員候補者リスト（パリ組合選出）	アルマーヌ，ジオベ他11人
N.44.	書籍労連中央委員会委員候補者リスト（地方支部選出）	エンシエル，パルロ，ヴュイユ他14人*
N.58.	パリ組合委員候補者リスト	ベルナール，フロニー他15人
N.70.	パリ組合委員候補者リスト	ベルナール，フロニー他15人

注）このときには，他にシンパ候補1人を推薦している。

を含む50人が掲げられており（Re. N.48.），この3人を含むこれまで名前の挙がったものを除くと40人となる[50]。1887年2月6日のサークル総会に50人が参加した（Re. N.72.）とする記述があり，創刊号で約20人のメンバーがいた（Re. N.1.）とされることからすると，1885年には，サークルはその勢力を確実に伸ばし，それ以降も少なくとも維持していたと言える。同じく創刊号によると，「1883年12月23日のサークルの会合に200人の組合員が参加した」（Re. N.1.）とあり，また，すでに指摘したように，Ralliement紙1888年5月1日付は，「パリ組合に200人のサークル主義者がいる」（Ra. N.41.）との独立派のボリーの発言を紹介している。Réveil紙N.88., N.100.はそれぞれ，1887年9月末，1888年3月末の機関紙の状況を報告しており，読者数について手掛かりが得られる。販売合計額が300フラン余りであり，3か月1フランから推測すると300人となり，もとより厳密ではないが，200人から300人あたりがサークルの影響力の下にあったことを推測させる。

　サークル設立の経過は不明ながら，アルマーヌの主導性は創刊号に明らかである（Re. N.1.）[51]。サークルのそれ以降の運営から彼の位置，役割を検討しよ

50）　パルロ，ヴュイユは，上記地方支部選出書籍労連中央委員会委員候補者リストにも名前が挙がっている。1885年10月から1886年2月に職場を変わったとも考えられず，厳密なものとして扱うことはできない。

51）　Ralliement紙には，「（アルマーヌは）宣伝のためにサークルを結成した」（Ra.

188

う。すでに見たように，サークルは，権威主義を排し，特定の個人による支配
を否定していた。規約が役員の頻繁な交代を定めており，総会では，その都度，
議長と書記を選出した。Réveil 紙から役員の構成を知ることはできないが，ア
ルマーヌが何らかの役職に就いていた徴候は全く見当たらない。とはいえ，表
6-5 に一部を示したように，総会におけるアルマーヌの影響力は十分読みとれ
る。彼の発言が大きく取り上げられ，また，彼による問題の裁定が目立つ。書
籍労連全国大会代表や，労働党各種集会への代表にも率先して選出されている
(Re. N.83., N.56.)。書籍労連パリ選出中央委員候補としては 1885 年末と 1887 年
末にリストに載り，それぞれ 2 位，3 位とサークル候補ではトップで当選して
いる。労連中央委員会での代表クーフェと並ぶ活動がサークル内での影響力を
維持し強めたことは言うまでもない。それだけではない。サークル内に一種の
序列が存在したことも見てとれる。A. パルロが 1886 年に急逝するまで，No. 2
の位置を占めていたことは各種記事から明瞭である。ヴュイユや，ラバリエル
も特別視されていた[52]。また，表 6-6 に示されるように，各種委員候補者リ
ストにおいて，候補者がほぼ固定していたことは，彼らと一般サークル員との
違いを示すものである。公式見解は別として，サークル内に幹部集団が形成さ
れ，アルマーヌがその頂点にあって，事実上のサークル代表であり続けたこと
は否定しがたい[53], [54]。

　Réveil 紙そのものにおけるアルマーヌの位置，影響力を検討しよう。まず，ア

　　N.24.) との記述が見られる。

52)　Ralliement 紙には次のような表現が見られる。「取り巻きを連れたパルロ」(Ra.
　　N.17.)，「主人 (Maitre) は欠席。……代わりに副官ラバリエルが演壇を占拠」(Ra.
　　N.41.) など。

53)　Ralliement 紙は，「御主人とその僕」(Ra. N.14.)，「主人」(Ra. N.41.)，「独裁者」
　　(Ra. N.49.) などの表現によって，サークルがアルマーヌのものであることを当然視
　　している。

54)　このように言うことは，今日の目から過去を断罪しようとするものではない。あ
　　る種の「理想」が掲げられ，人々を動かしたことは認められるべきである。しかし，
　　今日に生かす可能性を探る上でも，事実は押さえられねばならない。

ルマーヌは公式に Réveil 紙の編集責任者であった。1884 年 2 月 25 日の創刊から 1888 年 1 月 10 日 N.94. まで，表題 LE RÉVEIL TYPOGRAPHIQUE ORGANE DU CERCLE D'ÉTUDES SOCIALES の下に，経営に関しては MAYNIER-MICHELLAND に問い合わせ，編集に関しては，J. ALLEMANE に問い合わせ，とされていた。N.95. から 1888 年末 N.117. まで，MAYNIER-MICHELLAND の名前がなくなり住所のみになるが，アルマーヌについては変更なし。1889 年初頭 N.118. からは，経営者 E. VIEUILLE，編集代表 J. ALLEMANE となり，2 人が解任される 1889 年 11 月 25 日付 N.139. まで続く。なお，新聞末尾には，印刷責任者 A. LABARRIÈRE と記される[55]。この N.139. における編集局の説明の冒頭では，次のように言われる。「Réveil 紙の創刊以来，我々の仲間アルマーヌが大きな役割を果たしてきた」，さらには，「アルマーヌ，メイニエ・ミシュラン，ラバリエル，ヴュイユ等がこの新聞の経営と編集を体現している」（Re. N.139.）と。解任の説明文であることに留意しなければならないとしても，アルマーヌが形式的のみならず，実質的に Réveil 紙を編集していたと言ってよい。

　Réveil 紙の紙面から，この編集の具体的な内容を見よう。アルマーヌは，多くの号に J. A. 名で[56]巻頭論説，あるいは巻頭言と言うべきものを載せている。1885 年～ 1889 年についてその回数を見ると表 6-7 のとおりである。1885 年，1886 年は年 24 号中 15 回，14 回を占め，1887 年には 9 回と減少するが，アルマーヌ以外の巻頭論説の筆者は分散しており，二番手の書き手というものは見当たらない[57]。編集者 Rédaction 名で，各種選挙候補者，選挙結果が冒頭に来ることを除くと，サークル総会，役員会での議論ではなく，アルマーヌの論説が巻頭を飾ることは，Réveil 紙の大きな特徴である。さらに，多くの場合，

---

55)　厳密には創刊号から 1889 年 2 月 10 日付 N.143. まで。それ以降は，L. FLOGNY となり，さらに，Imprimerie du prolétariat J. ALLEMANE が付け加えられる。
56)　唯一 J. Allemane の署名がある（Re. N.86.）。また，厳密に巻頭ではないが，実質的にそうみなせるものを含む。
57)　1887 年について見ると，J. M.-M. の署名の 3 つの巻頭論説が見られる。これは，上記メイニエ・ミシュランであると考えられるので，彼の役割の大きさを確認できる。

190

アルマーヌの論説は，当面の運動に無関係とは言えないとしても，具体的な運動方針を示すよりも，煽動，檄と言うべきものがほとんどであることは創刊以来変わらない。1887 年について表題と概要を示した表 6-8 からも確認することができる[58]。アルマーヌの巻頭論説は，1888 年には 7 回とさらに減り[59]，

表 6-7　Réveil 紙におけるアルマーヌの巻頭論説

1885 年	15 回
1886 年	14 回
1887 年	9 回
1888 年	7 回
1889 年	6 回

表 6-8 アルマーヌの巻頭論説の表題（1887 年）と概要

N.72.	Un krach typographique	L'Association de l'Officiel のスキャンダル
N.73.	La Diane	衛生委員会，Bourse du Travail 関連
N.74.	La Dénouement	相互扶助組合の困難にかかわって，アラリー批判
N.79.	L'Imprimerie Nationale	民間印刷業者からの非効率，高価との非難への反論
N.81.	Exposition international	全支部が市当局，県当局に働きかけ，補助金獲得を目指す
N.82.	Bourse du Travail	書籍労連が，組合員，非組合員全体の代表選出のイニシアティブ
N.86.	Le Congrès fédéral	次の大会の一つの課題　協同組合主義者批判　市議会，県会の重要性
N.87.	Le Congrès fédéral	75 支部の参加で成功　女性労働者問題での課題
N.93.	Le syndicat de la presse	新聞植字工の特権的組合結成の動き　印刷工との連帯の必要性

58)　1886 年について見ると，Une équipe de travail. Re. N.64. は官報事件に関して，歴史的に解明したもので，闘争方針ともかかわり，具体的な説明を与え，珍しい。また，L'École de Montevain. Re. N.52. は，孤児の初等教育について具体的に論じ，アルマーヌの一面を示すものとして興味深いが，運動の方針とは無関係である。

59)　1888 年 2 月の 2 つの号で，パリ組合主催の植字工集会の成功によって，分裂に終止符が打たれるであろう（N.96., N.97.）と，楽観的見通しが述べられるのが注目される。

表6-9　Réveil 紙の経営者，編集者名の変更

旧	Administrateur: E. Vieuille, 169, Rue Saint-Jacques, 169, Paris REDACTEUR-DÉLÉGUÉ: J. ALLMANE 14, Rue de la Fontaine-au Roi, 14 Paris
新	COMITÉ DE RÉDACTION J. ALLMANE, V. BRETON, L. FLOGNY, L. MARIANO, J. MAYNIER-MICHELLAND E. MORIN, L. ROLAND, P. TRAPP COMITÉ D'ADMINISTRATION A. AUJARD, A. HAMELIN, HUBIN, L. PETIT, E. VIEUILLE

2月末から9月末まで空白となる。その間にオネマール名の巻頭論説が6回を数えるが，オネマールは，パリ組合委員候補者リストにも見られず，サークル内での位置は不明であり，他に，編集のあり方が変化した徴候はない。この時期，反ブーランジスムの闘争，それとかかわって，立法議会，市議会選挙，パルティ・ウーヴリエ紙の創刊とアルマーヌは多忙を極めていたことが，巻頭論説を減少させたのであろう。アルマーヌ解任以前には編集委員会の存在は確認できず，編集のあり方の記述も見出せない。巻頭論説以外の論説の著者[60]，内容から特別な傾向は見られず，どのような選別がなされていたのかは不明である。ここでは，巻頭論説についての検討から Réveil 紙が一貫してアルマーヌ個人を中心とした新聞であったことを確認するにとどめる。

　Réveil 紙 N.129., N.139. は，アルマーヌによる印刷所設立とそれをめぐる対立，最終的にアルマーヌのサークルおよび書籍労連からの退場にかかわる公式の，決定的な資料である。さらに1889年の Réveil 紙には，この背景を考察する手掛かりを見出すことができる。アルマーヌが Réveil 編集責任者を辞めることを知らせる11月25日付 N.139. から検討しよう。この号から，Réveil 紙表題下の経営者，編集者名が表6-9のように変更される。編集代表 J. アルマー

60）　著者については，イニシャルのみの場合が多い。著者名がわかるとしても，どのような人物かの情報はごく少ない。

ヌが8人の編集委員会に，経営者 E. ヴュイユが5人の経営委員会に置き換え
られていることを確認できる。

　冒頭，編集局から読者あてに，以下の説明が与えられる。「Réveil 紙は，か
つても，現在も，将来も，植字工サークルの機関紙であり，集団の新聞であり，
何らかの個人のものでないことは疑いもなかった。アルマーヌとヴュイユがそ
れぞれ，タイトルの下に，代表編集者，管理責任者として現れるのを理解した
のはそのようなことであり，彼らは，今後，名誉の感情に動かされ，目立たな
いように振る舞い，一兵卒にとどまる」(Re. N.139.) と。すなわち，言葉は選
ばれてはいるが，アルマーヌとヴュイユの編集責任者，経営責任者からの解任
である。それが，サークルと Réveil 紙の組織原理である特定の個人の権威の
否定，集団的運営によって裏づけられている。今後は，「サークルのメンバー
から，2つの委員会，編集委員会と経営委員会が選出され，……フロニーが両
委員会の書記に指名された」として，名実ともに集団主義が謳われるのである。
激しい対立があったことは，「ヴュイユとアルマーヌが，彼らの抵抗にもかか
わらず，編集，経営委員会のメンバーに入れられたのは，サークルのメンバー
としてでしかない」，に明らかである。対立の原因は，アルマーヌとヴュイユ
による印刷所設立であった。すなわち，「こうして，悪意で，Réveil 紙は，プ
ロレタリア印刷所の経営者であるアルマーヌの新聞であるとほのめかすことは
不可能になった」(Re. N.139.) と。

　これに先立って，Réveil 紙 N.129. は，植字工サークルによる中央連盟 (l'Union
fédérative du Centre)[61] メンバーへの労働党印刷所に関する報告を掲載してい
る。要点は以下のとおりである。まず，印刷所設立の経過が述べられる。アル
マールら3人のイニシアティブによって，Réveil 紙の助力も得て，Prolétariat
紙と Réveil 紙だけを印刷する印刷所が設立されたこと。設立されるや否や大

---

61) 同連盟は，植字工サークルが属するパリ地方の労働党組織。この印刷所設立は労
　　働党にかかわる問題であったが，植字工サークルの果たす役割の大きさが注目され
　　る。買い取り委員会も，植字工サークルの8人の特別委員会に，中央連盟の16人
　　を加えるというものであった。

きな反響を呼び，10 の新聞や，その他の印刷の仕事が来たこと。これに対応するために，アルマーヌらは，J. Allemane, Desforges et Vieuille 名の会社を設立したこと。これに対して，印刷所が党に属するのか，3 人が労働者組合（association ouvrière）の見せかけの下，パトロンになろうとしているのではないかとの疑いが生じたこと [62], [63]，である。次いで，この疑いを晴らすために，植字工サークルが，特別委員会を設置し，中央連盟への報告を作成することになり，以下の提案が決定されたことである。すなわち，3 人は，「20％は設立者 3 人に，40％は協力者に」を含む利益分配を考えているが，これは決して認められず [64]，中央連盟内に，この会社の買い取り委員会を設置し，買い取りを実施するというものであった（Re. N.129.）。

　植字工サークルの特別総会が持たれ，そこで，問題を検討するための特別委員会が設置されたとあるが，この総会を含め，それ以降の経過が Réveil 紙上に掲載されることはなかった。それ自体が，アルマーヌらとサークルの対立の深さを示しており，ことの性格上，やむをえなかったと考えられる。しかし，この報告が掲載されて以降，アルマーヌらの事実上の Réveil 紙からの追放までの，約 3 か月間の経過も不明である。さらに，買い取り委員会設置の提案にもかかわらず，アルマーヌの印刷所は継続し，Réveil 紙の印刷もそこでなされており，買い取りは実施されなかった。激しい駆け引き，妥協があったと想像

---

62) パリ組合分裂の直接の原因となった官報事件が，経営を認められた労働者が，経営者の地位に固執するという同様の内容を持ち，サークルが強く批判していたことも影響したと考えられる。

63) 印刷所設立の正確な日時は不明ではあるが，すでに，Réveil 紙 5 月 10 日付 Nouveau Schisme. Re. N.126. において，アルマーヌ印刷所に対する批判が生じていることを指摘できる。なお，同論説は，「Association ouvrière de la rue Saint-Sauveur が植字工サークルの庇護の下で形成されたことを認めるなら，それはサークルが与えた組織である。労働党はそれを利用するとともに，支えねばならない」（Re. N.126.）と，印刷所が，サークル，労働党に属すべきことを主張している。

64) 「我々は原理からして，利益参加に絶対的に反対であり，本当の分配は，労働者に 1 日の労働の全てを支払うことにあると考える」（Re. N.129.）とする。労働党の原理にかかわるものと考えられた。

194

する以外ない。

　印刷所設立に伴う会社設立が，当初からアルマーヌの予定であったのか，報
告が言うように想定外の反響から生じたのかは別として，これが，アルマーヌ
の Réveil 紙とサークルからの離脱の主要な原因になったことは，以上の検討
が示すとおりである。しかし，Réveil 紙 N.139. における編集局報告と N.135.
上の論説には，編集の内容そのもの，あるいは運動の方向にもかかわる，対立
とは言えないまでも見解の相違についての手掛かりを見出すことができる。
N.139. における編集局報告の後半では，Réveil 紙の今後について次のように言
う。すなわち，Réveil 紙を「専ら植字工の機関紙にする」とし，「一般的政治
経済，社会経済を扱う代わりに，我々は印刷業に直接かかわる社会政策に特化
しようとする」と。さらに，「敵対者とも真剣に議論する用意があり」，「基本
的礼儀をわきまえず，辛辣な個人攻撃に置き換えることが主要問題である不毛
な批判を避けるつもりである」，「議論するが，決して張り合わない」(Re.
N.139.) と。アルマーヌが直接名指しされているわけではないとしても，アル
マーヌ主導の紙面のあり方への批判と見るべきである [65]。これと関連して，
N.135. 上の論説には，「あちこちから，Réveil 紙が当初描かれていた道からそ
れているとの苦情。まず，激しい批判のやり方をやめたこと。それは，それを
用いる人が正しくとも信用を無くするから。第 2 に博覧会（Exposition）のため
それに言及せざるをえなかったから」(Re. N.135.)，との注目すべき叙述が見出
される。したがって，Réveil 紙の編集，とくに「激しい批判」をめぐって，す
でに，対立があったことが明らかである [66], [67], [68]。

---

[65]　次のようにも言われる。すなわち，「我々は宮廷人になろうとするのではないが，
　　次から次への反撃で下賤に身を落とすつもりもない。ギャラリーを喜ばせることは
　　不要であると信ずる。……我々に投げつけられる，挑発と侮蔑を取り違えない」
　　(Re. N.139.) と。アルマーヌ流の激しい言葉遣いが批判されている。

[66]　なお，対立組織のしかも創作ではあるが，Ralliement 紙 1889 年 10 月 12 日付の
　　Lettre du citoyen Coupe-à-tout では，次のようなことが言われる。Réveil 紙の書き方
　　が変更されており，気に入らない。前のやり方に戻るべき。サークルはなお不振で
　　あり，Jean（アルマーヌ）が戻ってくれば直るはずであり，それを期待する（Ra.

1884 年 2 月 25 日創刊の *Le Réveil Typographique* は，1883 年設立のサークル
とともに，アルマーヌをそれまで以上に植字工組合にかかわらせた。1888 年
にパルティ・ウーヴリエ紙を創刊し[69]，労働党の活動家としてより大きな役
割を果たすことになるとしても，Réveil 紙からの退場によって，アルマーヌは
労働組合運動から離れることになる。それは，アルマーヌにとっての転換点で
あるとともに，A. クーフェ主導によるパリ植字工組合の再統一に道を開き，
フランス書籍労連における彼の主導権を最終的に確立したものであった。

お わ り に

1880 年に流刑から戻り，フランス労働党に参加して以来，党の大物であり，
1888 年反ブーランジェ運動の先頭に立ち，1890 年の労働党分裂を経て，1891

N.58.）と。Réveil 紙の編集の変化，アルマーヌがサークルを離れていることが指摘
される。別の号の Lettre du citoyen Coupe-à-tout にも，同種の記述が見られる（Ra.
N.54.）。

67)　4 月 25 日付において「植字工総会が，パルティ・ウーヴリエ紙を扱う報告上の 1
行について，2 時間もの無駄な時間を浪費。盲目で，嫉妬深い党派精神が，我々の
組織における議論を支配していることの現れ」（Re. N.125.）と，サークル派が指導
するパリ植字工総会でアルマーヌ批判が公然となされていることが示される。

68)　N.139. 編集局報告は，「Réveil は……何度となく財政的困難に陥り，最近はほとん
どいつもであった」，「特別な事情がアルマーヌとヴュイユに，現状を変えることを
要求させた」として，アルマーヌによる印刷所設立のきっかけの一つが財政的困難
であったことを指摘する（Re. N.139.）。これとかかわる，Réveil 紙編集の変化が見
落とせない。1889 年初頭 N.118. から，それまでの，3 欄 4 ページから 4 欄 4 ページ
に変更され，雑報，詩，文芸欄が設けられ，さらに，N.122. から広告欄が大きくなり，
とくに N.133. 以降は，4 ページ目が全面広告欄となる。財政的困難が，編集方針を
めぐる対立の一要因であった可能性を指摘しておく。

69)　なお検討すべき点はあるとしても，Réveil 紙の経験が，パルティ・ウーヴリエ紙
の発刊，運営に大きな影響を与えたことは言うまでもない。パルティ・ウーブリエ
紙の編集，運営をめぐってもアルマーヌは下部の活動家たちと対立することになる。
そこには，アルマーヌの独善性というべき性格が反映している。第 5 章 参照。

年の革命的社会主義労働者党（通称アルマニスト）設立によって，当時のフラン
ス労働運動に重きをなしたアルマーヌにとって，植字工サークルや Réveil 紙
を通じた，パリ植字工組合，フランス書籍労連の活動はいかなる意味を持って
いたのか。書籍労連において主導権を争った A. クーフェのそれと比較するこ
とで考えてみよう。1888 年初頭の書籍労連代表選挙は，サークル派と独立派，
アルマーヌとクーフェが直接対立した唯一のものであり，このときに，もし敗
れていてもクーフェなら巻き返しを図ったと確信を持って言うことができる。
後に，CGT において改良派の中心的指導者となり，また，労働高等審議会委員，
副議長となるクーフェにとって，フランス書籍労連こそが，全ての基礎であっ
た。クーフェは根っからの労働組合活動家であり，それに徹した指導者であっ
た。それと比べると，アルマーヌにとっての書籍労連，植字工組合は一時的，
部分的なものでしかなかったのである。

結　　び

　19 世紀末，設立初期フランス書籍労連における，オーギュスト・クーフェの主導権掌握は，改良主義的労働組合運動の代表者となるクーフェと，革命的社会主義労働者党の領袖にして，革命的労働組合運動に大きな影響を与えたジャン・アルマーヌとの対抗を通じたものであった。ただし，これは，植字工の上層部を中心とするユニオニストに対する，両者の共同した闘いと重なっており，クーフェとアルマーヌの関係は対立と協調をはらんでいた。この過程の検討によって，クーフェの改良主義が，ロシア革命以降の改良主義と共通性を持ちながら，様相を異にし，それがアルマーヌとの協調を，さらにはクーフェによる主導権掌握を可能にしたものであることが明らかとなった。

　A. クーフェが信奉し，その代表も務めたプロレタリア・ポジティヴィスムは，社会から疎外されている労働者を資本家と対等な関係に置くこと，社会の中であるべき位置づけを与えることを目標とし，資本家の存在とその役割を承認する階級協調主義であった。また，闘争手段として暴力を排除し平和的な手段に徹することも併せて，いわゆる改良主義であった。資本家との階級闘争を重視し，資本・賃労働関係の廃止を目指し，そのためには暴力的手段も否定しないアルマーヌの革命主義と，クーフェの改良主義は根本的に対立した。しかし，プロレタリア・ポジティヴィスムは，労働者問題，さらには社会問題一般への国家介入に対して拒絶的とも言うべき態度を取り，また，それと関連して，議会主義に関して全面否定ではないとしても消極的であり，むしろ自覚した少数者の批評活動を重視した。クーフェは，書籍労連における具体的活動方針に関して，この立場を堅持するとともに，職業的要求を重視しながらも，全労働者の共同した闘いを志向した。これらの点では，革命主義と通底するところがあり，それがクーフェとアルマーヌの協調を可能にしたのである。

　書籍労連・パリ植字工組合における A. クーフェとの対抗関係，改良主義と

の対比は，J. アルマーヌその人と，その革命主義の解明につながった。すなわち，ユニオニストを，資本に与する，労働者内部の敵とみなし，職業の枠に閉じこもる傾向を否定し，総資本と総労働の闘いを強調し，組合組織における直接民主主義的運営を主張するなど，アルマーヌに冠せられる「革命主義」，「労働者主義」の具体的なあり方，アルマーヌの政治的センス，指導力が示された。他方で，自派サークル，機関紙の運営に見られるアルマーヌの独断的，権威的姿勢，最終的に下部活動家との対立による書籍労連，パリ植字工組合からの退場という「労働者主義」と矛盾する一面も浮かび上がった。

A. クーフェによる書籍労連における主導権掌握過程の検討は，書籍労働者，とりわけ植字工のあり方の重要な一面を明らかにした。まず，女性植字工を含む，徒弟修業を経ない植字工の増加に見られるように，職（メチエ）の解体傾向が存在したにもかかわらず，なお，徒弟修業を修了した熟練工である植字工が主流であり，職への強い帰属意識，アイデンティティーが保持されていたことである。と同時に，植字工内部に存在する，組版工と一般の植字工の階層構造，組版工が数人の植字工とチームを組み，その頂点に位置して，内部請負的に統括したことが示された。

A. クーフェの全体像再構成にあたって，第2の要点は，フランス労働総同盟（CGT）における彼の活動であり，これが，我々の次の検討課題となる。クーフェは，V. グリフュールを中心とする革命主義との対峙によって，改良主義の代表とされる。まず，この対抗関係の解明を通じて，あらためてクーフェの改良主義を問い直すとともに，革命主義的傾向そのものを再検討する。次いで，グリフュールの退任以降，CGTの指導者たちが，改良主義を受け入れてゆくことへのクーフェの影響を考察する。

参 考 文 献

大森弘喜「19世紀フランスにおける労使の団体形成と労使関係」『経済系』 2006年

喜安朗『革命的サンディカリズム パリ・コミューン以後の行動的少数派』 1972年

相良匡俊『社会運動の人々―転換期パリを生きる』 2014年

清水克洋「20世紀初頭フランスにおける徒弟制，理念，制度，実態―フランス労働局 1899～1903年調査の検討―」『商学論纂』第50巻第1・2号 2009年

高井哲彦「フランス労使関係における多元構造の起源―スト破り組合の誕生と衰退， 1897-1929年―」『経済学研究』2003年

田中拓道「フランス福祉国家の思想的源流（1789～1910年）(4) ―社会経済学・社会的 共和主義・連帯主義―」『北大法学論集』56(1) 2005年

谷川稔『フランス社会運動史アソシアシオンとサンディカリズム』1983年

デュビエフ，H.『サンディカリスムの思想像』上村祥二他訳 1978年

ルフラン，ジョルジュ『フランス労働組合運動史』谷川稔訳 1974年

ANDOLFATTO, Dominique, Dominique LABBÉ, *Histoire des syndicats (1906-2010)*. 2011.

BIRCK, Françoise, *Le Livre Nanceien des origines à 1914*. 1983.

BIRCK, Françoise, Le Positivisme ouvrier et la question du travail. *Histoire de l'Office du Travail*. dir. J. Lucciani. 1992.

BRON, J., *Histoire du Mouvement ouvrier français.Tome I*. 1968.

CHAUVET, P., *Les ouvriers du Livre et du Journal*. 1971.

DÉDAME, Roger, *Une histoire des syndicats du livre ou les avatars du corporatisme dans la CGT*. 2010.

DOLLÉANS, Edouard, *Histoire du Mouvement Ouvrier II* 1871-1936. 1948.

DOMBRET, Roger, *La Fédération française des travailleurs du livre, 1881-1966. Quatre-vingt-cinq ans de vie et de luttes*, 1966.

FACDOUEL, Henri, *La fédération française des travailleurs du livre*. Thèse pour le doctorat, 1904. Faculté de droit.Université de Lyon.

GOETZ-GIREY, Robert, *La pensée syndicale française. Millitants et theoriciens*. 1948.

JULLIARD, J., La charte D'Amiens, cent ans après. Texte,contexte,entrepretations. Le syndicalisme révolutionnaire. La Charte d'Amiens a cent ans. *Mil neuf cent*. 24. 2006.

JULLIARD, J., Le réformisme radical. Socialistes réformistes en Europe. *Mil neuf cent. Revue d'histoire intellectuelle*. 30. 2012.

LESIPINET-MORET, Isabelle, *L'Office du Travail 1891-1914. La République et la réforme sociale*. 2007.

200

MAITRON, Jean, *Dictionnaire biographique du mouvement ouvrier français.* *Mouvement social*, 87, avril-juin. 1974.

PROCHASSON, C., Nouveaux regards sur le reformisme.Introduction. *Mil neuf cent. Revue d'histoire intellectuelle*. 30. 2012.

REYNOLS, Sian, Allemane Avant l'allemanisme : jeunesse d'un militant (1843-1880). *Le Mouvement social*. N.126. janvier-mars 1984.

REYNOLS, Sian, Allemane, the Allemanistes and Le Parti Ouvrier: the problems of a Socialiste Newspaper 1888-1900. *EUROPEAN HISTORY QUARTERLY* Volume15 Number1 Jaunuary 1985.

REBÉRIOUX, Madeleine, *Les ouvriers du livre et leur fédération. Un centenaire 1881-1981,* 1981.

WILLARD, C., dir. *La France ouvriere. Histoire de la classe ouvrière et du mouvement ouvrier français.Tome 1.* 1993.

WINOCK, M., La scission de Chatelleraut et la naissance du parti «allemaniste» (1890-1891). *Le Mouvement social*. Numero75 avril-juin 1971.

〈資　料〉
機関紙

La Typographie française. (Fédération française des travailleurs du livre.)
Le Ralliement typographique. (Société typographique Parisienne.)
Le Réveil typographique. (Cercle d'études sociales.)

同時代雑誌

BRETON, V., Les typographe contemporains. Auguste KEUFER Membre du conseil supérieur du travail. Délégué de la Fédération française des travailleurs du livre. *Les Archives de l'imprimerie.* pp. 179-180.

HARMEL, Mauris, AUGUSTE KEUFER. *Les Hommes du Jour.* 27 Août 1910. No.136.

FLAX, Jean ALLEMANE. *Les Hommes du Jour* No.35. 1908.

BOIS, Joseph-François, À la C.G.T. Deux Hommes-Deux Thèses. *Le Correspondant* 25 juillet 1910. pp. 242-263.

LIOCHON, La Mort de Keufer. *L'Impremerie Française.* No.91. 16 avril 1924.

プロレタリア・ポジティヴィスト文書

Le positivisme au congrès ouvrier. Discours des citoyens Laporte, Magnin et Finace, 1877.

Laporte, E., I.Finace, A.Keufer, Des caisses de retraite pour les vieux ouvriers. Réponse du cercle de proletaires positivistes de Paris au questionnaire dressé par la commission parelementaire, 1880.

Keufer, A., E.Machy, Saint-Dominique, Elections municipales du 4 Mai à 1884. Les Prolétaires Positivstes de Paris.

Compte rendue de la Fête des travailleurs du Livre de 1891. Conférence syndicale par Auguste Keufer.

Keufer, A., Fête de la Providence générale. Le Prolétariat. Discours prononcée le 21 juin 1914, au siège de la Société Positiviste internationale.

商工省調査

Ministére du Commerce, de l'industrie des postes et des téléphones. Direction du travail. Office du Travail. *L'apprentissage industriel. Rapport sur l'apprentissage dans l'impremerie, 1899-1901.* 1902.

Ministére du Commerce, de l'industrie et des Colonies. Office du Travail. Salaires et durée du travail dans l'industrie française. Tome I .Departement de la Seine. 1893.

その他

A.N.Fonds Emile Corra（Société positiviste internationale）17as/5 Dossier4. A.Keufer.

La Maison d'Auguste Comte. http : //www.augustecomte.org/spip.php?article22.

初　出　一　覧

第1章　「オギュスト・クフェル考序説」『商学論纂』第 57 巻第 1・2 号　2015 年 9 月　137-169 ページ

第2章　「オギュスト・クフェルとプロレタリア・ポジティヴィスム ―救世主としてのプロレタリア―」『商学論纂』第 57 巻第 3・4 号　2016 年 3 月　415-451 ページ

第3章　「設立当初フランス書籍労連と A. クフェルの位置 ― Typographic française 第 1 号（1881 年 6 月 16 日）～第 53 号（1883 年 12 月 15 日）の検討―」『企業研究』第 31 号　2017 年 8 月　35-61 ページ

第4章　「フランス書籍労連における A. クフェルの指導権掌握 ―マンテル事件とアルマヌ派，ユニオニストの内部対立―」『商学論纂』第 60 巻第 1・2 号　2018 年 9 月　201-245 ページ

第5章　「革命的社会主義労働者党指導者 J. アルマーヌについて―「フランス書籍労連における J. アルマーヌ」のための準備的考察―」『熊本学園大学経済論集』第 27 巻第 1-4 合併号　2021 年 3 月　65-83 ページ

第6章　「フランス書籍労連，パリ植字工組合における J. アルマーヌ」『商学論纂』第 62 巻第 5・6 号　2021 年 3 月　423-463 ページ

著者紹介

清水克洋（しみず　かつひろ）

1950 年　奈良県生まれ
1975 年　京都大学経済学部卒業
1984 年　京都大学大学院経済学研究科博士後期課程退学
1985 年　北見工業大学工学部専任講師
1988 年　中央大学商学部助教授
1993 年～ 2020 年　中央大学商学部教授

専攻　西洋経済史
経済学博士（京都大学）

主な著書
『フランス工場体制論』青木書店　1996 年
『労務管理の生成と終焉』日本経済評論社　2014 年
『団塊の世代の仕事とキャリア』中央大学出版部　2019 年

オーギュスト・クーフェ考
19 世紀末フランス書籍労連における改良主義と革命主義
中央大学学術図書（104）

2022 年 6 月 15 日　初版第 1 刷発行

著　者　　清　水　克　洋
発行者　　松　本　雄一郎

発行所　中 央 大 学 出 版 部
郵便番号 192-0393
東京都八王子市東中野 742-1

電話 042(674)2351　FAX 042(674)2354
http://up.r.chuo-u.ac.jp/up/

印刷　惠友印刷㈱